WIESENBLUMEN

Einzig berechtigte Übertragung aus dem Italienischen:
Linda Pölzer und Norbert Jakober
Fachlich redigiert: Mag. Klaus Kugi

Redaktion: Valeria Camaschella
Bildredaktion: Centro Iconografico dell' Istituto Geografico de Agostini
Bildnachweis: Archivio IGDA (2P, G. Bellani, E. Bertaggia, F. Bertola, A. Caccini, M. Cerri, C. Dani-I. Jeske, C. Delù, A. Facchinetti, C. Galasso, P. Giordano, M. Giovanoli, M. Leigheb, E. Martini, G. Negri, M. Pedone, M. Pizzirani, Random, G. e L. Roli, R. Sacco, C. Sappa, G. Sioen), Archivio B, T. Arici, F. Ballanti, A. Bernini-F. Polani, G. Cappelli, G. Ceffa, F. Ceni, F. Cirillo, L. Cretti, D. Dagli Orti, G. Della Beffa, B. Ferrero, P. Jaccod, S. Montanari, A. Moreschi, S. Prato, A. Sella, A. Vergani
Zeichnungen und Farbtafeln: Annalisa und Marina Durante
Herausgegeben von: Studio Booksystem, Novara

Deutsche Erstausgabe

Einbandgestaltung: Volkmar Reiter
Satz: Context Type & Sign Pink, St. Veit/Glan
Gesamtherstellung: Gorenjski Tisk, Kranj-Slowenien

DER GROSSE NATURFÜHRER

WIESENBLUMEN

Die natürliche Blütenpracht am Wegrand

Feld • Wald • Wiese

Maria Teresa Della Beffa

VERLEGT BEI
KAISER

Inhaltsverzeichnis

5 Deutsches Artenverzeichnis
(Am Anfang jeder Beschreibung befindet sich unter dem Titel »Visitenkarte« der deutsche Name der jeweiligen Spezies)

8 Einführung
Morphologische und physiologische Grundkenntnisse

15 Lebensräume der Wiesenblumen

23 Über die botanische Systematik

24 Pflanzenfamilien

35 Wie man dieses Nachschlagewerk richtig anwendet

37 Die Wiesenblumen

202 Anhang
Blüten, die man kaum sieht

202 Süßgräser

205 Binsengewächse
Riedgrasgewächse

206 Farne und Schachtelhalme

209 Kletterpflanzen

211 Wasserpflanzen

215 Sträucher

218 Glossar

221 Wissenschaftliches Artenverzeichnis

Deutsches Artenverzeichnis

(Am Anfang jeder Beschreibung befindet sich unter dem Titel »Visitenkarte« der deutsche Name der jeweiligen Spezies)

Absinth 168
Ackerbrombeere 74
Ackergauchheil 119
Ackerglockenblume 160
Ackerhellerkraut 62
Ackerhornkraut 42
Ackerklee 90
Ackerklee, Gelber 89
Ackerkratzdistel 174
Ackermennig 75
Ackerraute 60
Ackerschachtelhalm 207
Ackersenf 26
Ackersenf 64
Ackerveilchen 105
Ackervergissmeinnicht 130
Ackerwachtelweizen 150
Ackerwinde 125, 210
Ackerwitwenblume 156
Adlerfarn 207
Affenknabenkraut 196
Akelei, Gemeine 56
Akelei, Gewöhnliche 56
Alpendistel 171
Alpenveilchen, Echtes 117
Amaryllisgewächse 187-190
Ambas 72
Aronstab, Gefleckter 193
Aronstabgewächse 193
Augentrost, Salzburger 151

Bachbunge 149
Bachbungen-Ehrenpreis 149
Bachehrenpreis 149
Bachnelkenwurz 77
Baldrian, Echter 32, 155
Baldriangewächse 155
Bärenklee 91
Bärenlauch 185
Bärenschote 82
Bärlauch 185
Beifuß, Bitterer 168
Beifuß, Gemeiner 168
Beifuß, Gewöhnlicher 168
Beinwell, Gemeiner 126
Beinwurz 126
Berberitze 214
Bergaster 163
Bergdistel 171
Bertram 155
Berufkraut, Einjähriges 164
Besenginster 80
Besenginster, Gemeiner 80
Besenheide 114
Besenpfriem 80
Betonie, Gemeine 133
Bettstroh 122
Bienenkugeldistel 177
Bienenragwurz 34
Bilsenkraut, Schwarzes 140
Bingelkraut, Einjähriges 98
Binsengewächse 204, 205
Blasenkirsche, Wilde 142
Blasenstrauch 214
Blaustern 183
Blaustern, Zweiblättriger 183
Blutknopf 75
Blutweiderich 107
Blutwurz 78
Bocksbart 71
Bornkerse 61
Borretsch 128
Borretschgewächse 126-130
Brachdistel 109
Brahm 80
Braunelle, Kleine 134
Braunwurzgewächse 144-151
Brennnessel, Große 24, 38
Brombeere, Bereifte 74
Brombeere, Ulmenblättrige 217
Brunelle, Gewöhnliche 134
Brunelle, Kleine 134
Brunnenkresse, Echte 61, 213
Brunnenkresse, Gewöhnliche 61
Brustlattich 169
Bucharaklee 87
Büschelglockenblume 159
Buschnelke 47
Buschwindröschen 51
Butterblume 180

Christrose 49
Cistrosengewächse 106

Dachwurz 68
Dichternarzisse 189
Dickblattgewächse 67-69
Diptam 100
Diptam, Weißer 100
Doldengewächse 108-113
Doldenmilchstern 33, 184
Dorant 136
Dost, Gewöhnlicher 136
Dost, Wilder 136

Eberwurz, Kleine 176
Edelgamander 131
Efeu 210
Ehrenpreis, Ähriger 146
Ehrenpreis, Persischer 148
Eibisch, Echter 103
Einbeere, Vierblättrige 187
Eisenkraut, Echtes 130
Eisenkraut, Gewöhnliches 130
Eisenkrautgewächse 130
Enziangewächse 120
Erdbeere, Wilde 76
Erdmöhre 82
Erdnussplatterbse 85
Erdrauch, Echter 60
Erdrauch, Gewöhnlicher 60
Eselshut 169

Färberginster 81
Farne 206, 207
Federgras 203
Feigwurz 55
Feldgarbe 166
Feldklee 89
Feldmannstreu 109
Felsenbirne, Gemeine 214
Felsenmauerpfeffer 67
Ferkelkraut, Geflecktes 179
Ferkelkraut, Gemeines 179
Ferkelkraut, Gewöhnliches 179
Fetthenne 69
Fetthenne, Scharfe 26, 69
Fettkraut, Gemeines 153
Filipendelwurz 71
Fingerhut, Großblütiger 147
Fingerhut, Großer gelber 147
Fingerkraut, Aufrechtes 78
Fingerkraut, Kriechendes 27, 79
Flatterbinse 204
Flughafer 203
Frauenflachs 145
Frauenkerze 145
Froschbiss, Gewöhnlicher 213
Froschlöffel, Gemeiner 213
Froschmaul 145
Frühlingsglockenheide 114
Frühlingsknotenblume 187
Frühlingskrokus 192
Frühlingsscharbockskraut 55
Frühlingsschlüsselblume 115
Fünffingerkraut 79
Futteresparsette 94

Gamander-Ehrenpreis 148
Ganille 166
Gänseblümchen 164
Gänseblümchen, Mehrjähriges 164
Gänseblümchen, Mehrjähriges 33
Gartensilberblatt 63
Gartenthymian 137
Geißblatt, Echtes 210
Geißblattgewächse 154
Geißraute, Echte 82
Gilbweiderich, Gemeiner 119
Gilbweiderich, Gewöhnlicher 119
Ginster, Deutscher 79
Glockenblume, Breitblättrige 159
Glockenblume, Nesselblättrige 160
Glockenblume, Rundblättrige 32, 161
Glockenblumengewächse 157-161
Glockenblume, Pfirsichblättrige 157
Golddistel 176
Goldrute, Gemeine 162
Goldrute, Gewöhnliche 162
Goldrute, Kanadische 163
Gottvergess, Schwarzer 132
Graslilie, Astlose 182
Graslilie, Traubige 182
Grasschwertlilie 191
Greiskraut, Gemeines 171
Güldenwundkraut 162
Günsel, Kriechender 131
Gurkenkraut 128

Haarstrang, Echter 110
Habichtskraut, Kleines 181
Haferschmiele 203
Hahnenfuß, Knolliger 25, 54
Hahnenfuß, Kriechender 54
Hahnenfuß, Scharfer 53
Hahnenfußgewächse 49-56
Hainklee 94
Hainsimse, Gewöhnliche 204
Händelwurz, Große 197
Hanfgewächse 201
Hanfnessel 38
Hanfwürger 151
Hängesegge 204
Hasenfuß 90
Hasenklee 90, 94
Hasenpfote 90
Hauhechel, Dornige 86
Hauhechel, Gelbe 86
Hauswurz, Echte 68
Hechelkraut 86
Heckenkirsche, Blaue 217

Heckenrose 217
Heidecker 78
Heidekraut 114
Heidekrautgewächse 114
Heilbatunge 133
Heilziest 133
Herbstdrehähre 199
Herbstwendelorchis 199
Herbstzeitlose 182
Heudorn 86
Himbeere 72, 217
Himmelhopfen 89
Himmelschlüssel 115
Hirschzunge, Gemeine 207
Hirtentäschel 64
Hirtentäschelkraut, Gemeines 64
Holunder, Schwarzer 214
Hopfen 201, 210
Hopfen, Gemeiner 201
Hornklee, Gemeiner 27, 92
Hornklee, Gewöhnlicher 92
Huflattich, Gewöhnlicher 169
Huflattich, Großer 169
Hundsgiftgewächse 121
Hundsrose 217
Hundsveilchen 103
Hundszahnlilie 183
Hundszunge, Echte 128
Hundszunge, Gemeine 128

Immergrün, Kleines 121

Jakobsgreiskraut 170
Jakobskreuzkraut 170
Johannisbeere, Schwarze 217
Johanniskraut, Echtes 57
Johanniskrautgewächse 57
Judenkirsche 142

Kaffeekraut 177
Kalkaster 163
Kamille, Echte 166
Kardengewächse 156
Karthäusernelke 48
Käsepappel, Große 101
Katzenklee 90
Katzenkraut 155
Klatschleimkraut 46
Klatschmohn 25, 59
Klee, Gelber 91
Klette, Große 172
Klettenlabkraut 123
Kletterpflanzen 209, 210
Knabenkraut, Kleines 194
Knabenkraut, Männliches 196
Knabenkraut, Stattliches 196
Knabenkrautgewächse 194-199
Knollenplatterbse 85
Knollenspierstaude 71
Knöterichgewächse 39-41
Kohlgänsedistel 181
Königsfarn 207
Königskerze, Kleinblütige 145
Königskerze, Schwarze 144
Kopfbinse, Schwarze 204
Korbblütengewächse 162-181
Kornblume 175
Kornrade 43
Kranzrade 43
Kratzbeere 74
Kratzdistel, Stängellose 174
Kreuzblümchen, Gemeines 102
Kreuzblume, Gewöhnliche 102
Kreuzblumengewächse 102
Kreuzblütler 61-65
Kreuzenzian 30, 120
Kreuzkraut, Gemeines 171
Kronwicke, Bunte 91
Kronwicke, Strauchige 93
Krötenbinse 204

Kuckuckslichtnelke 43
Kudelkraut 137
Kugelblume, Herzblättrige 152
Kugelblumengewächse 152
Kugeldistel 177
Kuhblume, Gemeine 180
Kunigundenkraut 162

Labkraut, Echtes 122
Labkraut, Wohlriechendes 122
Laichkraut, Schwimmendes 213
Leberblümchen 52
Leberklette 75
Leberkraut 122
Leimkraut, Aufgeblasenes 46
Leimkraut, Gewöhnliches 46
Leimkraut, Nickendes 44
Leimkraut, Rotes 44
Leimkraut, Weißes 45
Lein, Zarter 97
Leingewächse 97
Leinkraut, Gemeines 31, 145
Leinkraut, Gewöhnliches 145
Lerchensporn, Hohler 60
Lichtnelke, Rote 44
Lichtnelke, Weiße 45
Liliengewächse 182-187
Lippenblütengewächse 131-140
Löwenmaul, Kleines 145
Löwenzahn, Gemeiner 180
Löwenzahn, Rauer 180
Lungenblatt 154
Lungenenzian 120
Lungenkraut, Echtes 127
Lungenwurz 127
Luzerne 88

Mädesüß 72
Mädesüß, Echtes 72
Mädesüß, Kleines 71
Mädesüß, Knolliges 71
Mägdeblume 166
Magenkraut 168
Maiblume 180
Maiglöckchen 185
Majoran, Wilder 136
Malve, Weiße 103
Malve, Wilde 28, 101
Malvengewächse 101, 103
Margerite 167
Märzbecher 187
Märzenbecher 187
Märzveilchen 104
Maßliebchen 164
Mauerpfeffer, Scharfer 69
Mauerraute 207
Mäusegerste 203
Mäuseklee 90
Mausohr 181
Meerzwiebel, Zweiblättrige 183
Milchstern, Doldiger 184
Milzfarn 207
Minze, Langblättrige 138
Mohnblume 59
Mohngewächse 58-60
Möhre, Wilde 29, 112
Mollbeere 72
Mückenhändelwurz 197
Mutterkraut 166

Nachtkerze, Gemeine 108
Nachtkerze, Gewöhnliche 108
Nachtkerzengewächse 108
Nachtnelke, Rote 44
Nachtnelke, Weiße 45
Nachtschatten, Bittersüßer 143
Nachtschatten, Schwarzer 31
Nachtschattengewächse 140-143
Narzisse, Gelbe 190
Narzisse, Schmalblättrige 189

Narzisse, Sternblütige 189
Narzisse, Weiße 33, 189
Natternkopf, Blauer 126
Natternkopf, Gewöhnlicher 126
Nelke, Seguiers 47
Nelkengewächse 42-48
Nesselgewächse 38
Nestwurz 198
Nestwurz, Bräunliche 198
Nieswurz, Schwarze 49

Ochsenauge, Weidenblättriges 165
Ochsenzunge Gewöhnliche 129
Ochsenzunge, Italienische 129
Odermennig, Gewöhnlicher 75
Odermennig, Kleiner 75
Orakelblume 167
Oregano 136
Osterluzei 39
Osterluzei, Aufrechte 39
Osterluzei, Gemeine 39
Osterluzeigewächse 39

Pastinak, Gemeiner 110
Pastinak, Gewöhnlicher 110
Pelzfarn 207
Pestwurz, Echte 169
Pestwurz, Gewöhnliche 169
Pestwurz, Rote 169
Pfaffenhütchen, Gewöhnliches 214
Pfefferknöterich 39
Pfenniggilbweiderich 118
Pfennigkraut 118
Pfingstrose, Echte 57
Pfingstrose, Großblumige 57
Pfingstrosengewächse 57
Platterbse, Schwarze 84
Platterbse, Schwarzwerdende 84
Primel, Schaftlose 116
Primel, Stängellose 116
Primelgewächse 115-119
Purpurknabenkraut 195
Pyrenäenmilchstern 184

Quendel, Römischer 137
Quendelseide 124

Rainfarn 167
Rainfarn, Gemeiner 167
Rainkohl 178
Rainkohl, Gemeiner 178
Rapunzelglockenblume 158
Rautengewächse 100
Reiherschnabel, Gemeiner 97
Reiherschnabel, Gewöhnlicher 97
Resede, Gelbe 65
Resede, Wilde 65
Resedengewächse 65
Riedgrasgewächse 204, 205
Riesenklee 87
Riesenschachtelhalm 207
Rindsauge, Gemeines 165
Rosengewächse 71-79
Rossminze 138
Rötegewächse 122,123
Rotklee 90
Ruchgras 203
Rührmichnichtan 102
Ruhrwurz 78
Ruprechtskraut 96
Ruprechtsstorchschnabel 96

Saatesparsette 94
Saatluzerne 88
Safran, Weißer 192
Salbei, Klebriger 140
Salomonsiegel 186
Samtgras 203

Sandblume 169
Sauerampfer 24, 41
Sauerdorn 214
Sauerklee, Nickender 95
Sauerkleegewächse 94, 95
Schachtelhalme 206, 207
Schafgarbe, Gemeine 166
Scharbockskraut 55
Schattenblümchen 186
Schattenblume, Zweiblättrige 186
Schaumkraut, Bitteres 62
Scheuchzers Teufelskralle 161
Schierlingsreiherschnabel 97
Schlangenknöterich 40
Schlangenwurz 40
Schlehdorn 217
Schlüsselblume, Echte 115
Schlüsselblume, Stängellose 115
Schmerwurz 210
Schmetterlingsblütler 79-94
Schneeball, Gemeiner 217
Schneeglöckchen 188
Schneeheide 29, 114
Schneerose 49
Schneidried 204
Schöllkraut 58
Schöllkraut, Großes 58
Schraubenständel 199
Schuttbingelkraut 98
Schwalbenwurz, Weiße 200
Schwalbenwurzgewächse 200
Schwarzdorn 217
Schwarznessel 132
Schwertlilie, Gelbe 190
Schwertlilie, Grasblättrige 191
Schwertlilie, Sibirische 191
Schwertliliengewächse 190-192
Schwimmfarn 213
Seerose, Weiße 213
Segge, Entferntährige 204
Seguiers Nelke 47
Seifenkraut, Echtes 25, 47
Seifenkraut, Gebräuchliches 47
Seifenkraut, Gewöhnliches 47
Senf, Weißer 65
Silberblatt, Einjähriges 63
Silberfingerkraut 77
Sitter, Breitblättriger 195
Sommerwurz, Ästige 151
Sommerwurzgewächse 151
Sonnenröschen, Gemeines 106
Sonnenröschen, Gewöhnliches 106
Sonnentau, Rundblättriger 66
Sonnentaugewächse 66
Sonnwendwolfsmilch 99
Spierstaude 72
Spitzwegerich 154
Springkraut 102
Springkraut, Drüsiges 101
Springkraut, Indisches 101
Springkrautgewächse 101, 102
Ständel, Braunroter 198
Ständelwurz, Braunroter 198
Ständelwurz, Breitblättrige 195
Stechapfel 143
Stechapfel, Weißer 143
Steinbeere 73
Steinbrechgewächse 70
Steinbrombeere 73
Steinklee, Echter 87
Steinklee, Gewöhnlicher 87
Steinklee, Weißer 87
Sternhyazinthe 183
Stiefmütterchen, Wildes 105
Stillkraut 122
Storchschnabel, Rundblättriger 96
Storchschnabel, Stinkender 96
Storchschnabelgewächse 95-97
Strahlenbreitsame 113
Strahlendolde, Großblütige 113
Sträucher 214-217
Streifenfarn, Schwarzer 207
Sumpfdotterblume 51
Sumpfherzblatt 26, 70
Sumpfschwertlilie 190
Süßgräser 202, 203
Süßholz, Wildes 82

Tannenklee 91
Taschenkraut 64
Taubengrindkraut 156
Taubenkropf 46
Taubenkropfleimkraut 46
Taubenskabiose 32, 156
Taubnessel, Purpurrote 132
Taubnessel, Rote 132
Tausendschönchen 164
Teichrose, Gelbe 213
Teufelskralle, Scheuchzers 161
Thymian, Gewöhnlicher 137
Thymianseide 124
Tollkirsche 141
Tollkirsche, Schwarze 141
Tormentillwurzel 78
Tragant, Süßer 82
Trollblume 50
Trollblume, Europäische 50
Tüpfelhartheu 57

Ufersegge 204
Uferwolfstrapp 137
Uferzaunwinde 30, 125

Veilchen, Wohlriechendes 104
Veilchengewächse 103, 104
Venushaarfarn 207
Vogelmiere 42
Vogelnestorchidee 198
Vogelnestwurz 198
Vogelsternmiere 42
Vogelwicke 83

Waldakelei 56
Waldalpenveilchen 117
Waldbart 71
Waldbrustwurz 111
Waldengelwurz 111
Walderdbeere 76
Waldfrauenfarn 207
Waldgeißbart 71
Waldknoblauch 185
Waldmeister 122
Waldplatterbse 84
Waldprimel 30
Waldrebe, Gewöhnliche 210
Waldsanikel 108
Waldsauerklee 94
Waldsimse 204
Waldstorchschnabel 95
Waldvögelein, Rotes 199
Waldziest 134
Wallwurz 126
Warzenkraut 58
Wasserdost, Gemeiner 162
Wasserehrenpreis 149
Wasserfeder 213
Wasserkersche 61
Wasserminze 138
Wassernuss 213
Wasserpfeffer 39
Wasserpflanzen 211, 213
Wasserschlauch, Gewöhnlicher 213
Wasserschlauchgewächse 153
Wasserschwertlilie 34, 190
Wau, Gelber 65
Wegerich, Mittlerer 153
Wegerich, Schmalblättriger 154
Wegerichgewächse 153, 154
Wegleuchte 177
Wegwarte, Gewöhnliche 177
Weidelgras, Ausdauerndes 203
Weidenalant 165
Weidenröschen, Schmalblättriges 29
Weiderichgewächse 107
Weidewegerich 153
Weißdorn, Zweigriffiger 214
Weißklee 89
Weißwurz, Duftende 186
Weißwurz, Echte 186
Weißwurz, Gemeine 186
Wermut 168
Wetterkerze 145
Wiesenbärenklau 113
Wiesenbibernelle 75
Wiesenbocksbart 178
Wiesenkammgras 203
Wiesenkerbel 109
Wiesenklee 90
Wiesenknäuelgras 203
Wiesenknautie 156
Wiesenknopf, Großer 75
Wiesenknöterich 40
Wiesenlabkraut 123
Wiesenlieschkraut 203
Wiesenlöwenzahn 180
Wiesenraute, Akeleiblättrige 55
Wiesensalbei 139
Wiesensalbei 31
Wiesensauerampfer 41
Wiesenschafgarbe 166
Wiesenschlüsselblume 115
Wiesenwachtelweizen 150
Windengewächse 124, 125
Windenknöterich, Gemeiner 210
Witwenblume 156
Wolfsfuß 137
Wolfsmilch, Süße 98
Wolfsmilchgewächse 98, 99
Wolfsschote 82
Wollkopf-Kratzdistel 173
Wucherblume, Gewöhnliche 167
Wucherblume, Weiße 167
Wunderklee 87
Wundklee 91

Ysop, Echter 135

Zaunrübe, Zweihäusige 210
Zaunwicke 83
Zaunwinde 125, 210
Zichorie 177
Zigeunerlauch 185
Zittergras 203
Zungenhahnenfuß 213
Zweiblatt, Eiförmiges 197
Zweiblatt, Großes 197
Zwergholunder 154
Zymbelkraut 146
Zymbelkraut, Gemeines 146
Zyperngras, Langes 204
Zypressenwolfsmilch 99

Einführung

Als »Wiesenblumen« bezeichnet man häufig wild wachsende Pflanzen, die nicht an ganz bestimmten Standorten zu finden sind, wie dies etwa bei speziellen Alpenblumen oder Wasserpflanzen der Fall ist. Sogar entlang der Landstraßen oder auf Wiesen am Stadtrand kann man eine Vielzahl von Blumenarten entdecken. Noch größer ist die Artenvielfalt auf Brachland, am Rand von Äckern und Feldern sowie in Wäldern und an Wegrändern. Selbst dem flüchtigen Beobachter werden die vielen verschiedenen Formen und Farben auffallen, die die Natur hier zu bieten hat. Diese Vielfalt macht es dem Laien jedoch oft schwer, einzelne Arten sicher voneinander zu unterscheiden und festzustellen, um welche Pflanze es sich dabei jeweils handelt.
Der hier vorliegende Wiesenblumen-Führer bietet dem Blumenfreund eine Vielzahl von Hinweisen und Abbildungen, die für einen Streifzug durch die Natur sehr hilfreich sind. Im ersten Teil des Buches findet man neben nützlichen Angaben über die bevorzugten Standorte der jeweiligen Pflanzenarten auch all jene Grundbegriffe der Botanik, die man kennen muss, um über die wichtigsten Teile einer Pflanze, wie Stängel, Blätter und Blüten, Bescheid zu wissen. Der Hauptabschnitt des Buches ist den einzelnen Blumenarten gewidmet, die in Form einer ausführlichen Beschreibung sowie einer kurzen »Visitenkarte« vorgestellt werden. Beschrieben werden vor allem die Morphologie, also der Bau der Pflanze, ihr Lebensraum (Habitat), ihre geografische Verbreitung, eventuell vorhandene Synonyme sowie ähnliche Arten, um Verwechslungen zu vermeiden. Im Anhang schließlich findet man neben einem Glossar mit Erläuterungen der wichtigsten Fachbegriffe sowie einem wissenschaftlichen Artenverzeichnis auch so manches Wissenswerte über Pflanzenarten, die im Hauptteil nicht berücksichtigt sind – also Wasserpflanzen, Kletterpflanzen, Gräser, Sträucher und Farne bzw. all jene Pflanzen, die keine auffälligen Blüten aufweisen.

Morphologische und physiologische Grundkenntnisse

Der kleinste Baustein aller Lebewesen, auch der Pflanzen, ist die **Zelle**. Mehrere Zellen derselben Form und Funktion bilden ein **Gewebe**, mehrere unterschiedliche Gewebe formen ein **Organ**. Die Hauptorgane der Sprosspflanze sind **Wurzel, Sprossachse** und **Blatt**, wobei jeder dieser Teile eine ganz bestimmte physiologische Funktion erfüllt. Andere funktionelle Einheiten, die insbesondere mit der Vermehrung in Zusammenhang stehen, sind **Blüte, Frucht** und **Samen**.

DER WURZELAPPARAT

Die Wurzeln einer Pflanze erfüllen zwei lebenswichtige Funktionen: Verankerung im Boden und Ernährung. Sie nehmen das Bodenwasser mit den darin gelösten Mineralsalzen auf und gewährleisten so eine konstante Versorgung mit der für Wachstum und Überleben der Pflanze unentbehrlichen Feuchtigkeit. Wenden wir uns zuerst dem äußeren Bau der Wurzel zu. Die Spitze der Wurzel ist glatt und weist keine Wurzelhärchen auf, in ihr befindet sich die eigentliche Wachstumszone. Sie ist außen von einer schützenden, schleimigen Membran umhüllt, die Wurzelhaube genannt wird und das unbeschadete Eindringen der Wurzel ins

Der Zickzackklee (Trifolium medium), *ein Schmetterlingsblütler, ist häufig auf Wiesen und Weiden anzutreffen.*

raue Erdreich oder sogar in Gestein erleichtern soll. Der dahinter liegende Abschnitt ist dicht mit dünnen Haaren besetzt, die man mit einem Vergrößerungsglas deutlich sehen kann. Diese haben die Aufgabe, Wasser und Nährsalze aus dem Boden aufzunehmen, um die Pflanze am Leben zu erhalten. Man nennt diese einzelligen, kurzlebigen Gebilde Wurzelhaare.
Neben der Stoffaufnahme aus dem Boden haben die Wurzeln zumeist auch dafür zu sorgen, dass die Pflanze fest im Erdreich verankert wird. Die Form, die Größe und der Bau des Wurzelapparates stehen mit dieser Funktion eng in Zusammenhang und hängen weitgehend von den Bedingungen des Standortes ab, an dem die Pflanze wächst. Die Wurzeln sind auch bei Pflanzen derselben Spezies je nach Standort unterschiedlich lang und in verschiedenem Ausmaß verzweigt, je nachdem, wie tief der Boden ist, wo die wasserführende Schicht liegt und wie groß das Wasserangebot ist. Im Allgemeinen sind die Wurzeln meist länger, als man sich vorstellen kann. Der unterirdische Apparat einer Pflanze ist häufig wesentlich ausladender und größer als der oberirdische.

DIE SPROSSACHSE

Die Sprossachse verbindet einerseits die Blätter der Pflanze über Leitungsbahnen mit dem Wurzelapparat und stellt andererseits ein Stützorgan dar. Darüber hinaus sorgt sie für die regelmäßige Verteilung der Nährstoffe auf alle inneren und äußeren Organe, um deren ausgewogene Entwicklung zu gewährleisten. Dort, wo die Blätter ansetzen, befinden sich manchmal deutliche Verdickungen, die man Knoten nennt. Je nach Beschaffenheit wird die Sprossachse mit verschiedenen Namen bezeichnet.

- Bei krautigen Pflanzen nennt man sie meist Stängel.
- Von Schaft spricht man, wenn die Sprossachse hohl ist.
- Stamm nennt man verholzte Sprossachsen, wie etwa bei Bäumen und Sträuchern.

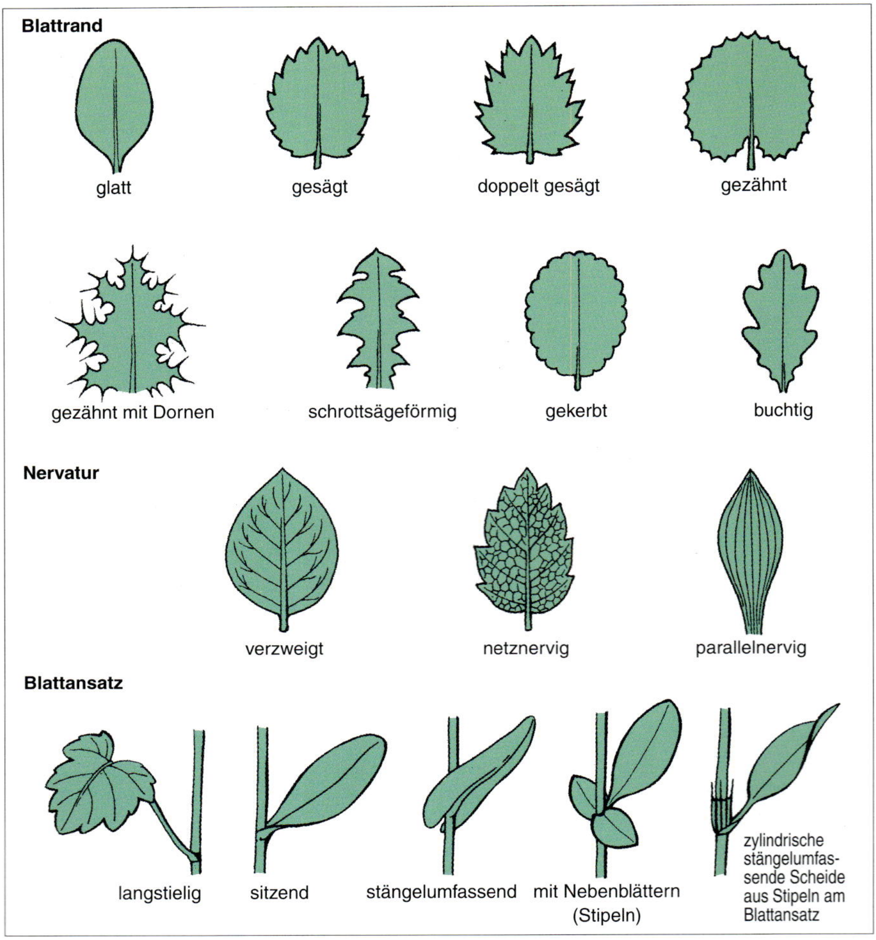

Die Pflanzen unterteilt man je nach Beschaffenheit der Sprossachse in
• krautige, wenn die Sprossachse nicht verholzt;
• halbstrauchartige, wenn die Sprossachse nur an der Basis verholzt;
• strauchartige, wenn die Sprossachse zur Gänze verholzt und von der Basis an verzweigt ist.

Was die Lebensdauer der Sprossachse in Bezug auf den Lebenszyklus der Pflanzen betrifft, unterscheidet man folgende Gruppen:
• einjährige, wenn die Pflanze nach der Produktion von Blüte, Frucht und Samen im selben Jahr abstirbt. In der alpinen Flora sind diese Arten eher selten (z. B. *Euphrasia alpina*);
• zweijährig, wenn sich die Lebensdauer über zwei Jahre erstreckt, wobei meist im ersten Jahr nur Blätter erscheinen, während Blüten, Früchte und Samen erst im zweiten Jahr produziert werden (z. B. *Echium vulgare*);
• mehrjährig oder ausdauernd, wenn sich ihr Lebenszyklus über mehr als zwei Jahre erstreckt. Diese Pflanzen tragen gewöhnlich jedes Jahr Blüten und Früchte, der oberirdische Teil stirbt während der Winterruhe ab, der unterirdische Teil bleibt jedoch am Leben.

Die Sprossachse kann, je nach Spezies bzw. Standortbedingungen, unterschiedliche Formen und Dimensionen entwickeln. Sie kann einfach, nur im obe-

Form der Blattspreite

ren Teil oder auch von der Basis an verzweigt sein und niederliegend, kriechend, aufrecht oder zunächst kriechend, dann aufsteigend wachsen. Bei manchen Arten kann die Sprossachse Verdickungen entwickeln, die als Nährstoff- und Wasserreservoir dienen. Diese Verdickungen wachsen oft unterirdisch und dienen auch der vegetativen Fortpflanzung, außerdem erhalten sie mit ihren Nährstoffen die Pflanze während der Ruhezeit am Leben. Die bekanntesten Arten unterirdischer Stammteile sind: Knollen (wie bei vielen Orchideen), Rhizome (Iris) und die Speicherblätter von Zwiebeln (Narzissen, Lilien, Lichtblume).

DIE BLÄTTER

Die Blätter haben eine komplexere und vielfältigere Funktion als die Wurzeln, welche nur der Verankerung und der Nährstoffaufnahme dienen. Die wichtigste Funktion der Blätter ist die Photosynthese, eine chemische Reaktionskette im Inneren des Blattparenchyms, durch die organische Substanzen (Zucker) sowie der für das Leben auf unserem Planeten unentbehrliche Sauerstoff entsteht. Ein Blatt besteht im Allgemeinen aus einem Stiel und der Spreite, die von der Nervatur gestützt wird. Der Stiel verbindet das Blatt mit der Sprossachse, es gibt allerdings auch ungestielte Blätter. Im Inneren des Stiels verlaufen die sogenannten Leitbündel, die sich in der Nervatur des Blattes fortsetzen, um einerseits Wasser und Nährsalze im ganzen Blatt zu verteilen und der Blattspreite Konsistenz (Turgor) zu geben und andererseits die Produkte der Photosynthese in die Wurzeln leiten.
Je nachdem, wie die Nervatur aufgebaut ist, unterscheidet man verzweigte, fiedernervige und parallele Nervatur. Die Konsistenz bzw. Oberflächenbeschaffenheit (ledrig, wachsig, sukkulent etc.), die Form (rund, elliptisch, lanzettförmig etc.) sowie der Blattrand (gesägt, glatt, gezähnt, gelappt etc.) sind ebenfalls markante Unterscheidungskriterien. Wenn die Einschnitte bis an die Hauptader heranreichen, können die Blattlappen zu eigenständigen Einzelblättchen werden, man spricht dann von zusammengesetzten Blättern, die man je nach Aufbau als gefingert, gefiedert etc. bezeichnet.

DIE BLÜTE

Die Schönheit, die Farben und die Formenvielfalt der Blüten sind kein Selbstzweck. Alle Attribute, die die Natur für die Pflanzen ersann, sind ausgeklügelte Strategien, die den Fortbestand einer Spezies sichern. Die auffällig gefärbte Blütenhülle, die die männlichen und weiblichen Fortpflanzungsorgane der Pflanze umschließt, hat zwei wichtige Aufgaben zu erfüllen: sie muss für die Bestäubung und Befruchtung sorgen.

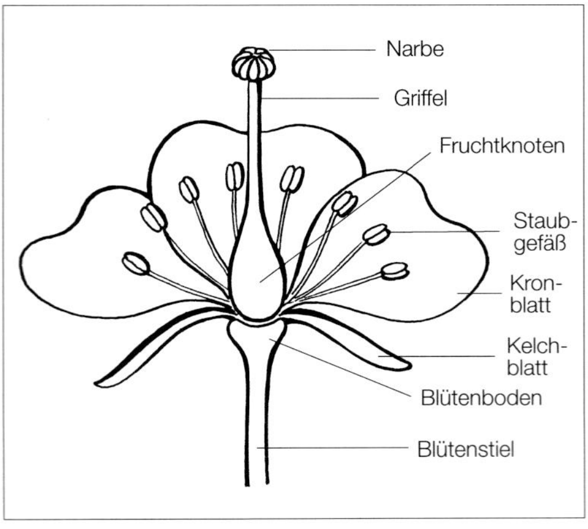

Die meisten höheren Pflanzen entwickeln sogenannte Zwitterblüten, die sowohl männliche als auch weibliche Fortpflanzungsorgane aufweisen. Bei manchen Arten treten die Geschlechter jedoch getrennt auf. Sitzen männliche und weibliche Blüten an verschiedenen Individuen (Weide), spricht man von zweihäusigen oder diözischen, stehen sie an einem Individuum, von einhäusigen oder monözischen Pflanzen (Kiefer, Lärche).
Alle Teile der Blüte sind spezialisierte Blätter, die sich unterschiedlich entwickeln und jeweils eine spezifi-

Blütenstände

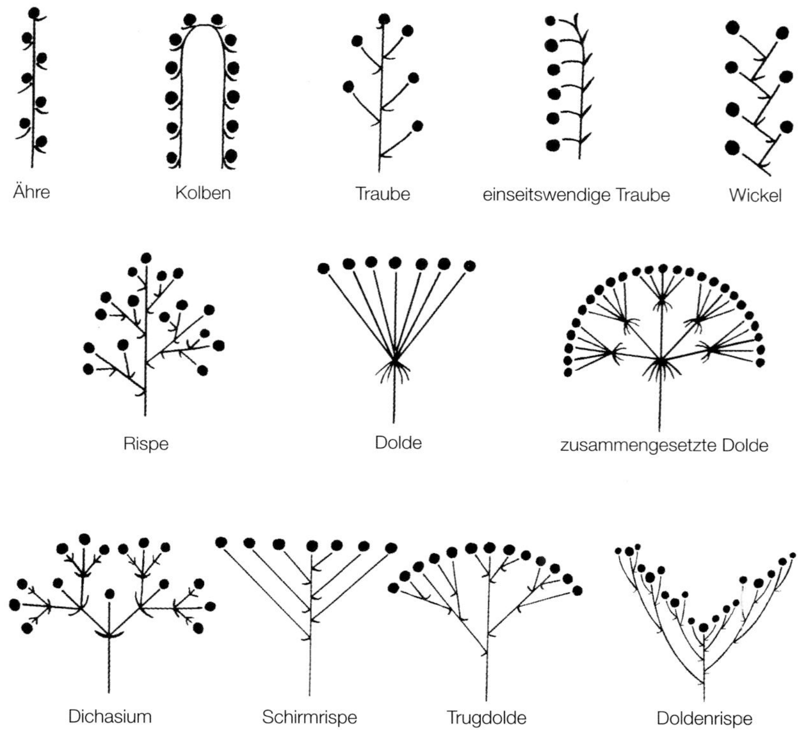

sche Funktion zu erfüllen haben. Der Aufbau einer klassischen Blüte ist bei näherer Betrachtung klar zu erkennen: Perianth, Andrözeum und Gynäzeum. Alle diese Teile setzen an einer knotenartigen Verdickung am oberen Ende des Blütenstiels, dem sogenannten Blütenboden, an. Unter Perianth versteht man die äußere, meist auffällig gefärbte Hülle der Blüte, welche die männlichen und weiblichen Fortpflanzungsorgane umschließt, sie besteht aus Kelch und Krone. Die Kelchblätter sind meist unauffällig, oft grün gefärbt. Diese sogenannten Sepalen haben die Aufgabe, die inneren Blütenteile insbesondere im Knospenstadium zu schützen. Wenn die Sepalen miteinander verwachsen sind (Nelke), spricht man von verwachsenblättrigem, im gegenteiligen Fall (Rose) von freiblättrigem Kelch. Der Kelch fällt nach der Blüte nur selten ab und wächst meist weiter, um seine Schutzfunktion für die heranreifende Frucht besser ausüben zu können. Die Krone besteht aus den Kronblättern oder Petalen, die meist auffällig gefärbt sind und oft einen angenehmen Duft verströmen. Sie haben die Aufgabe, bestäubende Insekten anzulocken. Wenn die Petalen miteinander verwachsen sind, spricht man ebenfalls von verwachsenblättriger, im gegenteiligen Fall von freiblättriger Krone. Wenn zwischen Kelch- und Kronblättern kein Unterschied besteht, nennt man das Perianth Perigon, und die Blütenblätter Tepalen (Lilie, Scilla, Allium).
Das Andrözeum, der männliche Fortpflanzungsapparat der Pflanze, besteht aus Staubblättern, meist lange, dünne, sterile Filamente oder Staubfäden, an deren oberen Enden die Antheren oder Staubbeutel sitzen, das sind Verdickungen, die den meist gelb oder orange gefärbten Pollen enthalten. Das Gynäzeum, der

weibliche Fortpflanzungsapparat, besteht aus einem oder mehreren Stempeln. Die Basis ist verdickt und heißt Ovar oder Fruchtknoten, sie enthält eine oder mehrere Eizellen. Ein meist langer, dünner Griffel verbindet den Fruchtknoten mit der Narbe, die bei der Bestäubung die Pollenkörner aufnimmt und zum Keimen bringt.
Die Blüten können an den Triebenden (endständig) oder den Blattknoten (achselständig) einzeln oder in Gruppen (Blütenstände) versammelt stehen. Die häufigsten Formen der Blütenstände sind:
- Blütenstände aus gestielten sogenannten stehenden Blüten: Traube, Rispe, Dolde, Trugdolde;
- Blütenstände aus stiellosen sogenannten sitzenden Blüten: Ähre, Kätzchen, Körbchen, Köpfchen.

BESTÄUBUNG

Wind, Wasser, Insekten, Vögel und andere Tiere tragen unfreiwillig zur Verbreitung der Pflanzen bei, indem sie die Bestäubung fördern und oft erst ermöglichen.
Zahlreiche Insekten (Bienen, Hummeln, Schmetterlinge) besuchen die Blüten auf der Suche nach Nektar, den viele Pflanzen im Inneren der Blüte in den sogenannten Nektarien herstellen. Dabei berühren sie die Staubgefäße und tragen den Pollen dann auf ihrem Körper zu anderen Blüten derselben Art, wo er an deren Narbe haften bleibt (Bestäubung). Die vielfältigen Farben, die auffälligen Formen und der betörende Duft mancher Blüten haben keine andere Aufgabe, als jene Art von Insekten anzulocken, die im betreffenden Fall für die Bestäubung und Befruchtung der Blüten von Natur aus vorgesehen sind. Auch der Wind kann diese Aufgabe übernehmen, besonders Pflanzen mit unscheinbaren Blüten und großer Pollenproduktion sind vom Wind abhängig, um Frucht und Samen bilden zu können.

FRUCHT UND SAMEN

Sobald die Befruchtung erfolgt ist, beginnen sich die Wände des Fruchtknotens zu verändern. Sie werden holzig oder fleischig und bilden die Frucht oder Perikarp. Gleichzeitig entwickelt sich auch die befruchtete Eizelle zum Pflanzenembryo, bildet zusätzlich eine Nährstoffreserve und wird so zum Samen.
Viele Früchte sind im Reifezustand saftig, fleischig und süß, haben lebhafte Farben und einen angenehmen Geschmack, denn dadurch ziehen sie Tiere an, die durch ihre Ernährungsgewohnheiten dazu beitragen, die Pflanze über ihre meist unverdaulichen Samen geografisch zu verbreiten.
Pflanzen, die keine farbigen und fleischigen Früchte hervorbringen, bedienen sich anderer Strategien, um einen größeren Raum zu besiedeln (Wind, Wasser etc.). Manche Früchte weisen Flughaare oder Flügelfortsätze auf, andere raue Borsten mit Widerhaken, mit denen sie am Fell vorüberstreifender Tiere hängen bleiben.
Zu den häufigsten fleischigen Früchten zählen die Steinfrucht, die in ihrem Inneren einen einzigen, in einer harten Schale eingeschlossenen Samen trägt, und die Beere, die oft als Sammelbeere ausgebildet ist und die Samen frei im Fruchtfleisch trägt. Trockene Früchte unterteilt man grob in Schließfrüchte und Spring- oder Streufrüchte, die sich im Reifezustand spontan öffnen. Zur zweiten Gruppe gehören etwa Schoten, Hülsen und Kapseln. Sie können mehrere Samen enthalten. Die trockene Schließfrucht enthält immer nur einen Samen, der praktisch in die Frucht eingeschlossen ist, diese können jedoch ebenfalls zu Sammelfrüchten zusammengefasst sein. Die verbreitetsten Beispiele hierfür sind die Karyopsen vieler Gräser, die Flügelfrüchte des Ahorns und die Achänen der Korbblütler.

Der in der Frucht eingeschlossene Samen enthält den Keim, den Embryo der Pflanze. Sobald der Samen auf ein geeignetes Substrat gelangt ist, erwacht der Keim aus seiner Ruhezeit, die manchmal Jahre, sogar Jahrzehnte dauern kann, und beginnt sich zu entwickeln, die Keimung setzt ein.
Damit hat der Same seine Funktion als Schutzhülle und Nährstoffreservoir erfüllt, denn der Keimling hat nun selbst Organe entwickelt, die diese Aufgaben übernehmen. Unter einer äußeren Schutzschicht, die man Samenschale oder Testa nennt, ist die Anlage des Keims deutlich zu erkennen: ein Stängel, winzige Blätter, die sogenannten Keimblätter, die reich an Nährstoffen sind, eine winzige Wurzel und ein Vegetationskegel. Die Keimung erfolgt in mehreren Phasen. Zuerst streckt sich die Wurzel durch Längenwachstum nach unten, dann strebt der Vegetationskegel nach oben, die Keimblätter öffnen sich und geben ihre Nährstoffe ab. Bald kann man die jungen Hauptorgane der Pflanze deutlich erkennen: Wurzel, Stamm und Blätter.

Lebensräume der Wiesenblumen

AUF ÄCKERN UND FELDERN

All jene Wiesenblumen und Gräser, die auf Anbauflächen wie Äckern und Feldern zwischen den eigentlichen Kulturpflanzen wachsen, werden für gewöhnlich als »Unkraut« bezeichnet. Diesen abfälligen Namen haben sie sich wohl deshalb eingehandelt, weil sie hartnäckig an Orten wachsen, wo der Mensch ausschließlich die von ihm gesäte Pflanze sehen will. Schon immer haben Landwirte versucht, der Unkrautplage Herr zu werden, indem sie zunächst mechanische, später auch chemische Hilfsmittel einsetzten. Vor allem chemische Unkrautvertilgungsmittel, sogenannte Herbizide, sind heute dafür verantwortlich, dass einige Arten mittlerweile beinahe ausgerottet sind, gleichzeitig aber andere sich ungehindert ausbreiten konnten, wie dies auch im Tierreich nicht selten geschah, weil hier wie dort der »natürliche Feind« bzw. »Konkurrent« fehlt.
Zu jenen Arten, die einst sehr verbreitet waren, heute jedoch immer mehr von der Bildfläche verschwinden bzw. gar vom Aussterben bedroht sind, gehören unter anderem solche, die auf Getreidefeldern typisch sind, wie etwa die Kornrade (*Agrostemma githago*), die aus manchen Landstrichen bereits völlig verschwunden ist, sowie die Kornblume (*Centaurea cyanus*), die man heute wegen ihrer hübschen azurblauen Blüten wieder verstärkt züchtet. Aber auch die Ackerhundskamille (*Anthemis arvensis*), deren Blütenköpfchen jenem der Margerite sehr ähnlich, aber kleiner sind, sieht man heute nur noch selten.
Diesen einjährigen Pflanzen ist gemeinsam, dass sie, wie die Getreidepflanzen selbst, in deren Gesellschaft sie früher häufig auftraten, einen schnellen Entwicklungszyklus haben, also zu deren Erntezeit ebenfalls bereits Blüte, Frucht und Samen ausgebildet haben. Das Verschwinden vieler für Kornfelder so typischen Wiesenblumen ist, neben dem Einsatz verschiedener Unkrautvertilgungsmittel, auch auf die heute in der Landwirtschaft übliche Methode der Saatgutreinigung zurückzuführen, womit verhindert wird, dass sich unter dem zu Mehl vermahlenen Korn auch noch andere, oft giftige Samen befinden, die in der Vergangenheit bisweilen zu schweren Vergiftungen geführt haben.
Auf Äckern und Feldern, die jedoch nicht so intensiv genutzt werden, oder in Gebieten, die bislang von Herbiziden verschont geblieben sind, finden sich auch heute noch die leuchtend roten Blüten des Klatschmohns (*Papaver rhoeas*), oder auch die Echte Kamille (*Matricaria chamomilla*) und der Feldrittersporn (*Consolida regalis*) sowie die lilafarbenen Blüten des Gewöhnlichen Frauenspiegels (*Legousia speculum-veneris*). Auf Kartoffeläckern wiederum trifft man andere, mitunter recht hart-

näckige »Unkräuter« an, wie etwa die Ackerwinde (*Convolvulus arvensis*), die sich dank ihres robusten Rhizoms rasch ausbreitet, sowie das Gemeine Kreuzkraut (*Senecio vulgaris*), das Schuttbingelkraut (*Mercurialis annua*), das Kleinblütige Knopfkraut (*Galinsoga parviflora*), den Gemüseportulak (*Portulaca oleracea*), die Kohlgänsedistel (*Sonchus oleraceus*) und den Echten Erdrauch (*Fumaria officinalis*).
Auf Maisfeldern breiten sich besonders zu Beginn der warmen Jahreszeit, wenn die Maispflänzchen noch klein sind, vor allem Gräser aus, wie etwa das Aleppogras (*Sorghum halepense*), die Kolbenhirse (*Setaria italica),* die Hühnerhirse (*Echinochloa crus-galli),* das Blutfingergras (*Digitaria sanguinalis)* sowie der Flohknöterich (*Polygonum persicaria*), der Weiße Gänsefuß (*Chenopodium album*), der Schierlingsreiherschnabel (*Erodium cicutarium*) und der Schwarze Nachtschatten (*Solanum nigrum*). Die letztgenannten Spezies gedeihen gerne in Gesellschaft der Purpurroten Taubnessel (*Lamium purpureum*), dem Roten Gauchheil (*Anagallis arvensis*), der Vogelsternmiere (*Stellaria media*), dem Gemeinen Hirtentäschelkraut (*Capsella bursa-pastoris*) und dem Geißfuß (*Aegopodium podagraria*). Mehrjährige krautige Pflanzen besitzen oft sehr robuste, tiefgründige Wurzeln, denen Jäten, Hacken oder Pflügen kaum etwas anhaben kann - im Gegenteil, das Zerhacken und Umgraben verhilft ihnen sogar zu größerer Verbreitung.

Der Klatschmohn gilt seit jeher als Charakterpflanze der Getreidefelder. Aufgrund des massiven Einsatzes von Unkrautvernichtungsmitteln in der Landwirtschaft findet man diese Art heute jedoch nur noch an Straßenrändern, entlang von Feldwegen und auf Planien.

AN MAUERN UND STRASSENRÄNDERN

Auf Schritt und Tritt begegnen wir in unserer nächsten Umgebung Pflanzen, die sich in Lebensräumen angesiedelt haben, welche man nicht unbedingt als natürlich ansehen kann, wie etwa im städtischen Raum, wo Asphalt und Beton die Natur fast völlig verdrängt haben und dem Betrachter jegliches pflanzliche Leben auf den ersten Blick unmöglich erscheint. Dennoch finden wir auch hier an so mancher Hausmauer, am Straßenrand, auf Verkehrsinseln und Gehwegen eine große Anzahl von Wildpflanzen, die trotz der scheinbar lebensfeindlichen Bedingungen hier blühen und gedeihen.
Oft sind es alte Steinmauern, die eine höchst interessante Flora beherbergen, deren Vertreter nur wenig Platz benötigen und hier und dort zwischen einzelnen Steinen

hervorsprießen. Bei solchen Steinmauern, die man oft auf dem Lande, aber auch in der Altstadt vieler Großstädte finden kann, hängt es von deren Exposition ab, welche Pflanzen auf ihnen gedeihen. So finden sich etwa an schattigen Plätzen verschiedene Farnarten, wie etwa die Mauerraute (*Asplenium ruta-muraria*), welche häufig zusammen mit dem Gemeinen Zymbelkraut (*Cymbalaria muralis)* vor allem im Mittelmeerraum auftritt. Sonnenbeschienene Mauern werden hingegen vom Gartenlöwenmäulchen (*Antirrhinum majus*), der Roten Spornblume (*Centranthus ruber*) und dem Hellen Bilsenkraut (*Hyoscyamus albus*) bevorzugt. Die meisten sukkulenten Pflanzen (Dickblattgewächse) bevorzugen trockene und warme Standorte. Dank ihrer Wasserspeichergewebe können Spezies wie die Scharfe Fetthenne (*Sedum acre*), die Weiße Fetthenne (*Sedum album*) und einige immergrüne Pflanzen sogar auf Mauerkronen, wo es besonders heiß und trocken ist, noch gedeihen.

Am Fuß von Mauern, wo sich oft allerlei Abfälle und tierische Exkremente ansammeln, bildet sich mit der Zeit ein stickstoffreiches Substrat, das für eine Reihe von Pflanzenarten ausgezeichnete Wuchsbedingungen schafft, wie etwa für die Große Brennnessel (*Urtica dioica*) und verschiedene andere Ruderalpflanzen wie die Mäusegerste (*Hordeum murinum*), die Taube Trespe (*Bromus sterilis*) und verschiedene Arten der Gattungen Amaranth-, Malven- und Gänsefußgewächse.

Auf trockenen, sonnenbeschienenen Schuttplätzen und Wegen gedeihen hingegen bevorzugt verschiedene Korbblütler, wie der Gemeine Beifuß (*Artemisia vulgaris*), die Kohlgänsedistel (*Sonchus oleraceus*), der Blaue Lattich (*Lactuca perennis)* und das Kanadische Berufkraut (*Conyza canadensis*) sowie eine Reihe von Kreuzblütlern, vor allem der Gattungen *Brassica*, *Sisymbrium* und *Diplotaxis*. Aber auch spezielle Arten von Gräsern (Gramineae) sind an diesen Standorten häufig anzutreffen.

Die aus Asien stammende Echte Kamille (Matricaria chamomilla) *hat sich mittlerweile in weiten Teilen Europas derart ausgebreitet, daß sie oft als lästiges Unkraut angesehen wird.*

AN WEGRÄNDERN UND AUF BRACHLAND

Auf Äckern und Feldern, die mittels moderner Agrartechnik bestellt werden, haben bestimmte natürlich wachsende Wildkräuter, die früher so manches Weizen- oder Maisfeld zierten, heutzutage kein Fortkommen mehr. Man findet sie daher heute nur noch in Gebieten, die nicht mehr landwirtschaftlich genutzt werden, auf sogenannten Ruderalstandorten wie etwa auf Schuttplätzen, Kiesgruben, am Rand von Bal-

Es ist immer wieder erstaunlich, in welcher Vielfalt die so genannten Ruderalpflanzen an Straßenrändern und Wegen, auf Schutt- und Kiesplätzen anzutreffen sind. Im Bild der Rauhaarige oder Krumme Fuchsschwanz (Amaranthus retroflexus).

lungszentren und entlang von Bahndämmen, Straßen und Autobahnen. Der Boden dort ist meist karg und steinig, weshalb er selbst bei genügend Regen die Feuchtigkeit nicht lange halten kann.

Um auf baumlosen Landstrichen überleben zu können, wo die starke Sonneneinstrahlung für besonders schwierige Lebensbedingungen sorgt, haben manche Pflanzen besondere Anpassungsstrategien entwickelt. So gedeihen viele Wildblumen auch entlang von Bahndämmen, an Straßen- und Wegrändern sowie auf so mancher Verkehrsinsel. Meist handelt es sich dabei um so genannte Ruderalpflanzen, die für gewöhnlich mit einem besonders tief reichendem Wurzelapparat, oft auch mit Pfahlwurzeln, ausgestattet sind, mit denen es ihnen möglich ist, sich auf steinigem, aber auch auf sehr lockerem Substrat ausreichend im Boden zu verankern. Manche Pflanzen sind mit Filz oder Härchen bedeckt, um so eine allzu starke Verdunstung zu verhindern. Zu den in diesem Lebensraum am häufigsten auftretenden Arten gehören vor allem verschiedene Spezies der Gattung Verbascum (Königskerze), die mit ihren leuchtend gelben Blütenkerzen selten unbemerkt bleiben und oft einen schönen Kontrast zu den blauvioletten Blütentrauben des Blauen Natterkopfs (*Echium vulgare*) bilden. Ebenfalls häufig anzutreffen sind hier die Gelbe Resede (*Reseda lutea*), die Zweijährige Nachtkerze (*Oenothera biennis*), das Gemeine Leinkraut (*Linaria vulgaris*), das Gewöhnliche Eisenkraut (*Verbena officinalis*), der Weiße Steinklee (*Melilotus alba*) und die Wilde Möhre (*Daucus carota*). Unter den Gräsern finden wir besonders häufig das Hundszahngras (*Cynodon dactylon*), dessen Wurzeln so kräftig sind, dass sie sogar in Asphalt eindringen können.

Bestimmte Pflanzen siedeln sich auch auf Schuttplätzen sowie in Schotter- und Kiesgruben an, wo die Bodenstruktur durch die Aktivitäten des Menschen stark in Mitleidenschaft gezogen ist. Hier wachsen zunächst vor allem einjährige Pflanzen, die nach und nach von zwei- und mehrjährigen krautigen Pflanzen und schließlich von Halbsträuchern und Sträuchern verdrängt werden. Auf eher lehmigen Böden finden sich vor allem Korbblütler, allen voran der Gewöhnliche Huflattich (*Tussilago farfara*), dessen goldgelbe Blütenköpfchen schon zeitig im Frühling entlang von Wegen und Straßen zu sehen sind. Auch so mancher Vertreter der Disteln ist hier anzutreffen, ebenso wie der Gemeine Löwenzahn (*Taraxacum officinale*) und die Gewöhnliche Wegwarte (*Cichorium intybus*). Weitere Arten, die an Straßenrändern und auf unbebautem Land auftreten, sind die Kanadische Goldrute (*Solidago canadensis*), die Große Klette (*Arctium lappa*), der Gemeine Beifuß (*Artemisia vulgaris*), der Wermuth (*Artemisia absinthium*), das Echte Seifenkraut (*Saponaria officinalis*), die Zypressenwolfsmilch (*Euphorbia cyparissias*), die Wegrauke (*Sisymbrium officinale*) und die Ackerwinde (*Convolvulus arvensis*). Zu den häufigsten Sträuchern gehören verschiedene Beerengewächse, wie Himbeer- und Brombeersträucher (*Rubus*) sowie der Schwarze Holunder (*Sambucus nigra*) und der Schwarzdorn (*Prunus spinosa*).

AUF WIESEN UND WEIDEN

Die Zusammensetzung von Pflanzengesellschaften der Wiesen und Weiden hängt vor allem von den jeweiligen Standortbedingungen ab, wobei besonders Faktoren wie Substrat, Feuchtigkeit sowie eventuelle Eingriffe des Menschen (Düngen, häufige Mahd, Beweidung) von Bedeutung sind. Weiden und auch Wiesen stellen nur scheinbar natürliche oder ursprüngliche Lebensräume dar, handelt es sich doch um intensiv genutzte, vom Menschen stark geprägte Grünflächen, die regelmäßig gemäht bzw. vom Vieh abgeweidet werden. Auf diesen Flächen haben sich mit der Zeit Wiesengesellschaften ausgebildet, denen die regelmäßige Beweidung oder Abmähen nichts anhaben kann - ja, die dadurch sogar gefördert werden, indem Konkurrenten fern gehalten werden. Wenngleich sich solche Wiesen oft durch eine bemerkenswerte Artenvielfalt auszeichnen, so sind es in der Regel Süßgräser (Gramineae), die den größten Raum einnehmen, auch wenn sie mit ihren unscheinbaren Blüten dem Betrachter nicht so ins Auge stechen wie andere Blütenpflanzen. Zu den häufigsten Vertretern dieser Gräser zählen das Wiesenknäuelgras (*Dactylis glomerata*), das an seinen buschigen Rispen leicht zu erkennen ist, der Glatthafer (*Arrhenatherum elatius*), eine ergiebige Futterpflanze, die eine beträchtliche Größe erreichen kann, sowie das Gewöhnliche Ruchgras (*Anthoxantum odoratum*), dessen Aromastoffe für den typischen Heugeruch verantwortlich sind.

Auf den meisten Wiesen finden sich auch manche Vertreter der Familie der Schmetterlingsblütler (Leguminosae), allen voran die verschiedenen Kleearten, wie Weißklee (*Trifolium repens*), Rotklee, auch Wiesenklee genannt (*Trifolium pratense*), der Gewöhnliche Hornklee (*Lotus corniculatus*) und die Saatluzerne (*Medicago sativa*). Besonders auf Weiden trifft man auch auf verschiedene Wickenarten der Gattung Vicia, manche Tragantarten (Astralagus) sowie auf einige Vertreter der Gattung *Onobrychis* (Esparsette).

Manche als Futterpflanzen wenig geeignete »Wiesenblumen« erfreuen durch ihre auffallend gefärbten Blüten das Auge des Betrachters, so etwa der Scharfe Hahnenfuß (*Ranunculus acris*), der Knollige Hahnenfuß (*Ranunculus bulbosus*), die Wiesenschafgarbe (*Achillea millefolium*), die Margerite (*Leucanthemum vulgare*) sowie der Wiesensalbei (*Salvia pratensis*).

Im Gegensatz zum Flachland finden sich in etwas höher gelegenen Gegenden südexponierte trockene und sonnige, fast steppenähnliche Wiesen, die gelegentlich von Felsen durchsetzt sind. Diese Lebensräume entstanden entweder infolge von Waldbränden oder durch Waldrodungen, die der Mensch zur Gewinnung von Weideland schon vor langer Zeit vornahm. Hier ist die Vielfalt der Pflanzengesellschaften zwar weniger stark ausgeprägt, aber deswegen um nichts weniger interessant. Auf solchen Standorten gedeihen vor allem xerophile, d. h. Trockenheit liebende Arten, wie etwa das Federgras (*Stipa pennata*) mit seinen typischen federig behaarten Rispen, die Taubenskabiose (*Scabiosa columbaria*) mit ihren rosa- bis lilafarbenen Blüten, die

Auch landwirtschaftlich ungenützte Böden bieten dem Blumenliebhaber reichlich Anschauungsmaterial. Der Wermuth (Artemisia absinthium) *ist ein häufiger Gast auf manchen Ruderalfluren.*

Dornige Hauhechel (*Ononis spinosa*) oder der Gemeine Wundklee (*Anthyllis vulneraria*), der Edelgamander (*Teucrium chamaedrys*) und vor allem auf Kalkböden das Gelbe Sonnenröschen (*Helianthemum nummularium*) und der Schopfhufeisenklee (*Hippocrepis comosa*).
Trockenwiesen entstehen zumeist auf saurem Substrat - und zwar häufig in höheren Lagen, wo intensive Viehwirtschaft betrieben wird. Hier wird die Rasendecke allmählich von einem Vegetationstyp ähnlich einer Heide abgelöst. Auf solchen eher artenarmen Wiesen finden sich unter anderem Süßgräser (Gramineae), vor allem der Gattungen *Festuca* und *Agrostis*, sowie das Gewöhnliche Kreuzblümchen (*Polygala vulgaris*), die Gewöhnliche Hainsimse (*Luzula campestris*) und das Aufrechte Fingerkraut *(Potentilla erecta*), die oft von strauch- oder halbstrauchartigen Pflanzen, wie etwa dem Deutschen Ginster (*Genista germanica*) und der Besenheide *(Calluna vulgaris*) begleitet werden. Bleiben solche Wiesen über längere Zeiträume ungenützt, so verwandeln sie sich allmählich wieder in Wald.

FEUCHTGEBIETE

Unter dieser Bezeichnung fasst man eine Reihe von recht unterschiedlichen Lebensräumen zusammen, die durch ein ständiges oder zeitweiliges Vorhandensein von Grund- oder Oberflächenwasser geprägt sind. Dazu zählen vor allem stehende Gewässer wie Seen, Teiche, Sümpfe und Moore sowie so genannte Fließgewässer, wie Quellen, Bäche und Flüsse.
Welche Pflanzen an bzw. in solchen Gewässern wachsen, hängt von verschiedenen chemisch-physikalischen Faktoren ab, wie etwa Mineralstoffgehalt, Sauerstoffgehalt, pH-Wert, Temperatur und Lichteinfall. Daneben sind auch die Tiefe und Ausdehnung eines Gewässers von Bedeutung. Zu den schwimmenden Pflanzenarten gehört bei-

spielsweise die Kleine Wasserlinse (*Lemna minor*), die häufig ausgedehnte Populationen bildet und bei günstigen Bedingungen die Oberfläche eines Teichs vollständig mit ihren erbsengrünen Blättern bedecken kann, dies vor allem dann, wenn es sich um ein besonders ruhiges, windgeschütztes Gewässer handelt.
Weitere, wenngleich etwas seltener vorkommende Bewohner dieser Lebensräume sind in warmen Gegenden die Vertreter der Gattung *Azolla* (Schwimmfarn). Sehr auffällig mit ihren großen schönen Blüten sind natürlich die verschiedenen Seerosenarten, allen voran die Weiße Seerose (*Nymphaea alba*) und die Gelbe Teichrose (*Nuphar lutea*), welche nährstoffreiche (eutrophe) stehende oder langsam strömende Gewässer bevorzugen.
Im Uferbereich von Teichen und Seen sowie in Sümpfen und auch auf zeitweilig überschwemmten Gebieten finden sich bevorzugt verschiedene Arten von Sumpfpflanzen, darunter hauptsächlich Binsengewächse (Juncaceae) und Riedgrasgewächse (Cyperaceae), aber auch Breitblättriger und Schmalblättriger Rohrkolben (*Typha latifolia*) und (*Typha angustifolia*).
Entlang von Bächen und Flüssen gedeiht trotz häufiger Überflutungen eine recht artenreiche Vegetation mit verschiedenen Weiden- und Erlenarten, begleitet von einer Reihe typischer Uferpflanzen, die teilweise oder fast vollständig unter Wasser wachsen. Besonders häufig finden sich im Uferbereich fließender Gewässer Pflanzen wie der Bachehrenpreis (*Veronica beccabunga*), die Wasserschwertlilie (*Iris pseudacorus*), der Blutweiderich (*Lythrum salicaria*), aber auch die Wasserminze (*Mentha aquatica*), der Gemeine Wasserdost (*Eupatorium cannabinum*), das Sumpfvergissmeinnicht (*Myosotis palustris*), die Doldige Schwanenblume (*Butomus umbellatus*) und der Gemeine Froschlöffel (*Alisma plantago-aquatica*), die hier oft vergesellschaftet mit Binsen- und Riedgrasgewächsen anzutreffen sind. Zu den fast völlig untergetauchten Pflanzen gehören: die Echte Brunnenkresse (*Nasturtium officinale*), das Spitze oder Echte Pfeilkraut (*Sagittaria sagittifolia*), der Flutende Hahnenfuß (*Ranunculus fluitans*), der Wasserhahnenfuß (*Ranunculus aquatilis*) sowie einige Arten der Gattung Potamogeton (Laichkrautgewächse).

Die hier abgebildete Besenheide (Calluna vulgaris), *auch unter dem Namen Heidekraut bekannt, ist eine Charakterart der steppenähnlichen Heide, welche in unseren Breiten vor allem in etwas höheren Lagen anzutreffen ist.*

WÄLDER

Wie die meisten Wiesen sind auch fast alle Wälder aufgrund der jahrhundertelangen massiven Einflussnahme durch den Menschen heute keine wirklichen Naturlandschaften mehr, denn speziell durch die moderne Forstwirtschaft wurde die ursprüngliche Zusammensetzung der Wälder nachhaltig verändert.

Vor allem im Flachland sind Wälder schon sehr weit von ihrem Urzustand entfernt, da sie einerseits zunehmend landwirtschaftlichen Nutzflächen weichen mussten, andererseits in Forstplantagen umgewandelt wurden.

In collinen Lagen, wo der Mensch naturgemäß weniger in die Landschaft eingreifen konnte, finden sich auch heute noch artenreiche, sehr naturnahe Laubwälder, in denen vor allem Hainbuche, Ahorn, Esche und im Feuchten Erlen gedeihen, wo aber südexponiert auch die Edelkastanie und verschiedene Eichenarten nicht selten anzutreffen sind. Noch ein Stück höher dominieren Rotbuchenwälder, denen sich mit zunehmender Höhe auch Nadelbäume anschließen, allen voran die Fichte, verschiedene Kiefernarten sowie Lärche und Weißtanne. Eine ausführliche Beschreibung der verschiedenen Baumarten und typischer Waldgesellschaften findet sich im Band »Bäume« aus dieser Reihe, weshalb wir uns in diesem Kapitel auf jene Arten krautiger, halbstrauch- und strauchartiger Pflanzen beschränken, die im Unterholz der Wälder oder an Waldrändern zu finden sind.

Schon gegen Ende des Winters und zu Beginn des Frühlings, also zu einer Zeit, wo die Laubbäume noch keine Blätter tragen, sprießen in den Wäldern bereits zahlreiche sehr früh blühende Pflanzenarten, um sich die kurze Zeit der günstigen Lichtverhältnisse zu Nutze machen. Zu den bekanntesten Arten zählen hier vor allem das Schneeglöckchen (*Galanthus nivalis*), die Frühlingsknotenblume (*Leucojum vernum*), der Zweiblättrige Blaustern (*Scilla bifolia*) und die Hundszahnlilie (*Erythronium dens-canis*) mit ihren charakteristischen graugrün gescheckten Blättern. In den ersten Wochen des Frühlings öffnen aber auch Arten wie die Duftende Schlüsselblume (*Primula veris*), das Buschwindröschen (*Anemone nemorosa*), das Dreilappige Leberblümchen (*Hepatica nobilis*), das Echte Lungenkraut (*Pulmonaria officinalis*), der Hohle Lerchensporn (*Corydalis cava*), der essbare Bärlauch (*Allium ursinum*) sowie verschiedene Veilchenarten ihre Blüten.

An schattigen Orten gedeihen Farne, die gewiss zu den häufigsten Pflanzen des Waldes gehören. Besonders häufig vorkommende Vertreter davon sind der Gewöhnliche Wurmfarn (*Dryopteris filix-mas*) und die seltenere Gewöhnliche Hirschzunge (*Phyllitis scolopendrium)*, alles Arten, die eher feuchte Böden bevorzugen, während auf trockenen und leicht sauren Böden vornehmlich Adlerfarn (*Pteridium aquilinum*) und Gewöhnlicher Tüpfelfarn (*Polypodium vulgare*) anzutreffen ist. An schattigen Standorten finden sich auch andere, häufig gemeinsam mit Farnen auftretende Wildkräuter, wie etwa der Waldmeister (*Galium odoratum*), der Waldsauerklee (*Oxalis acetosella*), die Vierblättrige Einbeere (*Paris quadrifolia*), die Wohlriechende Weißwurz (*Polygonatum odoratum*), die Zweiblättrige Schattenblume (*Maianthemum bifolium*), das Maiglöckchen (*Convallaria majalis*) sowie verschiedene Arten der Familie Orchideen (Orchidaceae), wie etwa das Große Zweiblatt (*Listera ovata*), die Vogelnestwurz (*Neottia nidus-avis*), die Breitblättrige Ständelwurz (*Epipactis helleborine*) und das Rote Waldvögelein (*Cephalanthera rubra*).

Das Unterholz von Nadelwäldern ist zumeist etwas artenärmer als jenes der Laubwälder. Dennoch finden wir auch hier einige Vertreter der Orchideen, wie etwa die Zweiblättrige Waldhyazinthe (*Platanthera bifolia*) oder die Braunrote Ständelwurz (*Epipactis atrorubens*), sowie einige Korbblütler, wie etwa die Echte Goldrute (*Solidago virgaurea*). Vor allem auf trockenen Standorten gesellen sich auf Silikatböden die Besenheide (*Calluna vulgaris*), auf Kalkböden hingegen die Schneeheide (*Erica carnea*) hinzu.

Über die botanische Systematik

Schon sehr früh in der Geschichte empfand der Mensch den Wunsch, die unübersehbare Vielfalt an Pflanzen und Tieren zu erfassen und in ein System einzuordnen, das eine einwandfreie Zuordnung und einheitliche Bezeichnung jedes Lebewesens möglich macht. Die ersten historisch dokumentierten Systeme zur Klassifizierung von Lebewesen gehen auf Aristoteles und Theophrast (4. Jh. v. Chr.) zurück. Auf der Basis von vorwiegend einfachen und funktionellen Unterscheidungsmerkmalen bestimmten sie mehrere hundert Arten von Pflanzen und Tieren, die bis zur damaligen Zeit bekannt waren. Unter Systematik versteht man das Studium der Unterschiede und der Beziehungen zwischen den Organismen. Die Taxonomie ist jener Teil der Systematik, der sich mit der Klassifizierung selbst beschäftigt, doch beide Begriffe werden oft synonym verwendet. Die taxonomischen Gruppen werden unabhängig von ihrer hierarchischen Stellung Taxa (Einzahl: Taxon) genannt.

Die Klassifizierung im biologischen Sinne ist der Prozess der Einordnung von Pflanzen oder Tieren in Gruppen und Untergruppen, die hierarchisch miteinander verbunden sind. Sie dient vor allem dem Zweck, jeder Pflanzen- oder Tierart einen allgemein anerkannten Namen zu geben, durch den sie einwandfrei identifiziert werden kann. Diese Taxa entsprechen ganz bestimmten Einheiten, die in Gruppen und übergeordnete Gruppen eingeordnet werden, welche durch gemeinsame, durch die Evolution entstandene Charakteristika zusammenhängen. An der Basis der Klassifikation steht die Spezies oder Art, die als Gruppe von Individuen (Population) definiert wird, die einander gleichen und sich unter natürlichen Bedingungen erfolgreich fortpflanzen können. Als der schwedische Naturkundler Carl von Linné (1707 bis 1778) sein bis heute gültiges Klassifikationssystem entwarf, kannte man etwa 20.000 Pflanzen- und Tierarten, die er in seinem Hauptwerk *Systema naturae* beschrieben und mit einem zweiteiligen Namen (binomische Nomenklatur) nach jenen Kriterien benannt hat, die wir heute noch anwenden.

Dieser wissenschaftliche Name einer Art wird auf der ganzen Welt anerkannt und setzt sich aus zwei Namensworten zusammen, die gewöhnlich in einer anderen Schriftart als der Rest des Textes geschrieben werden. Die erste oder Gattungsbezeichnung beginnt mit einem Großbuchstaben und entspricht der Gattung, während die zweite oder Artbezeichnung, welche mit einem Kleinbuchstaben beginnt, sozusagen der Eigenname einer Spezies ist. Diesem zweiten, meist lateinischen Artnamen wird zusätzlich noch der Name jenes Autors (meist in abgekürzter Form) nachgestellt, der sie zuerst beschrieben hat. So vermeidet man Verwechslungen, da es durch Unkenntnis vorkommen kann, dass mehrere Autoren unterschiedliche Pflanzen mit demselben Namen benannt haben. Mehrere Pflanzenarten werden nach gemeinsamen Charakteristika zu Gattungen zusammengefasst. Die Kriterien hierfür sind jedoch nicht unumstritten und können von diversen Fachwissenschaftlern unterschiedlich ausgelegt werden, daher kommt es vor, dass ein und dieselbe Pflanze von Botanikern manchmal unterschiedlichen Gattungen zugeordnet wird.

Mehrere Gattungen werden zu sogenannten Familien zusammengefasst, deren Name meist von der Bezeichnung einer besonders bekannten Gattung stammt, an die das lateinische Suffix »aceae« angehängt wird. Doch es gibt auch Ausnahmen davon (Gramineae, Cruciferae, Leguminosae, Umbelliferae, Labiatae, Compositae). In diesen Fällen leitet sich der Name von morphologischen Charakteristika ab. Die folgenden Familien haben von Gattungsnamen abstammende Bezeichnungen, die auf »aceae« enden: Poaceae, Brassicaceae, Fabaceae, Apiaceae, Asteraceae. Im folgenden Abschnitt werden die Charakteristika jener Pflanzenfamilien, zu denen die in diesem Buch beschriebenen Wiesenblumen gehören, kurz zusammengefasst.

Pflanzenfamilien

(Bei der Bestimmung sollte man darauf achten, von den Grundblättern bis zur Blüte oder Frucht alle wesentlichen Merkmale zu erfassen!)

CANNABACEAE

Im ungemein vielfältigen Reich der Pflanzen stellen die Hanfgewächse eine sehr kleine Familie dar. Sie besteht aus nur zwei Gattungen, deren Vertreter krautig und aufrecht oder rankend sind und mit einfachen, ungeteilten oder handförmig gelappten Blättern ausgestattet sind. Die Hanfgewächse sind zweihäusig (diözisch). Die Blüten sind eingeschlechtig, wobei die männlichen in Rispen stehen und 5 Kelchblätter sowie 5 Staubgefäße besitzen, während die weiblichen paarweise in der Blattachsel sitzen und einen Kelch aufweisen, der den Fruchknoten eng umschließt. Die Frucht ist eine Achäne, die vom Perianth, der Blütenhülle, umgeben ist.

Urtica dioica
(Große Brennnessel)

URTICACEAE

Die Familie der Nesselgewächse umfasst etwa 40 Gattungen mit ca. 600 Spezies, die vor allem in den warmen Klimazonen, aber auch in den gemäßigten bis kühlen Zonen der Erde anzutreffen sind. Es handelt sich großteils um krautige, selten strauch- oder baumförmige Arten, die manchmal schling- oder kletterpflanzenartig ausgebildet sind. Charakteristisch sind vor allem die Brennhaare, welche Stiel und Blätter bedecken und bei Berührung zu Hautreizungen führen können. Die Blätter sind gegenständig oder spiralig angeordnet, die Blüten sind klein und unauffällig, für gewöhnlich eingeschlechtig, und stehen entweder einzeln, in Dolden oder Trauben. Die Pflanze ist anemogam, d. h., die Bestäubung erfolgt durch den Wind. Die Frucht ist eine Achäne oder eine kleine Steinfrucht.

ARISTOLOCHIACEAE, SANTALACEAE

Die Familien der Osterluzeigewächse und Sandelgewächse haben einfache, wechselständige Blätter. Bei den Sandelgewächsen sind die kleinen weißen Blüten vier- bis fünfteilig. Die Osterluzeigewächse haben meist zweilippige Kronen, deren Blütenhülle verwachsen ist. Der Fruchtknoten ist bei beiden unterständig.

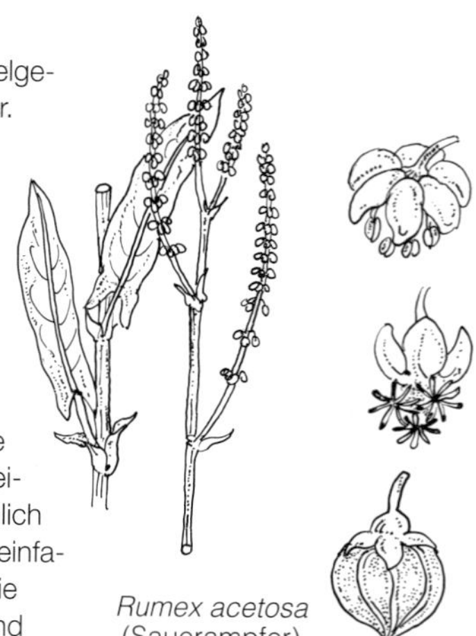

Rumex acetosa
(Sauerampfer)

POLYGONACEAE

Zur Familie der Knöterichgewächse gehören 30 Gattungen mit 600 bis 700 Spezies, die hauptsächlich auf der nördlichen Halbkugel verbreitet sind. In unseren Breiten wachsen vornehmlich krautige Vertreter der Knöterichgewächse, mit einfachen, wechselständigen Blättern mit Stipeln. Die Blüten stehen einzeln oder in Blütenständen und können ein- oder zweigeschlechtig sein. Kelch- und Kronblätter können gleich oder unterschiedlich sein, mit 6 bis 9 Staubgefäßen und 2 bis 5 Griffeln.
Der Fruchtknoten ist oberständig, die Frucht ist eine geflügelte oder kantige Achäne.

CHENOPODIACEAE, AMARANTACEAE, PORTULACACEAE

Die Familien der Gänsefußgewächse, Fuchsschwanzgewächse sowie der Portulakgewächse sind typische Ruderalpflanzen und bevorzugen feuchte bzw. sumpfige Standorte. Sie haben meist dicke, fleischige Blätter, die wechselständig oder gegenständig sein können, sowie sehr kleine, meist weiße oder grünliche Blüten, die bei den Fuchsschwanzgewächsen oft in dichten zusammengesetzten Blütenständen stehen.

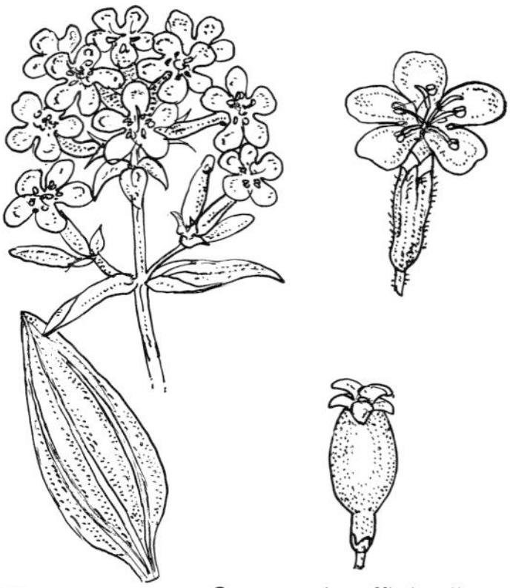

Saponaria officinalis
(Echtes Seifenkraut)

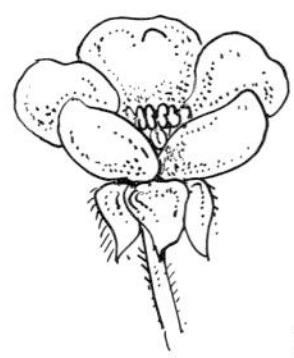

Ranunculus bulbosus
(Knolliger Hahnenfuß)

CARYOPHYLLACEAE

Die Familie der Nelkengewächse setzt sich aus 80 Gattungen mit über 2000 Spezies zusammen, die besonders in den arktischen und alpinen Regionen von Europa und Westasien verbreitet sind. Es handelt sich um ein- oder mehrjährige krautige Pflanzen, oft Halbsträucher mit einfachen, und glattrandigen, gewöhnlich gegenständigen Blättern. Die Blüten sind fast immer zwittrig, radialsymmetrisch und besitzen ein deutlich in Kelch und Krone unterteiltes Perianth. Der Kelch besteht aus 4 bis 5 verwachsenen oder freien Sepalen, die Krone aus 4 bis 5 freien Petalen. Der Fruchtknoten ist oberständig mit 2 bis 5 Stempeln und 8 bis 10 Staubgefäßen. Die Frucht, meist eine Springfrucht, ist eine Kapsel.

RANUNCULACEAE

Zur Familie der Hahnenfußgewächse gehören etwa 30 Gattungen mit 1000 bis 1500 Spezies, die vor allem in den kühlen und kühl-gemäßigten Klimazonen der nördlichen Hemisphäre verbreitet sind. Zu den Hahnenfußgewächsen gehören ein-, zwei- oder mehrjährige, manchmal verholzende Pflanzen, darunter einige Kletterer. Die meist zusammengesetzten Blätter sind wechselständig. Die Blüten stehen selten einzeln und bestehen aus ein oder zwei Reihen von Segmenten, die oft der Einfachheit halber Kelch- und Blütenblätter genannt werden. Charakteristisch sind die Nektarien, die Blütenblättern ähneln. Die Frucht besteht aus Samenschuppen oder Achänen, die oft wollig behaart sind.

PAEONIACEAE

Die Charakteristika der Familie Pfingstrosengewächse sind jene der einzigen Gattung, die in der wild wachsenden Flora vertreten ist, und die oft zu den Hahnenfußgewächsen gereiht wird.

HYPERICACEAE

Die Familie der Johanniskrautgewächse ist in diesem Buch mit einer einzigen Art vertreten, deren Eigenschaften für die gesamte Familie kennzeichnend sind.

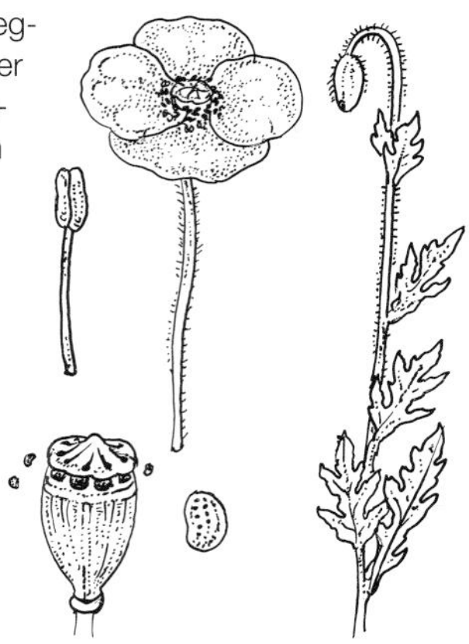

Papaver rhoeas
(Klatschmohn)

Sinapsis arvensis
(Ackersenf)

PAPAVERACEAE

Die Familie der Mohngewächse besteht aus etwa 30 Gattungen mit etwa 300 Spezies vorzugsweise krautiger Pflanzen, die einen milchigen Pflanzensaft enthalten. Die Mohngewächse haben wechselständige, oft behaarte und gefiederte oder anders zusammengesetzte Blätter. Die zwittrigen, radialsymmetrischen Blüten bestehen aus 2 rasch abfallenden Kelchblättern, 4 bis 6 Blütenblättern, zahlreichen Staubgefäßen und einem oberständigen Fruchtknoten.

CRUCIFERAE

Die große Gruppe der Kreuzblütler umfasst 350 Gattungen mit etwa 2000, besonders in den kühlen und gemäßigten Klimazonen der nördlichen Halbkugel verbreitete Spezies. Es sind meist krautige Pflanzen, selten Halbsträucher, mit wechselständigen, meist einfachen Blättern ohne Stipeln. Die zwittrigen Blüten stehen oft in Trauben und sind radialsymmetrisch. Sie bestehen aus 4 Kelchblättern, 4 oft unterschiedlich geformten Blütenblättern, 6 Staubgefäßen und einem oberständigen Fruchtknoten. Die Frucht ist eine Schote, deren Größe und Form oft für die Klassifikation der Gattung wichtig ist.

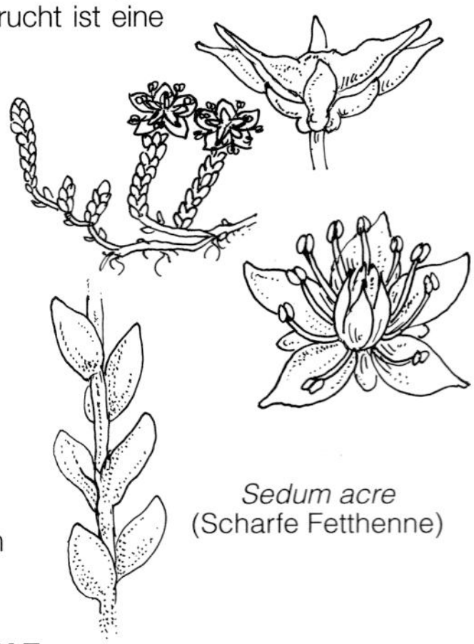

Sedum acre
(Scharfe Fetthenne)

DROSERACEAE, RESEDACEAE

Die Familien der Sonnentaugewächse und der Resedengewächse umfassen nur eine kleine Gruppe von Vertretern. Ihre endständigen, eher unscheinbaren Blüten stehen meist in Trauben. Während die Blätter der Resedengewächse meist tief fiederteilig sind, besitzen die Blätter der Sonnentaugewächse Drüsen- oder Fangtentakel zum Fangen von kleinen Insekten. Beide Gruppen bevorzugen feuchten, sumpfigen Boden. Die Sonnentaugewächse sind ziemlich selten und stehen überall in Europa unter Naturschutz.

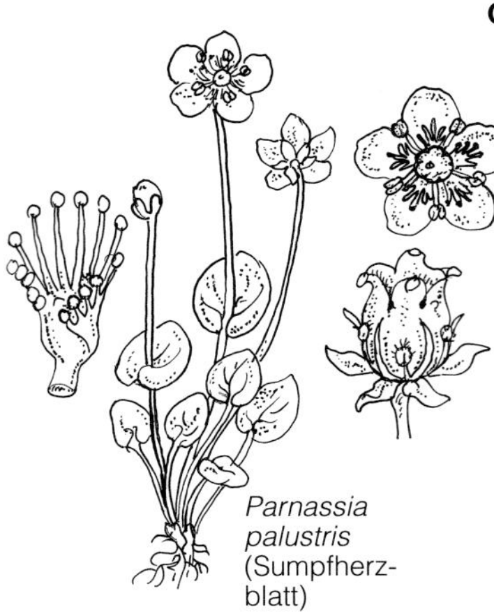

Parnassia palustris
(Sumpfherzblatt)

CRASSULACEAE

Zur Familie der Dickblattgewächse gehören besonders viele Kosmopoliten. Sie umfasst eine große Zahl von Arten, die besonders an extrem trockenes oder sandiges Gelände, auch Mauern und nackten Fels angepasst sind. Es handelt sich um krautige, sukkulente, manchmal an der Basis verholzte Pflanzen mit fleischigen, oft zu Grundrosetten versammelten Blättern. Die Blüten bilden vielfach doldenartige Verbände, sind meist zwittrig und radialsymmetrisch und haben 4 bis 18 Blütenblätter und gleich viele oder doppelt so viele Staubgefäße sowie einen oberständigen Fruchtknoten. Die Frucht ist eine Balgfrucht.

SAXIFRAGACEAE

Die Familie der Steinbrechgewächse umfasst eine große Anzahl von Spezies, die in relativ wenige Gattungen zusammengefasst werden. Steinbrechgewächse sind weit verbreitet, insbesondere in den Alpen. Die krautigen Pflanzen haben wechselständige, spiralig angeordnete, oft in Grundrosetten stehende Blätter und Einzelblüten oder Blütenstände aus zwittrigen, rosettenförmigen Blüten mit freien oder verwachsenen Kelchblättern, freien Blütenblättern und 2 Staubgefäßen für jedes Blütenblatt, 2 bis 5 Griffeln und oberständigem Fruchtknoten. Die Frucht ist eine Kapsel, seltener eine Beere.

Potentilla reptans (Kriechendes Fingerkraut)

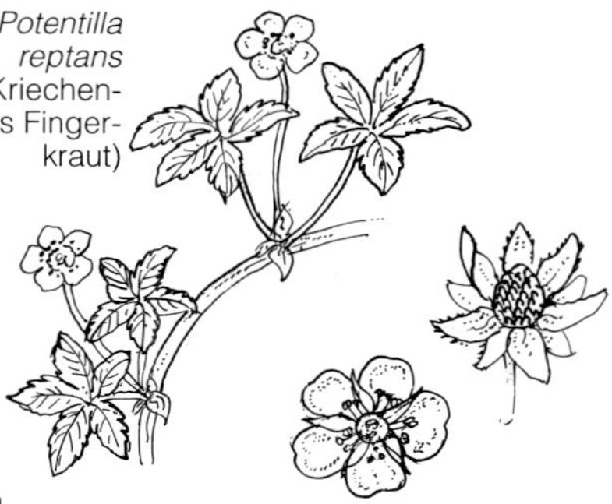

ROSACEAE

Die Familie der Rosengewächse besteht aus zahlreichen Gattungen und einigen tausend Spezies, die schon früh in der Geschichte der Landpflanzen erschienen und besonders in den gemäßigten Klimazonen verbreitet sind. Es handelt sich um krautige, strauch- oder baumförmige Pflanzen mit wechselständigen oder spiralig angeordneten, bei den Wiesenblumen meist zusammengesetzten Blättern. Die Blüten sind zwittrig und rosettenförmig mit 5 (4) Kelchblättern und 5 Blütenblättern, abgesehen von wenigen Ausnahmen (*Dryas octopetala* mit 8, *Alchemilla alpina* ohne Blütenblätter). Sie haben zahlreiche Staubgefäße, einen mittelständigen, seltener unter- oder oberständigen Fruchtknoten. Die Früchte können sehr unterschiedlich ausgebildet sein; meistens sind es Achänen.

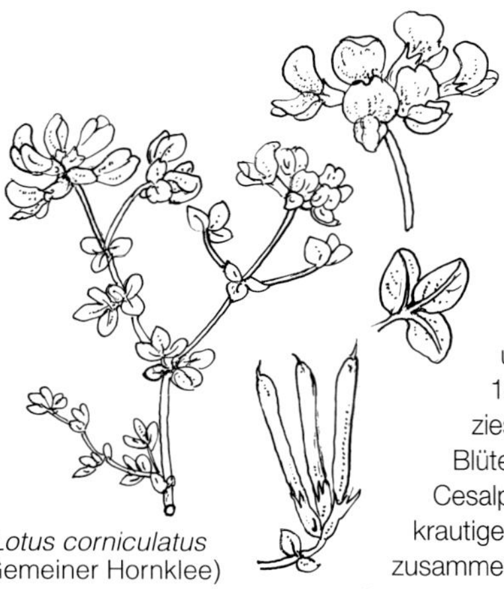

Lotus corniculatus (Gemeiner Hornklee)

LEGUMINOSAE (= FABACEAE LINDL.)

Die große Familie der Schmetterlingsblütler umfasst über 150 Gattungen mit etwa 13.000 überall auf der Welt verbreiteten Spezies. Sie wird je nach den Charakteristika der Blüten in 3 Unterfamilien unterteilt: Mimosoideae, Cesalpinioidae und Faboideae. Es handelt sich um krautige oder verholzende Pflanzen mit meist zusammengesetzten, wechselständigen Blättern mit Stipeln. Die zwittrigen, zygomorphen Blüten haben 5 Blütenblätter und stehen oft in Trauben oder Dolden. Die schmetterlingsartigen Blüten bestehen aus einem besonders großen oberen Blütenblatt, das Fahne genannt wird, 2 seitlichen Flügeln und 2 unteren, teilweise verwachsenen Blütenblättern, die als Schiffchenblätter bezeichnet werden. Sie besitzen 10 oft verwachsene Staubgefäße und einen oberständigen Fruchtknoten. Die Frucht, eine Hülse, ist eine Streufrucht.

OXALIDACEAE

Die Familie der Sauerkleegewächse ist in diesem Buch mit nur einer einzigen Art vertreten, deren Eigenschaften für die gesamte Familie kennzeichnend sind.

GERANIACEAE

Der Familie der Storchschnabelgewächse gehören etwa 850 Spezies an, die in 11 Gattungen zusammengefasst sind und hauptsächlich in den gemäßigten und subtropischen Klimazonen beheimatet sind. Die wohl bekannteste Spezies aus dieser Familie ist die Pelargonie oder Geranie, eine aus Afrika stammende Art, die heute eine überaus beliebte Balkonpflanze ist. Diese krautigen oder halbstrauchartigen Gewächse haben gegenständige oder spiralig angeordnete Blätter, die meist von Stipeln begleitet sind. Die zweigeschlechtigen, aktinomorphen (zweiseitig symmetrischen) Blüten stehen meist in doldigen Blütenständen, mit 5 Kelch- und 5 Kronblättern sowie 10 Staubgefäßen. Der Fruchtknoten ist oberständig. Die Frucht ist schnabelförmig verlängert und zerfällt während der Reifung in einsamige Teilfrüchte.

LINACEAE
Die Vertreter der Leingewächse haben meist einfache, wechselständige Blätter. Die je 5, selten 4 Kelch- und Kronblätter stehen frei. Die 5 Staubblätter sind am Grund meist verwachsen. Die Frucht ist für gewöhnlich eine fünffächerige Kapsel.

EUPHORBIACEAE
Die große Familie der Wolfsmilchgewächse umfasst mehr als 280 Gattungen mit etwa 7300 Arten, die vor allem in den warmen bis gemäßigten Klimazonen verbreitet sind. Es handelt sich dabei um einjährige, zweijährige oder mehrjährige Pflanzen von sehr unterschiedlichem Aussehen. Manche Wüsten und Halbwüsten bewohnende Arten sehen aufgrund der sukkulenten fleischigen Sprossachse und ihres stacheligen Äußeren den Kakteen ähnlich. Diese Pflanzen sind xerophil, d. h., sie gedeihen wie die Kakteen mit Vorliebe auf sehr trockenen Böden. Ein fast allen Vertretern gemeinsames Merkmal ist der in allen Pflanzenteilen vorhandene weiße Milchsaft, der bei manchen Spezies giftig ist, bei einigen tropischen Wolfsmilcharten hingegen zur Herstellung von Naturkautschuk verwendet wird. Die eingeschlechtigen Blüten dieser ein- oder zweihäusigen Pflanzen haben eine kleine oder gar keine Blütenhülle und stehen in einem so genannten »Cyathium«, einer Scheinblüte, bestehend aus einem glockenförmigen Hüllbecher, der am Rand mit nierenförmigen Drüsen besetzt ist. Bei manchen Arten bilden mehrere solcher Scheinblüten eine Dolde bzw. Trugdolde. Die Früchte sind dreikielige Kapseln. Einige Spezies dieser Familie werden sogar für medizinische Zwecke verwendet, z. B. wird das Rizinusöl aus diesen Pflanzen gewonnen. Andere wiederum werden wegen ihrer Schönheit gezüchtet, wie etwa der beliebte aber giftige Weihnachtsstern.

Malva sylvestris
(Wilde Malve)

RUTACEAE, POLYGALACEAE, BALSAMINACEAE
Die Familien der Rautengewächse, Kreuzblumengewächse und Springkrautgewächse sind in diesem Buch mit nur einer einzigen Gattung vertreten, deren Eigenschaften jeweils für die gesamte Familie kennzeichnend sind.

MALVACEAE
Die Familie der Malvengewächse umfasst etwa 80 Gattungen mit ca. 1500 Spezies, die hauptsächlich in den tropischen Ländern Südamerikas, aber auch in gemäßigten Regionen, u. a. in Mittel- und Südeuropa, beheimatet sind. Es handelt sich um krautige, strauchförmige, seltener baumförmige Gewächse mit spiraligen, einfachen, glattrandigen oder handförmig geteilten Blättern. Die zwittrigen strahlenförmigen Blüten stehen einzeln oder in Dolden. Die Blütenhülle (Perianth) besteht aus 5 Kronblättern, die frei oder an der Basis verwachsen sind. Die 5 Kelchblätter sind oft von Hüllblättern, dem so genannten Außenkelch, umgeben. Der Fruchtknoten ist oberständig. Die Früchte sind für gewöhnlich Kapseln, seltener Beeren, die zahlreiche, manchmal flaumige bis behaarte Samen enthalten. Aus den Samenhaaren bestimmter Malvengewächse (Gossypium) wird z. B. die Baumwolle gewonnen.

VIOLACEAE, CISTACEAE
Die Vertreter der Veilchengewächse und Cistrosengewächse haben einfache Blätter, die meist wechselständig, manchmal auch gegenständig sein können (*Helianthemum*). Beide haben je 5 Kelch- und Kronblätter. Charakteristisch bei den Veilchengewächsen ist der meist nektarführende Sporn.

CUCURBITACEAE
Die Familie der Kürbisgewächse umfasst etwa 100 Gattungen mit ca. 700 bis 800 Spezies, von denen einige aus wirtschaftlichen Gründen landwirtschaftlich intensiv angebaut werden. Es handelt sich dabei um einjährige, zweijährige oder mehrjährige Pflan-

zen, die vorwiegend in den subtropischen Klimazonen gedeihen, wenngleich einige Arten auch in gemäßigten Regionen verbreitet sind. Fast alle Vertreter sind krautig, selten halbstrauchartig, meist niederliegend oder rankend, mit wechselständigen, handförmigen oder gelappten Blättern und einfachen oder verzweigten Sprossen. Die eingeschlechtigen, radialsymmetrischen Blüten zeigen meist eine verwachsenblättrige, rad- oder glockenförmige Krone mit 5 mehr oder weniger tiefen Lappen. Die Früchte sind Beeren.

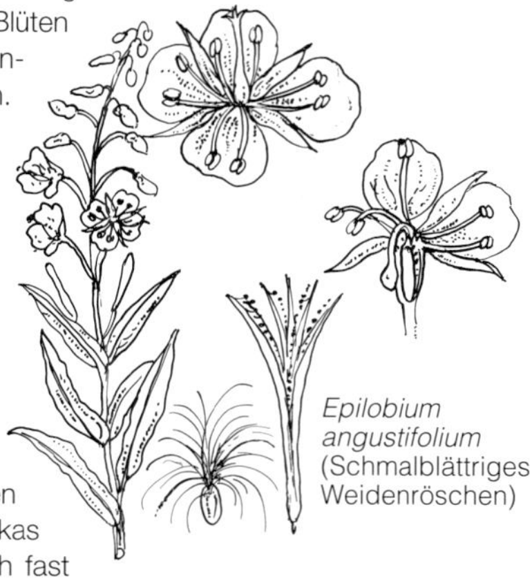
Epilobium angustifolium (Schmalblättriges Weidenröschen)

LYTHRACEAE

Die Familie der Blutweiderichgewächse ist in diesem Buch mit nur einer einzigen Art vertreten, deren Eigenschaften für die gesamte Familie kennzeichnend sind.

ONAGRACEAE

Zur Familie der Nachtkerzengewächse gehören etwa 20 Gattungen mit ca. 650 Spezies, die auf fast allen Kontinenten verbreitet sind, vorzugsweise aber in den gemäßigten Klimazonen Amerikas und Südafrikas. Es handelt sich fast ausschließlich um krautige Pflanzen, nur wenige unter ihnen sind Halbsträucher, wie etwa die bekannte Fuchsie, die auch bei uns eine sehr beliebte Zierpflanze ist. Die Blätter sind meist gegenständig und haben keine Stipeln (Nebenblätter). Die zwittrigen Blüten stehen in Ähren oder Trauben und haben für gewöhnlich 4 Kron- und 4 Kelchblätter sowie einen unterständigen Fruchtknoten und 8 Staubgefäße. Die Frucht kann als Kapsel, Beere oder Nüsschen ausgebildet sein.

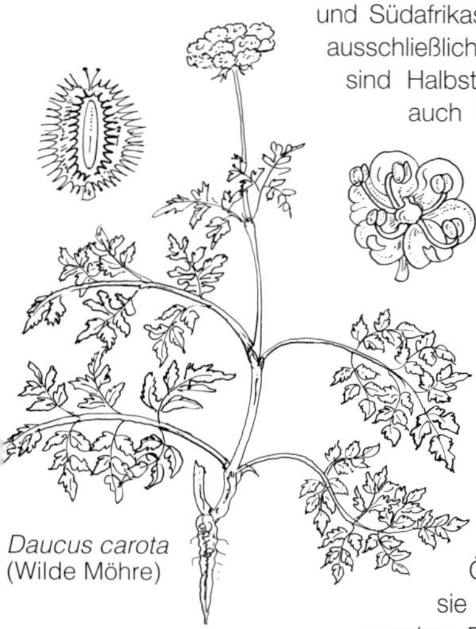
Daucus carota (Wilde Möhre)

UMBELLIFERAE (APIACEAE)

Die große Familie der Doldengewächse umfasst ca. 150 Gattungen mit etwa 3000 Spezies, von denen viele reich an ätherischen Ölen und anderen Substanzen sind, weswegen sie auch heute noch als Heilpflanzen verwendet werden. Die Doldengewächse sind vor allem in der gemäßigten Klimazone der nördlichen Halbkugel verbreitet. Es handelt sich um krautige Pflanzen mit oft hohlem Stängel und wechselständigen Blättern, die meist mehrfach gefiedert sind. Die in Dolden oder zusammengesetzter Doldenform stehenden Blüten sind zweigeschlechtig und aktinomorph und bestehen aus 5 oft ungleichen Kronblättern und kleinen Kelchblättern, die manchmal auch fehlen können, sowie 5 Staubgefäßen. Der Fruchtknoten ist unterständig. Die aus 2 miteinander verwachsenen Achänen bestehende Frucht ist häufig ein wichtiges Unterscheidungsmerkmal bei der Klassifizierung der einzelnen Arten.

Erica carnea (Schneeheide)

ERICACEAE

Diese sehr alte Pflanzenfamilie umfasst etwa 20 Gattungen mit tausenden von Spezies, von denen manche Pflanzengesellschaften von großer Flächenausdehnung bilden (Heiden, Zwergstrauchfluren, Unterholzschicht in Wäldern). Es handelt sich bei den Heidekrautgewächsen ausnahmslos um mehrjährige baum-, strauch- oder halbstrauchartige Pflanzen mit einfachen, glattrandigen, harten, ledrigen Blättern, die meist immergrün sind. Die zwittrigen, strahlenförmigen Blüten stehen in Blütenständen zusammen und haben eine verwachsenblättrige, becher- oder glockenförmige Krone, 10 Staubgefäße und einen unter- oder oberständigen Fruchtknoten. Die Frucht, eine Beere, Steinfrucht oder Kapsel, ist manchmal essbar (Heidelbeere).

Primula veris
(Waldprimel)

PRIMULACEAE

Zur Familie der Schlüsselblumengewächse gehören etwa 30 Gattungen mit etwa 800 Spezies, die auf allen Kontinenten verbreitet sind. Die zur natürlichen Flora in unseren Breiten gehörigen Arten der Schlüsselblumengewächse sind krautig, mehrjährig (nur selten ein- oder zweijährig), mit ganzrandigen, spiralig oder in Bodenrosetten angeordneten, seltener gegen- oder quirlständigen Blättern. Die zwittrigen, radialsymmetrischen Blüten mit verwachsenblättrigem Kelch und verwachsenblättriger Krone haben 5 Staubgefäße und einen oberständigen Fruchtknoten. Sie stehen in Dolden oder Trauben. Die Frucht ist eine Kapsel.

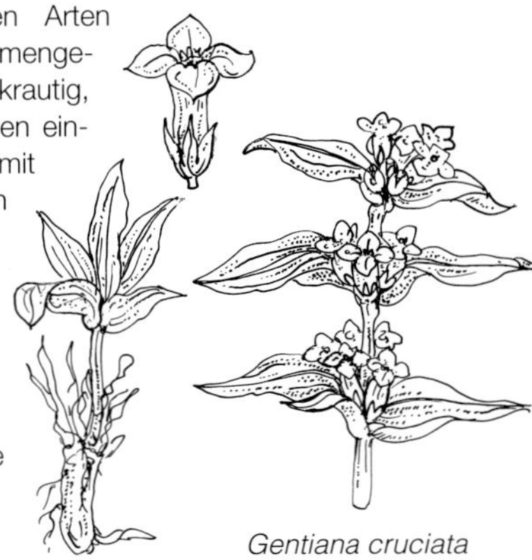

Gentiana cruciata
(Kreuzenzian)

GENTIANACEAE

Die Familie der Enziangewächse besteht aus 70 Gattungen, die mehr als 700 Spezies umfassen, und ist auf der ganzen Welt verbreitet. Die europäischen Spezies finden sich vorzugsweise in den Alpen, wo sie bis in große Höhen vorstoßen. Es handelt sich meist um krautige, oft rhizombildende, verholzende Pflanzen mit glattrandigen, gegenständigen, meistens glatten Blättern. Die zwittrigen, radialsymmetrischen Blüten haben einen verwachsenblättrigen Kelch und eine röhren-, glocken- oder becherförmige, vier- bis fünflappige Krone, gleich viele Staubgefäße und einen oberständigen Fruchtknoten. Die Frucht ist eine Kapsel.

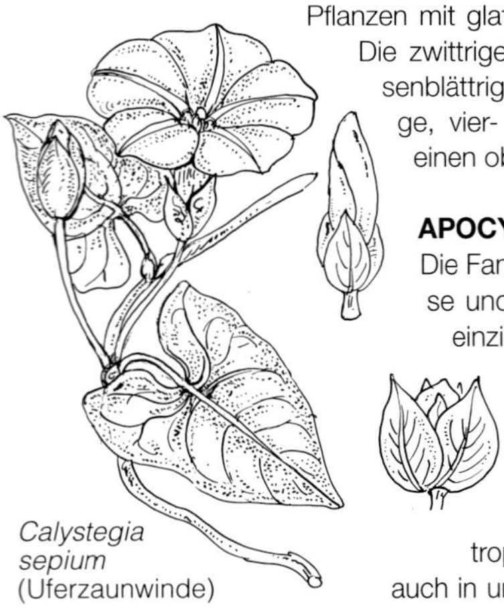

Calystegia sepium
(Uferzaunwinde)

APOCYNACEAE, ASCLEPIADACEAE, RUBIACEAE

Die Familien der Hundsgiftgewächse, Schwalbenwurzgewächse und Rötegewächse sind in diesem Buch mit nur je einer einzigen Art vertreten, deren Eigenschaften jeweils für die gesamte Familie kennzeichnend sind.

CONVOLVULACEAE

Die Familie der Windengewächse umfasst etwa 50 Gattungen mit über 1000 Spezies, die in Ländern mit tropischem oder subtropischem Klima verbreitet sind, aber auch in unseren Breiten, d. h. in gemäßigtem Klima gedeihen. Es handelt sich hauptsächlich um krautige, aufrechte oder sich windende Pflanzen, seltener um Sträucher oder Bäume, deren Blätter wechselständig, glattrandig oder gelappt sind. Die oft sehr auffälligen Blüten sind zweigeschlechtig, radialsymmetrisch und haben meist 5 Kelchblätter und eine glockenförmige, manchmal fünflappige Krone sowie einen oberständigen Fruchtknoten. Die Frucht ist eine Kapsel. Bei der Gattung *Cuscuta* handelt es sich um Vollschmarotzer, die kein Chlorophyll produzieren können. Wegen dieser Eigenart werden sie in Fachkreisen oft als eigenständige Familie geführt.

BORAGINACEAE

Die Familie Borretschgewächse besteht aus etwa 100 Gattungen mit zahlreichen Spezies, die oft schwer zu klassifizieren und weit verbreitet sind. Meistens handelt es sich um krautige ein-, zwei- oder mehrjährige Pflanzen mit einfachen, wechselständigen, spiralig angeordneten Blättern, die von einem dichten, haarigen, manchmal stechenden Flaum überzogen sind. Die Blüten sind zwittrig, meistens rosettenförmig und vielfach auch in Blütenständen angeordnet. Der verwachsenblättrige Kelch ist schlauchförmig, die ebenfalls verwachsenblättrige Krone bauchig oder glockenförmig. Sie haben 5 Staubgefäße und einen oberständigen Fruchtknoten. Die Frucht ist meist eine Achäne.

VERBENACEAE

Die Familie der Eisenkrautgewächse ist in diesem Buch mit nur einer einzigen Art vertreten, deren Eigenschaften für die gesamte Familie kennzeichnend sind.

LABIATAE

Die große Pflanzenfamilie der Lippenblütler besteht aus 200 Gattungen mit fast 3000 Spezies, die auf allen Kontinenten verbreitet sind. Die Arten sind meist krautig, ein- oder mehrjährig, seltener strauch- oder halbstrauchartig, mit quadratischem Stängelquerschnitt, gegen- oder quirlständigen, einfachen oder zusammengesetzten Blättern. Die zwittrigen, zygomorphen Blüten stehen oft in Quirlen, Ähren oder Trauben. Die 5 Kelchblätter sind meist zu einem zweilappigen Kelch verwachsen, die Krone ist ebenfalls zweilappig, die 2 oberen und die 3 unteren Blütenblätter sind jeweils verwachsen. Sie haben 2 bis 4 Staubgefäße und einen oberständigen Fruchtknoten. Bei den Gattungen Ajuga und Teucrium fehlt der obere Lappen. Die Frucht besteht aus 4 Achänen. Viele zu dieser Familie gehörige Spezies sind reich an aromatischen Ölen und werden deshalb als Gewürze in der Küche, bei der Parfümherstellung und im medizinischen Bereich verwendet.

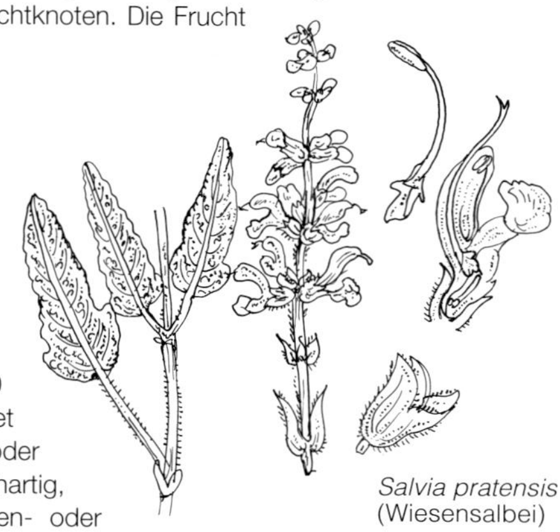

Salvia pratensis
(Wiesensalbei)

Solanum nigrum
(Schwarzer Nachtschatten)

SOLANACEAE

Zur Familie der Nachtschattengewächse gehören 80 bis 90 Gattungen mit ca. 2500 Spezies, die zum Großteil aus Südamerika bzw. den tropischen Klimazonen stammen, heute jedoch dank menschlicher Tätigkeit auch in gemäßigten und kühlen Regionen gedeihen. Es handelt sich dabei hauptsächlich um krautige oder strauchige, gelegentlich auch um rankende Gewächse mit einfachen, wechselständigen Blättern ohne Stipeln. Die zwittrigen Blüten haben meist 5 Kron- und 5 Kelchblätter, die oft bis zur Ausbildung der Frucht bestehen bleiben. Die Früchte sind Beeren oder Kapseln. Dieser Pflanzenfamilie kommt große wirtschaftliche Bedeutung zu, da einige ihrer Arten als Nahrungsmittel für den Menschen sehr wichtig sind, so etwa Kartoffel, Paprika und Tomate. Gewisse Arten werden im medizinischen Bereich (Tollkirsche, Bilsenkraut) oder als Genussmittel (Tabakpflanze) verwendet, andere sind hingegen als Zierpflanzen sehr beliebt (Petunie).

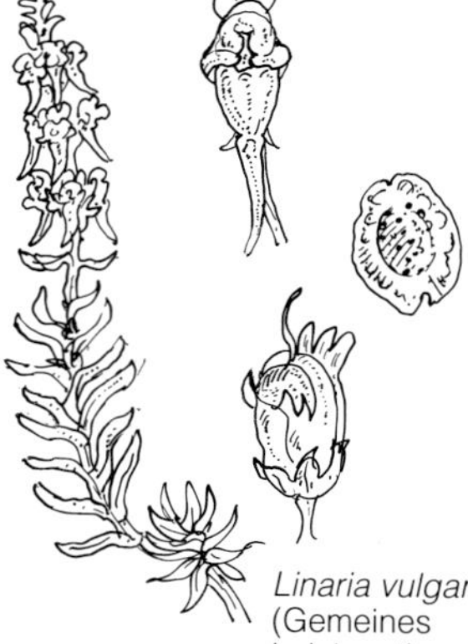

Linaria vulgaris
(Gemeines Leinkraut)

SCROPHULARIACEAE
Die große Pflanzenfamilie der Braunwurzgewächse umfasst etwa 200 Gattungen mit mehr als 3000 Arten, die überall auf der Welt anzutreffen sind. Bei den Braunwurzgewächsen handelt es sich hauptsächlich um krautige, selten strauchförmige oder baumförmige Pflanzen mit spiraligen, gegenständigen oder quirlständigen Blättern ohne Stipeln. Die zwittrigen, zweiseitig symmetrischen Blüten haben einen verwachsenblättrigen Kelch und eine verwachsenblättrige, zweilippige (Cymbalaria) oder glockenförmige (Digitalis) Krone sowie 2 bis 5 Staubgefäße und einen oberständigen Fruchtknoten. Die Früchte sind zumeist Kapseln, selten Beeren.

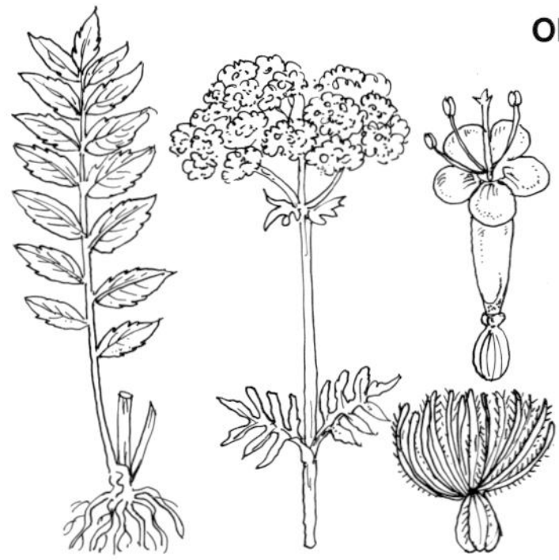

Valeriana officinalis
(Echter Baldrian)

OROBANCHACEAE, GLOBULARIACEAE, LENTIBULARIACEAE, PLANTAGINACEAE, CAPRIFOLIACEAE
Diese Familien (Sommerwurzgewächse, Kugelblumengewächse, Wasserschlauchgewächse, Wegerichgewächse und Geißblattgewächse) sind in diesem Buch mit nur je einer Gattung vertreten, deren Eigenschaften jeweils für die gesamte Familie kennzeichnend sind.

VALERIANACEAE
Zur Familie der Baldriangewächse gehören etwa 10 Gattungen mit etwa 370 Spezies, die auf der ganzen Welt vorkommen. Es handelt sich ausschließlich um krautige, ein- oder mehrjährige Pflanzen mit gegenständigen Blättern ohne Stipeln. Die zwittrigen oder eingeschlechtigen Blüten stehen in doldigen Blütenständen. Der Kelch ist oft als winzige Haarkrone ausgebildet, die nach ihrer Vergrößerung auch auf der Frucht erhalten bleibt. Die Krone ist schlauchförmig und am Grund typisch bauchförmig erweitert. Sie besteht aus 5 Lappen und umschließt meist 3 Staubgefäße und einen unterständigen Fruchtknoten. Die Frucht, eine Achäne, ist in die Haarkrone eingehüllt.

Scabiosa columbaria
(Taubenskabiose)

DIPSACACEAE
Zur Familie der Kardengewächse gehören 9 Gattungen mit 160 Spezies, die auf den ersten Blick den Korbblütlern gleichen. Es handelt sich um großteils krautige, ein-, zwei- oder mehrjährige Pflanzen mit gegen- oder quirlständigen Blättern ohne Stipeln. Die meist zwittrigen Blüten stehen in dichten, endständigen, von Tragblättern umgebenen Köpfchen. Der seidig oder wollig behaarte Kelch umgibt eine röhrenförmige, vier- bis fünflappige Krone mit 2 bis 4 Staubgefäßen und einen unterständigen Fruchtknoten. Die Frucht, eine Achäne, sitzt im Kelch, der die Aufgabe hat, die Aussaat zu erleichtern.

Campanula rotundifolia
(Rundblättrige Glockenblume)

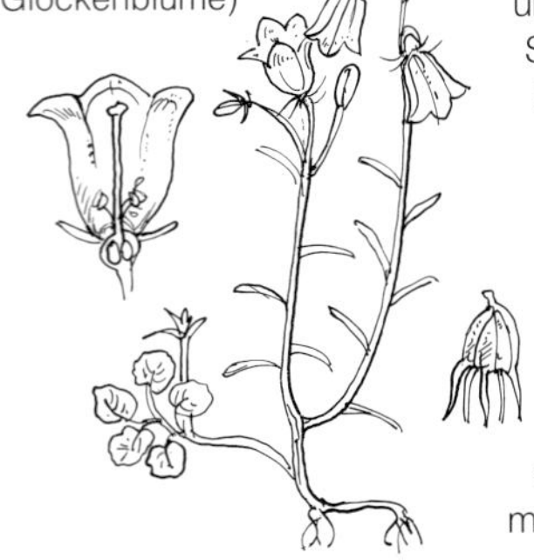

CAMPANULACEAE
Zu dieser Familie gehören etwa 55 Gattungen mit etwa 1000 global verbreiteten Spezies. Fast alle Glockenblumengewächse sind krautige, ein-, zwei- oder mehrjährige Arten, oft mit milchigem Pflanzensaft und wechselständigen oder spiralig angeordneten Blättern ohne Stipeln. Die zwittrigen, radialsymmetrischen, oft sehr auffälligen Blüten können einzeln oder in Blü-

tenständen angeordnet sein. Die Krone ist typisch glockenförmig (Campanula) oder schlauchförmig (Phyteuma), mit 5 Staubgefäßen und meist unterständigem Fruchtknoten. Die Frucht ist eine Kapsel.

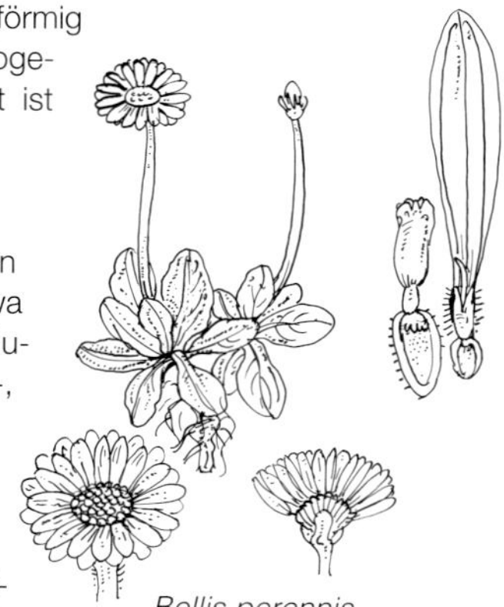

Bellis perennis
(Mehrjähriges Gänseblümchen)

COMPOSITAE

Die Korbblütler stellen die artenreichste Familie des gesamten Pflanzenreichs dar: Sie umfasst etwa 1000 Gattungen mit etwa 20.000 weltweit verbreiteten Spezies. Die unter den Wiesenblumen vertretenen Arten der Korbblütler sind alle krautig, ein-, zwei- oder mehrjährig, bisweilen mit milchigem Pflanzensaft und spiralig angeordneten, selten gegenständigen (Arnika) Blättern ohne Stipeln. Die kleinen, meist zwittrigen Einzelblüten stehen in dichten Köpfchen zusammen und sind von Tragblättern umgeben. Sie können röhrige oder zungenförmige Randblätter aufweisen. Die Korbblütler werden, je nach den Merkmalen der Blüten, in 2 Unterfamilien eingeteilt. Zur ersten Gruppe gehören Pflanzen ohne Milchsaft, mit ausschließlich aus röhrigen Blüten zusammengesetzten Körbchen (Homogyne, Tussilago) sowie jene mit zungenförmigen Blüten am Rand, wie zum Beispiel bei der Gattung Aster oder Leucanthemopsis. Zur zweiten Gruppe gehören Spezies mit Milchsaft und Körbchen aus röhrigen Blüten in der Mitte und Zungenblüten am Rand, wie zum Beispiel bei den Gattungen Taraxacum oder Leontodon. Die Frucht der Korbblütler ist eine Achäne, die oft mit Flughaaren besetzt ist, um die Verbreitung durch den Wind zu begünstigen.

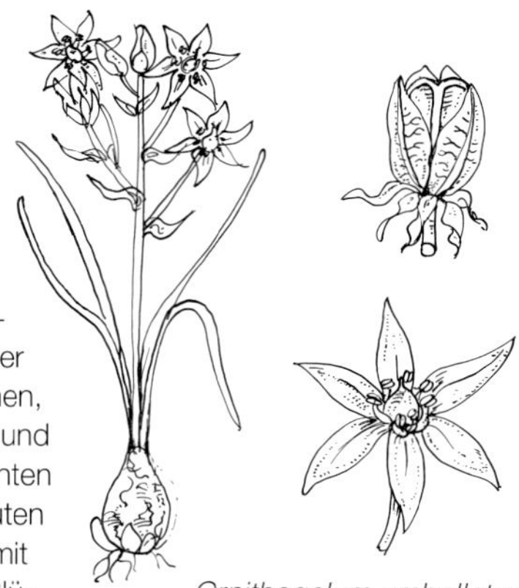

Ornithogalum umbellatum
(Doldenmilchstern)

LILIACEAE

Zur Familie der Liliengewächse gehören etwa 240 Gattungen, die 2000 bis 3000 Spezies beinhalten. Sie sind auf der ganzen Welt verbreitet. Die Liliengewächse unserer Breiten sind immer krautige, zumeist Zwiebeln, seltener Rhizome bildende Pflanzen mit glattrandigen, einfachen, meist wechselständigen Blättern mit paralleler Nervatur und einzelständigen (Colchicum) oder in Blütenständen vereinten Blüten (Allium in Dolden, Convallaria in Trauben). Die Blüten sind radialsymmetrisch (aktinomorph) und zwittrig mit einem Perigonium aus 6 auffällig gefärbten und somit Blütenblättern ähnlichen Kelchblättern, die meist frei, seltener schlauch- oder glockenartig verwachsen (Convallaria) sind, mit 6 Staubgefäßen, oberständigem Fruchtknoten aus 3 verwachsenen Stempeln mit gemeinsamem Griffel (Allium, Asphodelus, Paradisea) oder 3 Griffeln (Veratrum). Die Früchte können Kapseln (Lilium) oder Beeren (Convallaria) sein.

AMARYLLIDACEAE

Zur Familie der Amaryllisgewächse gehören 70 bis 80 Gattungen mit etwa 1000 Spezies, die auf allen Kontinenten verbreitet sind. Es handelt sich um krautige, knollen-, zwiebel- oder rhizombildende Pflanzen. Die Blätter sind spiralig angeordnet mit paralleler Nervatur, meist linealisch oder schmal bandförmig und bilden häufig eine Bodenrosette. Die zwittrigen Blüten stehen einzeln oder in Blütenständen, sind fast immer rosettenförmig und haben einen aus 6 Blättern bestehenden, oft schlauchförmig verwachsenen Kelch, 6 Staubgefäße und

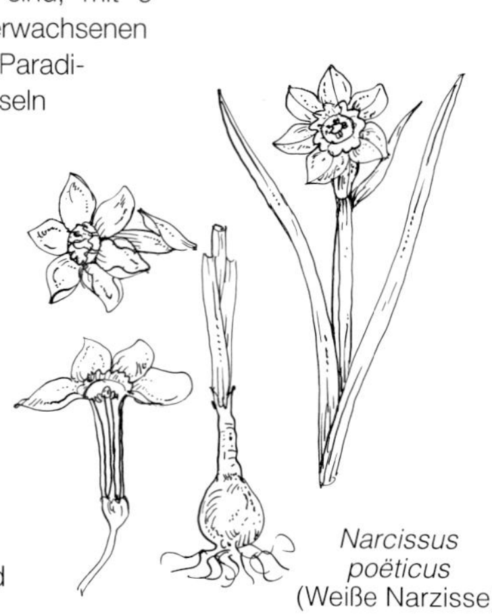

Narcissus poëticus
(Weiße Narzisse)

einen unterständigen Fruchtknoten mit einem Griffel. Die Frucht ist meist eine dreikammerige Kapsel oder, seltener, eine Beere.

IRIDACEAE

Iris pseudacorus
(Wasserschwertlilie)

Die Schwertliliengewächse umfassen etwa 60 Gattungen mit etwa 1500 Spezies, die ebenfalls auf der ganzen Welt verbreitet sind. Es handelt sich um krautige, Rhizome oder zwiebelähnliche, knollenbildende Pflanzen mit wechselständigen, linealischen Blättern mit paralleler Nervatur. Die Blüten stehen einzeln oder in Blütenständen und sind zwittrig, meist rosettenförmig und radialsymmetrisch (Crocus) oder seltener zygomorph (längsachsensymmetrisch, z. B. Gladiolus) mit einem Kelch aus 6 blütenblattähnlichen Segmenten, 3 Staubgefäßen, unterständigem, dreiteiligem Fruchtknoten und dreiteiligem Griffel. Die Frucht ist eine Kapsel.

ARACEAE

Zur Familie der Aronstabgewächse gehören etwa 1800 Spezies, die vor allem in tropischen und subtropischen Gegenden heimisch sind, aber auch in Regionen der gemäßigten Klimazone vorkommen. Es handelt sich dabei hauptsächlich um krautige, in tropischen Gegenden auch verholzende, oft ein knollig verdicktes Rhizom ausbildende Pflanzen mit wechselständigen Blättern ohne Stipeln. Die meist eingeschlechtigen Blüten haben winzige Blütenhüllen und stehen meist als Spadix in Kolbenform zusammen, mit einem großen grundständigen, den Kolben umhüllenden Tragblatt, der sogenannten Spatha. Um die zur Bestäubung wichtigen Insekten (Fliegen) anzulocken, verströmen die Blüten meist einen abstoßenden Aasgeruch. Die Früchte sind auffällig gefärbte Beeren. Zu dieser Familie zählen auch verschiedene Gattungen, die gerne als Zimmerpflanzen gehalten werden, wie etwa *Dieffenbachia, Spatiphyllum* und *Zantedeschia*.

ORCHIDACEAE

Die Familie der Orchideen oder Knabenkrautgewächse ist eine der artenreichsten Familien des Pflanzenreiches mit etwa 500 Gattungen und fast 20.000 Spezies, die vorzugsweise in den Tropen als Überpflanzen (Eriphyten) vorkommen. Der Großteil der Erdorchideen konzentriert sich zirkumpolar auf die kühl temperierten Klimazonen. Es handelt sich dabei um mehrjährige krautige Pflanzen mit glattrandigen, meist wechselständigen Blättern mit paralleler Nervatur. Die Blüten stehen einzeln, in Ähren oder Trauben. Sie sind zwittrig, zygomorph und bestehen aus 2 Wirteln aus je 3 inneren und äußeren Kelchblättern, die wie Blütenblätter aussehen. Die seitlichen inneren Kelchblätter sind meist gleich, das mittlere, die sogenannte Lippe hingegen unterscheidet sich oft in Form und Farbe und besitzt häufig einen spornartigen Fortsatz. Der Fruchtknoten ist unterständig. Die Frucht ist eine Kapsel, die eine große Anzahl außerordentlich winziger Samen enthält, die nur keimen können, wenn sich ein artgerechter symbiotischer Pilz in der Nähe befindet.

Ophrys apifera
(Bienenragwurz)

Wie man dieses Nachschlagewerk richtig anwendet

Im nachfolgenden Hauptteil dieses Buches werden die einzelnen Spezies, in Familien zusammengefasst und auf übersichtliche und klar verständliche Weise vorgestellt, um eine rasche und sichere Bestimmung der gesuchten Arten zu gewährleisten.

VISITENKARTE

Am Anfang jeder Beschreibung befindet sich unter dem Titel »Visitenkarte« der deutsche Name der jeweiligen Spezies, wobei noch einmal darauf hingewiesen wird, dass die einzige allgemein gültige Bezeichnung allein die wissenschaftliche ist. Daran schließt eine tabellarische Beschreibung der wichtigsten Charakteristika wie Wuchsform, Größe, Farbe und Form der Blüte, Blütezeit und Habitat an. Die jeweilige Farbe der Visitenkarte weist auf die Standorte hin, an denen die betreffende Spezies zu finden ist. Wenn die beschriebene Art in unterschiedlichen Habitaten vorkommt, gibt die Indikatorfarbe den von ihr am meisten bevorzugten Lebensraum an.

Unkrautfluren, Wegränder	**Ruderalfluren**	**Wälder**
Wiesen	**Weiden**	**Äcker und Felder**
feuchte Standorte	**trockene Standorte**	**felsige Standorte**

Morphologie: In diesem Abschnitt werden die einzelnen Teile der jeweiligen Art wie Wurzeln, Zwiebeln, Rhizome, Knollen, Stängel, Blätter, Blüten, Blütenstände und Früchte genau beschrieben. Aufmerksames Lesen der Einführung und eventuelles Nachschlagen unverstandener Fachbezeichnungen im Glossar sorgen dafür, dass auch der Leser ohne fachliche Vorkenntnisse keine Probleme damit haben wird.

Habitat: Hier wird das Ambiente, in welchem die Spezies gedeiht, sowie die Höhengrenze ihrer Verbreitung angegeben.

Synonyme: Da in der Vergangenheit manche Spezies bisweilen mit anderen wissenschaftlichen Namen bezeichnet wurden, werden in diesem Abschnitt eventuelle ältere Synonyme angegeben, damit es nicht zu Verwechslungen kommt, wenn der Leser andere Unterlagen einsieht, die sich nicht der neuesten wissenschaftlichen Nomenklatur bedienen.

Ähnliche Arten: Um Verwechslungen vorzubeugen, wird an dieser Stelle auf ähnliche Spezies, auch wenn diese eventuell einer anderen Gattung angehören, hingewiesen. Die Merkmale, durch welche sich die beschriebene Art von ähnlichen Spezies unterscheidet, werden genau beschrieben, auch findet der Leser an dieser Stelle die eine oder andere Kurzbeschreibung einer Art, die im Naturführer nicht eigens vorgestellt wird.

Nächste Seite: Das Maiglöckchen (Convallaria majalis), *ein häufig vorkommender Vertreter der Liliengewächse, liebt lockere, humusreiche Böden von Waldlichtungen und verbreitet einen angenehmen Duft.*

Die Wiesenblumen

(Wissenschaftliche Artennamen)

Am Anfang jeder Beschreibung befindet sich unter dem Titel »Visitenkarte« der deutsche Name der jeweiligen Spezies.

Urtica dioica

Visitenkarte

Deutscher Name
Große Brennnessel, Hanfnessel

Wuchsform
krautig, aufrecht

Höhe
30 bis 120 cm

Blüten
grünlich gelb, in Trauben

Blütezeit
Juni bis Oktober

Habitat
Wegränder, Schuttplätze, Wiesen und Wälder mit feuchten, stickstoffreichen Böden

Morphologie: Diese ausdauernde, rhizombildende Pflanze ist zweihäusig, männliche und weibliche Blüten stehen auf verschiedenen Pflanzen, 30 bis 120 cm hoch und entwickelt einen aufgerichteten, oft rötlich überlaufenen Stängel, der kantig und dicht mit Brennhaaren besetzt ist. Auch die dunkelgrünen, gekreuztgegenständigen Blätter sind mit kleinen Brennhaaren ausgestattet. An der Spitze der Härchen tritt bei Berührung ein Nesselgift mit dem Eiweißstoff Histamin aus, welches ein starkes Brennen und Rötung der Haut veruracht.
Die 5 bis 10 cm langen Blätter sind oval lanzettlich geformt und an den Rändern grob gesägt. Die eingeschlechtigen, eher unauffälligen Blüten stehen in einfachen, manchmal leicht verzweigten Trauben, die sich quirlständig an der Blattachsel befinden. Bei den weiblichen Blüten sind die Trauben für gewöhnlich gekrümmt oder nickend, bei den männlichen meist waagrecht abstehend. Die grünlich gelbe Blüte besteht aus 4 kleinen behaarten Kronblättern, welche die Frucht umhüllen. Blütezeit: Juni bis Oktober.
Habitat: Stickstoffreiche Böden an Straßen- und Wegrändern und in Laub- und Nadelwäldern sowie auf Schuttplätzen; bis 1800 m Seehöhe.
Ursprung und Verbreitung: Diese Spezies ist weltweit verbreitet.
Ähnliche Arten: Die Spezies ***Urtica urens*** L. (Kleine Brennnessel) unterscheidet sich von der Großen Brennnessel dadurch, dass sie einhäusig (männliche und weibliche Blüten sitzen auf einer Pflanze) und einjährig ist. Außerdem ist sie kleiner (maximal 50 cm hoch), trägt hellgrüne Blätter und bildet viel kürzere, aufrecht stehende traubige Blütenstände.

Die Große Brennnessel ist eine der am häufigsten anzutreffenden Wildpflanzen. Wegen ihres hohen Vitamin-C- und Eisengehalts werden ihre Blätter auch in der Küche verwendet. Darüber hinaus leben mehrere Arten von Schmetterlingsraupen von dieser Pflanze.

Aristolochia clematitis

Morphologie: Diese ausdauernde, rhizombildende Pflanze besitzt einen unverzweigten, biegsamen Stängel von etwa 30 bis 90 cm Höhe, der niederliegend, aufsteigend oder aufrecht sein kann. Die wechselständigen rötlich grünen Blätter sind lang gestielt, glattrandig, oval herzförmig und können bis zu 15 cm lang werden. Der Blütenstand setzt sich aus 2 bis 8 gelblich braunen, langröhrigen Blüten zusammen, die büschelig in der Blattachsel sitzen. Die zygomorphe (zweiseitig symmetrische) Krone ist 2 bis 3 cm lang und weist eine lange, gerade Röhre auf, die am Grund bauchig kugelig verdickt ist. Die Frucht, eine eiförmige Kapsel, erreicht eine Länge von 2 bis 4 cm. Blütezeit: Mai und Juni.
Habitat: Straßen- und Wegränder, Schutthalden, Weinberge, Gebüsche und Auwälder; bis 1000 m Seehöhe.
Ursprung und Verbreitung: Die Osterluzei kommt vor allem in Mittel- und Südeuropa vor, allerdings selten.

Visitenkarte

Deutscher Name
Osterluzei, Aufrechte Osterluzei, Gemeine Osterluzei

Wuchsform
krautig, aufrecht

Höhe
30 bis 90 cm

Blüten
gelb, in Büscheln

Blütezeit
Mai und Juni

Habitat
Wegränder, Wälder, Gebüsche, Weinberge

Polygonum hydropiper

Morphologie: Diese einjährige Pflanze zeigt beim Zerkauen einen scharfen Pfeffergeschmack. Sie wird zwischen 10 und 60 cm hoch und entwickelt einen kräftigen, aufrechten oder aufsteigenden Stängel. Die 3 bis 7 cm langen Blätter sind spitz eiförmig geformt und gegen Grund und Spitze verschmälert. Die Blattstipeln sind in eine Membran, die so genannte Scheide, gehüllt, die den Stängel von der Basis bis zu den Blättern umgibt. Der Blütenstand ist eine 6 cm lange, dünne, oft überhängende Ähre. Die Blütenhülle, auch Perianth genannt, ist etwa 3 bis 4 mm lang und zuerst rosa, später grünlich gefärbt. Die Früchte sind braune Achänen. Blütezeit: Juli bis Oktober.

Habitat: Sumpfige Wiesen, Ufer, Gräben; bis 1300 m Seehöhe.
Ursprung und Verbreitung: Der Pfefferknöterich gedeiht vor allem in den kühlen und gemäßigt kühlen Klimazonen Europas, Asiens und Nordamerikas.
Ähnliche Arten: *Polygonum salicifolium* Brouss. kommt auf den gleichen Standorten vor, ist aber mehrjährig und unterscheidet sich hauptsächlich durch die zylindrische Ähre und die schmäleren Blätter. Außerdem fehlt dieser Spezies der Pfeffergeschmack.

Visitenkarte

Deutscher Name
Pfefferknöterich, Wasserpfeffer

Wuchsform
krautig, aufsteigend

Höhe
10 bis 60 cm

Blüten
rosa bis grün, in Ähren

Blütezeit
Juli bis Oktober

Habitat
feuchte Waldwege, Ufer

Polygonum bistorta

Visitenkarte

Deutscher Name
Schlangenknöterich, Wiesenknöterich, Schlangenwurz

Wuchsform
aufrecht, krautig

Höhe
20 bis 80 cm

Blüten
rosa bis violett, in Ähren

Blütezeit
Juli bis September

Habitat
Wiesen und Weiden

Morphologie: Ausdauernde Pflanze mit dickem, schlangenartig gewundenem Rhizom, mit kräftigen, aufrechten, unverzweigten Stängeln mit vereinzelten Blättern und Verdickungen an den Knoten. Untere Blätter mit 5 bis 10 cm langem, wellig geflügeltem Blattstiel und dreieckig lanzettförmiger, 6 bis 10 cm langer, auf der Oberseite grüner und auf der Unterseite blaugrüner Spreite. Die oberen Blätter sind wechselständig, linealisch, am Stängel stiellos aufsitzend und kleiner. Die Blüten stehen in dichten, endständigen, zylindrischen, 3 bis 6 cm langen Ähren aus rosavioletten Blüten. Die Früchte sind bräunliche Achänen. Blütezeit: Juli bis September.
Habitat: Wiesen und Weiden, vor allem auf nitratreichen Böden von 900 bis auf 2200 m Seehöhe. Bildet ausgedehnte Bestände.
Ursprung und Verbreitung: In allen kühlen und kühl-gemäßigten Klimazonen Europas, Asiens und Nordamerikas verbreitet, in den Alpen häufig.

Rumex acetosa

Morphologie: Diese ausdauernde, rhizombildende Pflanze ist zweihäusig und wird zwischen 30 und 100 cm hoch. Sie besitzt einen aufrechten, besonders im Spätstadium rötlich überlaufenen Stängel. Die lang gestielten Grundblätter sind lanzen- oder pfeilförmig. (Die lateinische Bezeichnung *Rumex* bedeutet so viel wie »Lanze«.) Die oberen Blätter sind wechselständig und stiellos. Sie können bis zu 10 cm lang werden und haben einen charakteristischen säuerlichen Geschmack. Die Blattstipeln (Nebenblättchen) sind in eine schlauchartige Membran, eine sogenannte Scheide, gehüllt, die den Stängel von der Basis bis zu den Blättern umgibt. Die reich verzweigten Blütenstände bestehen aus aufrechten, rötlich grünen Rispen. Die Kelch- und Kronblätter der eingeschlechtigen, eher unscheinbaren kleinen Blüten sind einander sehr ähnlich und stehen in 2 Reihen, einer äußeren und einer inneren, wobei die äußeren 3 Blütenblätter zur Fruchtzeit zurückgeschlagen und die 3 inneren rundlich und nicht gezähnt sind. Männliche und weibliche Blüten sitzen auf verschiedenen Pflanzen. Die Früchte sind glänzend schwarze Achänen. Blütezeit: Mai und Juni.
Habitat: Nährstoffreiche Wiesen, Weiden, Straßenränder; bis 1800 m Seehöhe.
Ursprung und Verbreitung: In Europa häufig vorkommende Art.
Ähnliche Arten: ***Rumex thyrsiflorus*** Fingerh. ist eine äußerst seltene Spezies und hat schmälere und längere Blätter als der Sauerampfer. Außerdem ist der Blütenstand weiter verzweigt.

Visitenkarte

Deutscher Name
Sauerampfer, Wiesensauerampfer

Wuchsform
krautig, aufrecht

Höhe
30 bis 100 cm

Blüten
grünlich, in Rispen

Blütezeit
Mai und Juni

Habitat
nährstoffreiche Wiesen

Stellaria media

Visitenkarte

Deutscher Name
Vogelsternmiere, Vogelmiere

Wuchsform
krautig, niederliegend

Höhe
10 bis 40 cm

Blüten
weiß, einzeln

Blütezeit
März bis Oktober

Habitat
Straßenränder, Äcker, Wiesen, Gärten

Morphologie: Ein- oder zweijährige, krautige Pflanze, 10 bis 40 cm hoch, mit niederliegenden, flaumigen, an den Knoten wurzelnden Stängeln. Der Stängel ist meist einreihig und mit nach unten gerichteten Härchen besetzt - er kann bei manchen Unterarten allerdings auch vollkommen mit Härchen bedeckt oder aber völlig kahl sein. Die glattrandigen, ovalen, spitz zulaufenden Grundblätter erreichen eine Länge von 1 bis 2 cm; sie sind gestielt und an den Knoten gegenständig. Die oberen Blätter werden zur Spitze hin allmählich kleiner und sitzen stiellos am Stängel. Die etwa 6 bis 8 mm breiten Blüten sind lang gestielt. Die Krone setzt sich aus 5 weißen, spateligen und tief zweilappigen Petalen (Kronblätter) zusammen, die für gewöhnlich kürzer sind als die Sepalen (Kelchblätter). Die Frucht ist eine birnenförmige Kapsel, in der sich die bei den Vögeln sehr beliebten braunen Samen befinden. Blütezeit: März bis Oktober.

Habitat: Straßenränder, Äcker, Wiesen und Gärten; bis auf 1700 m Seehöhe.

Ursprung und Verbreitung: Die Vogelsternmiere ist in ganz Europa sehr verbreitet.

Ähnliche Arten: *Stellaria neglecta* Weihe hat größere Blüten, deren Kronblätter gleich lang oder länger sind als die Kelchblätter.

Cerastium arvense

Visitenkarte

Deutscher Name
Ackerhornkraut

Wuchsform
Halbstrauch, niederliegend

Höhe
10 bis 30 cm

Blüten
weiß, einzeln

Blütezeit
April bis Juni

Habitat
Straßen- und Wegränder, kalkhältige, lockere Böden

Morphologie: Ausdauernder Halbstrauch von 10 bis 30 cm Höhe mit behaartem, häufig verzweigtem Stängel. Während die sterilen Stängel niederliegend oder kriechend sein können, sind die fertilen (blühenden) aufrecht oder aufsteigend. Die glattrandigen, stiellosen, am Rand leicht gebogenen Blätter erreichen eine Länge von 1 bis 1,5 cm und bilden achselständige Büschel. Die spitz eiförmige Spreite (Blattoberfläche) ist mehr oder weniger mit einem weißlichen kurzen Haarflaum bedeckt. Die 2 bis 3 cm breiten Blüten sind lang gestielt. Der Kelch besteht aus 5 spitz eiförmigen Kelchblättern (Sepalen), die Krone setzt sich aus 5 spateligen, zweilappigen weißen Kronblättern (Petalen) zusammen. Die Frucht ist eine zylindrische Kapsel mit 10 endständigen spitzen Zähnchen, die meist zur Reifezeit nickend ist. Blütezeit: April bis Juni.

Habitat: Straßen- und Wegränder; bevorzugt kalkhältige, lockere Böden; bis 2500 m Seehöhe.

Ursprung und Verbreitung: Das Ackerhornkraut stammt ursprünglich aus Eurasien, ist mittlerweile aber auf der ganzen Welt verbreitet.

Ähnliche Arten: *Cerastium thomasii* Ten. unterscheidet sich vom Ackerhornkraut hauptsächlich durch den kleineren Wuchs (3 bis 6 cm) und den verholzenden Stängel.

Lychnis flos-cuculi

Morphologie: Diese ausdauernde, krautige Pflanze erreicht eine Höhe von 30 bis 70 cm und besitzt einen aufrechten, verzweigten, rötlichen Stängel, der besonders zur Spitze hin flaumig behaart ist. Die glattrandigen, kurz gestielten, grundständigen Blätter sind spatelförmig, etwa 4 bis 6 cm lang und stehen in dichten Rosetten. Die lanzettförmigen Hochblätter stehen an den Knoten einander gegenüber. Die 3 bis 4 cm großen Blüten sitzen endständig in dichten Dolden. Der rötliche Kelch ist längsstreifig, glockenförmig und trägt dreieckige Zähnchen.

Die Krone besteht aus 5 rosafarbenen Petalen, die tief in je 4 Zipfel geteilt sind. Die Frucht ist eine birnenförmige, gezähnte Kapsel, sie wird bis zu 1 cm lang. Blütezeit: Mai bis Juli.

Habitat: Feucht- und Moorwiesen, feuchte Waldränder; bis 1600 m Seehöhe.

Ursprung und Verbreitung: Die Kuckuckslichtnelke ist vor allem in Nord- und Mitteleuropa in Feuchtwiesen verbreitet.

Visitenkarte

Deutscher Name
Kuckuckslichtnelke, Kranzrade

Wuchsform
krautig, aufrecht

Höhe
30 bis 70 cm

Blüten
rosa, in Dolden

Blütezeit
Mai bis Juli

Habitat
feuchte Wiesen

Agrostemma githago

Morphologie: Einjährige, graufilzig behaarte Pflanze von 30 bis 100 cm Höhe, mit einfachen oder verzweigten Stängeln. Die gegenständigen, stiellosen Blätter sind glattrandig, lineal lanzettlich geformt und erreichen eine Länge von 5 bis 8 cm. Die einzelnen, endständigen Blüten haben Durchmesser zwischen 3 und 5 cm. Die aus 5 ovalen, rosavioletten Petalen bestehende Krone wird von 5 eiförmig verwachsenen Kelchblättern umgeben, wobei die Kelchzipfel die Krone weit überragen. Die länglich birnenförmige Fruchtkapsel enthält äußerst giftige Samen. (Sie enthalten das Saponin »Githagin«.) Blütezeit: Juni und Juli.

Habitat: Getreidefelder, Straßenränder; bis 1200 m Seehöhe.

Ursprung und Verbreitung: Die aus Europa und Zentralsibirien stammende Kornrade war früher weit verbreitet und aufgrund der giftigen Samen als Getreideunkraut gefürchtet. Heute ist sie infolge der Saatgutreinigung und Herbizidbehandlung in unseren Breiten fast verschwunden.

Synonyme: *Lynchis githago* Scop; *Githago segetum* Desf.

Visitenkarte

Deutscher Name
Kornrade

Wuchsform
krautig, aufrecht

Höhe
30 bis 100 cm

Blüten
rosaviolett, einzeln

Blütezeit
Juni und Juli

Habitat
Getreidefelder, Straßenränder

Silene nutans

Visitenkarte

Deutscher Name
Nickendes Leimkraut

Wuchsform
krautig, aufsteigend

Höhe
30 bis 80

Blüten
weiß, in Rispen

Blütezeit
Mai bis August

Habitat
Wiesen, Waldränder, Felsen

Morphologie: Ausdauernde, krautige Pflanze von 30 bis 80 cm Höhe mit einfachen aufsteigenden Stängeln, die am Grunde weichhaarig, aufsteigend, aufgrund von Drüsenhaaren klebrig sind. Die leicht filzigen, glattrandigen Grundblätter erreichen eine Länge von 3 bis 8 cm, sind spatelförmig, gestielt und stehen in Rosetten. Die lineal lanzettlichen Stängelblätter werden zur Spitze hin allmählich kleiner. Der lockere Blütenstand besteht aus einseitswendigen, nickenden Rispenblüten, die sich erst in den Abendstunden öffnen und einen angenehmen Duft verströmen. Der braunviolette Kelch ist ebenfalls mit Drüsenhaaren ausgestattet. Die etwa 2 cm breite Krone besteht aus 5 weißen, tief zweiteiligen Kronblättern. Die Fruchtkapsel misst etwa 1 cm. Blütezeit: Mai bis August.

Habitat: Wiesen, Bruchflächen, trockene Waldränder, Felsen; bis 1900 m Seehöhe.

Ursprung und Verbreitung: Das aus dem eurasischen Raum stammende Nickende Leimkraut ist in fast ganz Europa ziemlich häufig anzutreffen.

Ähnliche Arten: ***Silene velutinoides*** Pommel stammt aus dem Mittelmeerraum und unterscheidet sich vom Nickenden Leimkraut durch die verholzenden Stiele, die ihr ein halbstrauchartiges Aussehen verleihen, sowie durch die weißen Kronblätter mit deutlicher grüner Nervatur.

Silene dioica

Visitenkarte

Deutscher Name
Rote Lichtnelke, Rotes Leimkraut, Rote Nachtnelke

Wuchsform
krautig, aufrecht

Blüten
rosarot, in Dolden

Blütezeit
Mai bis August

Habitat
feuchte Wiesen, Wälder

Morphologie: Ausdauernde, zweihäusige Pflanze von 30 bis 80 cm Höhe mit aufrechtem oder aufsteigendem, dicht behaartem Stängel. Die Stängelblätter sind stiellos, am Grund oval geformt und spitz zulaufend. Die kurz gestielten Grundblätter haben eine elliptisch spatelige Form und erreichen eine Länge von 6 bis 8 cm. Die eingeschlechtigen endständigen Blüten stehen in lockeren, gabelig verzweigten Blütenständen. Der stark behaarte, leicht klebrige Kelch ist zehnnervig und von purpurroter Farbe; die 2 bis 3 cm breite Krone besteht aus 5 rosaroten, tief zweispaltigen Kronblättern. Die Zähne der 1 bis 1,5 cm langen Fruchtkapsel sind nach außen umgerollt. Blütezeit: Mai bis August.

Habitat: Wiesen, Waldränder, Ruderalflächen; von 500 bis 1800 m Seehöhe.

Ursprung und Verbreitung: Die aus dem eurasischen Raum stammende Rote Lichtnelke ist in fast ganz Europa verbreitet.

Synonyme: *Lychnis dioica* L; *Lychnis diurna* Sibth.; *Melandryum dioicum* Sch. et Th.; *Melandryum rubrum* (Weigel) Garcke; *Melandryum diurnum* Fries; *Melandryum sylvestre* Roeh.

Silene alba

Morphologie: Zweijährige (bisweilen auch mehrjährige), zweihäusige, krautige Pflanze von 30 bis 100 cm Höhe mit gabelig verzweigtem Stängel, der besonders im oberen Teil mit flaumigen Härchen besetzt ist. Die glattrandigen, lanzettförmigen Blätter werden bis zu 10 cm lang, sind gegenständig und sehr oft von Büscheln kleinerer Blättchen begleitet. Die eingeschlechtigen Blüten sind endständig und öffnen sich erst in den späten Nachmittagsstunden, wobei sie einen angenehmen Duft verströmen. Der birnenförmig bauchige Kelch ist stark behaart; die etwa 3 cm breite Krone besteht aus 5 schneeweißen spatelförmigen Kronblättern, die in je 2 tiefe Lappen geteilt sind. Die 1 bis 1,5 cm lange, birnenförmige Fruchkapsel besitzt aufrechte Zähnchen. Blütezeit: Mai bis September.
Habitat: Brachen, Gebüschsäume, Wegränder und Schuttplätze; bis 1200 m Seehöhe.
Ursprung und Verbreitung: Diese aus dem eurasischen Raum stammende Weiße Lichtnelke ist in ganz Europa verbreitet.
Synonyme: *Lychnis alba* Miller; *Melandrium album* (Mill.) Garcke; *Silene noctiflorum, Melandrium noctiflorum; Melandium verspertinum* Fries; *Melandrium pratense* Roeh.
Ähnliche Arten: ***Silene latifolia*** Poiret (Synonym: *Lychnis divaricata* Rchb.) wird bisweilen als enge Verwandte der Weißen Lichtnelke angesehen. Von dieser unterscheidet sie sich vor allem durch ihre scharf zugespitzten Kelchzähnchen und ihre oft rosa überlaufenen Kronblätter.

Visitenkarte

Deutscher Name
Weiße Lichtnelke,
Weiße Nachtnelke,
Weißes Leimkraut

Wuchsform
krautig, aufrecht

Höhe
30 bis 100 cm

Blüten
weiß,
einzeln

Blütezeit
Mai bis September

Habitat
Brachen,
Gebüschsäume,
Wegränder,
Schuttplätze

Silene vulgaris

Visitenkarte

Deutscher Name
Gewöhnliches Leimkraut, Taubenkropf, Taubenkropfleimkraut, Aufgeblasenes Leimkraut, Klatschleimkraut

Wuchsform
krautig, aufsteigend

Höhe
20 bis 50 cm

Blüten
weiß, in Rispen

Blütezeit
Juni bis August

Habitat
Wegränder, Brachen, Wiesen, Gebüschsäume

Ein charakteristisches Merkmal des Gewöhnlichen Leimkrauts ist der kugelig aufgeblasene Kelch. Deshalb wird die Pflanze im Volksmund auch »Taubenkropf« genannt.

Morphologie: Diese ausdauernde, 20 bis 50 cm hohe Pflanze entwickelt einen aufrechten oder aufsteigenden, kahlen oder leicht behaarten Stängel. Die glattrandigen, lineal lanzettlichen Blätter erreichen eine Länge von 6 bis 7 cm, sitzen stiellos und gegenständig am Spross und sind von bläulich grüner Farbe. Die lang gestielten, nickenden Blüten stehen in lockeren Rispen und können eingeschlechtig (d. h. männlich oder weiblich), aber auch zwittrig sein. Der ovale, netzadrige Kelch ist wie ein Taubenkropf kugelig aufgeblasen. Die etwa 2 bis 3 cm breite Krone besteht aus 5 weißen, tief eingeschnittenen Kronblättern. Die kugelige bis birnenförmige Fruchtkapsel erreicht eine Länge von 1 bis 1,5 cm. Blütezeit: Juni bis August.
Habitat: Wegränder, Brachen, Wiesen, Gebüschsäume; bis 2500 m Seehöhe.
Ursprung und Verbreitung: Das aus dem eurasischen Raum stammende Gewöhnliche Leimkraut ist mittlerweile in ganz Europa verbreitet.
Synonyme: *Silene cucubalus* Wibel; *Silene inflata* (Salisb.); *Silene vulgaris* Sm.; *Silene venosa* (Gilib.) Asch.
Unterarten: Diese Spezies bildet viele verschiedene Unterarten, die oft an ganz bestimmte Standorte und Lebensräume gebunden sind. Die Unterscheidungsmerkmale sind der Stängel, der aufrecht, aufsteigend oder niederliegend sein kann, sowie die Blätter, die kahl oder behaart und am Rand gezähnt oder gewimpert sein können.

Saponaria officinalis

Morphologie: Ausdauernde, krautige Pflanze von 30 bis 70 cm Höhe, mit vielen glatten oder flaumig behaarten, aufrechten oder aufsteigenden Stängeln. Die glattrandigen lanzettlichen oder elliptischen Blätter sitzen gegenständig an den Knoten und erreichen eine Länge von 5 bis 10 cm. Die Spreite ist an der Oberseite tiefgrün und von 3 bis 5 deutlichen Blattadern durchzogen. Die Blüten stehen in Scheindolden an der Spitze der Stängel und messen etwa 3 cm im Durchmesser. Der etwa 2 cm lange, kahle, rötlich überlaufende Kelch ist röhrig und am Saum gezähnt. Die Krone besitzt 5 Petalen von mehr oder weniger kräftiger rosaroter Färbung, die eine Kronröhre von ca. 2 cm Länge und eine Krone von ca. 3 cm Durchmesser bilden. Die längliche bis birnenförmige Fruchtkapsel weist 4 nach unten gebogene Zähnchen auf und enthält zahlreiche schwarze Samen.

Der Name Seifenkraut leitet sich vom Gehalt an Saponinen ab, Glucosiden, die im Wasser stark aufschäumen und daher als Waschmittel benutzt werden.
Blütezeit: Juni bis September.
Habitat: Brachen, Wasserläufe, Unkrautfluren, Auwälder.
Ursprung und Verbreitung: Das Echte Seifenkraut ist in ganz Europa verbreitet.

Visitenkarte

Deutscher Name
Echtes Seifenkraut, Gewöhnliches Seifenkraut, Gebräuchliches Seifenkraut

Wuchsform
krautig, aufrecht

Höhe
30 bis 70 cm

Blüten
rosa bis weiß, endständig

Blütezeit
Juni bis September

Habitat
Brachen, Unkrautfluren, Auwälder, Wasserläufe

Dianthus seguieri

Morphologie: Ausdauernde Pflanze von lockerrasigem Wuchs mit dünnen, kriechenden Sprossen und aufsteigenden bis aufrechten Blütentrieben von 20 bis 50 cm Länge. Die schmal lanzettlichen Blätter sind glattrandig und zugespitzt und wachsen in Büscheln. Die Blüten stehen meist einzeln. Sie bestehen aus einem an der Basis von Kelchschuppen umschlossenen, röhrigen Kelch von 1 bis 2 cm Länge und einer Krone aus 5 rosa Blütenblättern mit Bart und purpurfarbener Äderung sowie gezähntem Rand. Die Früchte sind kleine Kapseln mit 4 kurzen Zähnchen. Blütezeit: Juni bis August.
Habitat: Trockene Wiesen und Weiden, bewachsene Felsen, Schutthänge und Wälder; bis 1000 m Seehöhe.

Ursprung und Verbreitung: Im größten Teil Mitteleuropas sowie in den Alpen verbreitet.
Varietäten und Subspezies: Diese variable Spezies ist die Stammform von in vielen unterschiedlichen Formen kultivierten Zierpflanzen und tritt auch in der Natur in Form von regional unterschiedlichen Subspezies auf.

Visitenkarte

Deutscher Name
Seguiers Nelke, Buschnelke

Wuchsform
aufrecht, krautig

Höhe
20 bis 50 cm

Blüten
rosa, einzeln

Blütezeit
Juni bis August

Habitat
Wiesen, trockene Weiden, bewachsene Felsen, Wälder

Dianthus carthusianorum

Visitenkarte

Deutscher Name
Karthäusernelke

Wuchsform
aufrecht, krautig

Höhe
10 bis 50 cm

Blüten
rosa oder rot, in Köpfchen

Blütezeit
Mai bis August

Habitat
Wiesen und trockene Weiden

Diese auffallend rot gefärbte Nelkenart wurde zu Ehren der Karthäusermönche Dianthus carthusianorum, *zu deutsch Karthäusernelke, bekannt.*

Morphologie: Ausdauernde, sehr variable Pflanze mit einfachen, aufrechten, 10 bis 50 cm hohen, an der Basis leicht verholzten Stängeln. Die linealischen Blätter sind sehr schmal und am oberen Ende zugespitzt. Die Blüten stehen in Köpfchen zu 5 bis 7 zusammen und sind von zugespitzten, steifen Tragblättern umgeben. Der Kelch setzt sich aus Kelchschuppen sowie aus purpurroten, gezähnten, schmal zulaufenden Kelchblättern zusammen. Die Krone besteht aus rosafarbenen oder roten, seltener weißen Kronblättern, die an der Basis einen Bart aufweisen. Die Früchte sind kleine Kapseln mit vier kurzen Zähnchen. Blütezeit: Mai bis August.

Habitat: Wiesen und trockene Weiden, speziell auf kalkreichen Böden; bis in 2000 m Seehöhe.

Ursprung und Verbreitung: In ganz Mittel- und Südeuropa verbreitet.

Subspezies: Es handelt sich bei der Karthäusernelke um eine äußerst variable Art, von der zahlreiche Unterarten beschrieben wurden. Sie unterscheiden sich hauptsächlich durch ihre Größe und Farbe ihrer Blüten bzw. durch ihre Blütenstände sowie durch die Form ihrer Kelchschuppen. Im Apennin kommt beispielsweise die Subspezies ***Dianthus carthusianorum tenorei*** (Lacaita) Pign. vor, mit auf der Unterseite behaarten und dunkelroten Blütenblättern, in den Westalpen (Aostatal) findet man ***D. c. vaginatus*** (Chaix) Williams, eine kleinere Art mit Blütenköpfchen von bis zu 30 Einzelblüten.

Helleborus niger

Morphologie: Diese 10 bis 30 cm hohe, ausdauernde Pflanze entwickelt dicke bräunliche, horizontal wachsende Wurzeln, aus welchen Blätter und Blütenstiele entspringen. Die grundständigen Blätter sitzen an einem 10 bis 30 cm langen Stiel und sind in 7 bis 9 lanzettlich keilförmige bis elliptisch zugespitzte Abschnitte unterteilt. Sie sind lederig dunkelgrün glänzend und sterben auch im Winter nicht ab. Stängelblätter fehlen. Die Blüten stehen einzeln an der Spitze der glatten Blütenstiele, sie haben etwa 3 bis 10 cm Durchmesser und bestehen aus 5 bis 8 weißen, manchmal rot überlaufenen, breit eiförmigen, 3 bis 5 cm langen Tepalen. Der Fruchtstand setzt sich aus 6 bis 7 etwa 2 cm langen, geschnäbelten Balgfrüchten zusammen. Blütezeit: Mitten im Spätwinter, von Februar bis April.

Habitat: Wälder, besonders Kiefernwälder, und Gebüsche, vorzugsweise auf kalkhaltigem Substrat; von 1000 bis 2200 m.

Ursprung und Verbreitung: West- und Mitteleuropa, Ostalpen, in den Westalpen seltener.

Visitenkarte

Deutscher Name
Schneerose, Christrose, Schwarze Nieswurz

Wuchsform
aufrecht, krautig

Höhe
10 bis 30 cm

Blüten
weiß, einzeln

Blütezeit
Februar bis April

Habitat
Wälder, Gebüsche

Trollius europaeus

Visitenkarte

Deutscher Name
Trollblume, Europäische Trollblume

Wuchsform
aufrecht, krautig

Höhe
20 bis 40 cm

Blüten
gelb, einzeln

Blütezeit
Juni bis August

Habitat
Wiesen, Wälder

Morphologie: Diese ausdauernde, 20 bis 40 cm hohe krautige Pflanze bildet robuste, einfache oder im oberen Teil schwach verzweigte und fein gerillte Stängel. Die Grundblätter stehen an 10 bis 15 cm langen Stielen und sind handförmig in 3 bis 7 tief eingeschnittene, unregelmäßig gezähnte Segmente geteilt, die Spreite ist etwa 6 bis 8 cm breit. Die Hochblätter sind kleiner, meist dreigeteilt und ungestielt. Die Blüten messen 3 bis 5 cm im Durchmesser und stehen an langen, zumeist einblütigen Stielen. Sie bestehen aus 10 bis 12 kronblattähnlichen, breit eiförmigen, kräftig gelben Kelchblättern, die sich fast zu einer abgeflachten Kugel zusammenschließen. Die eigentlichen Kronblätter sind als winzige Nektarblättchen ausgebildet. Der Fruchtstand besteht aus kleinen Balgfrüchten, die zahlreiche schwarze Samen enthalten. Alle Pflanzenteile sind giftig! Blütezeit: Juni bis August.
Habitat: Feuchte, nährstoffreiche Wiesen und Wälder; von 500 bis 2700 m Seehöhe.
Ursprung und Verbreitung: Skandinavien, Nordamerika, Bergregionen mit gemäßigtem Klima, in den Alpen verbreitet.

Die kugeligen Blüten der Trollblume verleiten manchen Betrachter dazu, sie fälschlicherweise als »Dotterblume« zu bezeichnen, ein Name, welcher der Spezies Caltha palustris *vorbehalten ist.*

Caltha palustris

Morphologie: Diese robuste, ausdauernde Pflanze wird 15 bis 40 cm hoch und bildet verdickte rhizomatöse Wurzeln und aufgerichtete, glatte und hohle Stängel. Die Grundblätter stehen an 5 bis 20 cm langen Stielen, die Blattspreite ist herzförmig kreisrund oder nierenförmig und 5 bis 7 cm breit, der Rand ist fein gekerbt oder gezähnt. Die Hochblätter sehen ähnlich aus, sind aber kleiner und fast stiellos. Die Blüten erscheinen in doldigen Grüppchen von 2 bis 7 an den Spitzen der Stängel und stehen an 2 bis 5 cm langen Stielen. Die 2,5 bis 4 cm breite Krone besteht aus 5 bis 8 goldgelben, etwa 2 cm langen, oft unterseits grünlich getönten Petalen. Der Kelch fehlt. Die Früchte sind kleine, flache, etwa 1 cm lange Balgfrüchte. Blütezeit: März bis Juni.
Habitat: Feuchte bis nasse, nährstoffreiche Böden entlang von Wasserläufen, bis 2000 m Seehöhe, an denen sich nicht selten ausgedehnte Bestände entwickeln.
Ursprung und Verbreitung: In den kühlen und kühl-gemäßigten Klimazonen Europas, Asiens und Nordamerikas verbreitet, in den Alpen und Voralpen häufig.

Visitenkarte

Deutscher Name
Sumpfdotterblume

Wuchsform
krautig, aufrecht

Höhe
15 bis 40 cm

Blüten
gelb,
in Dolden

Blütezeit
März bis Juni

Habitat
Feuchtwiesen,
Grabenränder,
feuchte
Weideböden

Anemone nemorosa

Morphologie: Krautige, ausdauernde Pflanze von 10 bis 25 cm Höhe mit bräunlichem, horizontalem Rhizom und mit aufrechtem, schlankem, nacktem oder mit einem Blattwirtel umgebenen Stängel. Die Grundblätter, deren Spreite sich aus 2 bis 5 lanzettlichen Segmenten zusammensetzt, sind unregelmäßig gezähnt. Die Stängelblätter sind in Wirteln zu je 3 Blättern vereint, handförmig geteilt mit tief gezähnten Segmenten. Die Blüten stehen einzeln endständig an 2 bis 3 cm langen Stielen und erreichen 2,5 bis 3 cm im Durchmesser. Die Krone besteht aus 6 bis 12 elliptischen, etwa doppelt so langen wie breiten Petalen von weißer bis schwach rosa Färbung. Die Frucht besteht aus zahlreichen, leicht geschnäbelten Achänen. Blütezeit: März und April.
Habitat: Eichen-, Buchen und Mischwälder, Gebüsche, Wiesen; bis 1500 m Seehöhe.
Ursprung und Verbreitung: Das Buschwindröschen ist in den kühlen bis gemäßigten Klimazonen Europas, Asiens und Nordamerikas sehr verbreitet.
Ähnliche Arten: ***Anemone trifolia*** L. unterscheidet sich vom Buschwindröschen durch die in 3 Segmente geteilte Blattspreite mit regelmäßig gesägtem Blattrand.

Visitenkarte

Deutscher Name
Buschwindröschen

Wuchsform
krautig, aufrecht

Höhe
10 bis 25 cm

Blüten
weiß,
rosa überlaufen

Blütezeit
März und April

Habitat
Laub- und
Mischwälder,
Gebüsche,
Wiesen

Hepatica nobilis

Visitenkarte

Deutscher Name
Leberblümchen

Wuchsform
aufrecht, krautig

Höhe
5 bis 15 cm

Blüten
blauviolett,
rot oder rosa,
bzw. weiß, einzeln

Blütezeit
März bis Mai

Habitat
Wälder,
kalkhältige
Böden

Morphologie: Ausdauernde, 5 bis 15 cm hohe Pflanze mit bräunlichem Wurzelgeflecht. Die Blätter sind grundständig, leicht ledrig und sterben auch im Winter nicht ab. Sie stehen an einem langen Stiel, die Spreite ist dreilappig mit herzförmigem Blattgrund, an der Oberseite dunkelgrün und unterseits violett. Die Blütenstiele entwickeln sich direkt aus dem Rhizom. Sie sind 5 bis 15 cm lang, behaart und tragen einzelne Blüten knapp oberhalb eines einfachen, kelchartigen Tragblattes. Die Blüten sind etwa 1,5 bis 2,5 cm breit und bestehen aus 6 bis 8 elliptischen, abgerundeten blauvioletten, rosa bis roten oder weißen Kronblättern. Die Frucht besteht aus mehreren ungeschweiften Achänen. Blütezeit: März bis Mai.

Habitat: Laubwälder und Nadelwälder, Hecken, vorzugsweise auf kalkhältigen Böden, von 300 bis 1500 m Seehöhe.

Ursprung und Verbreitung: Kühle und kühl-gemäßigte Klimazonen Europas, Asiens und Nordamerikas, in den Alpen zerstreut, häufig.

Synonyme: *Hepatica triloba* Chaix., *Hepatica triloba* Gilib., *Anemone hepatica* L.

Das Leberblümchen ist in erster Linie eine Waldpflanze. Die Farbe der Blüten variiert und kann, wie auf den Abbildungen ersichtlich, sehr intensiv sein.

Ranunculus acris

Morphologie: Diese ausdauernde Pflanze von 30 bis 80 cm Höhe mit kurzem Rhizom entwickelt aufrechte, hohle Stängel, die besonders im oberen Teil anliegend behaart sind. Die bis zu 15 cm langen, lang gestielten Grundblätter sind handförmig in 2 bis 7 Segmente geteilt, die weit auseinander stehen und von lineal lanzettlicher Form sind. Die Hochblätter werden nach oben hin allmählich kleiner und enden in dünnen Blättchen. Die goldgelben Blüten erreichen etwa 2 cm im Durchmesser und stehen entweder einzeln oder in lockeren Dolden. Der Kelch setzt sich aus 5 aufgerichteten gelbgrünen, behaarten Sepalen zusammen, die den Petalen anliegen und vorzeitig abfallen. Die Krone besteht aus 5 verkehrt eiförmigen, etwa 1 cm langen glänzenden Petalen. Die kugelige Frucht setzt sich aus zahlreichen klebrigen Achänen mit kurzem, leicht gebogenem Schnabel zusammen. Blütezeit: Mai bis September.
Habitat: Wiesen, Weiden, Brachen und Feldränder; bis 1700 m Seehöhe.
Ursprung und Verbreitung: Der Scharfe Hahnenfuß ist in fast ganz Europa verbreitet.
Synonyme: *Ranunculus acer* L. (rein grammatikalisch gesehen korrekter, dennoch ist *R. acris* gebräuchlicher).
Ähnliche Arten: ***Ranunculus friesianus*** Jordan ist eine sehr seltene Spezies, die nur in einigen Gebieten der Alpen lokal vorkommt und sich vor allem durch ihren längeren Wurzelapparat und die enger anliegenden rhombischen Blattsegmente vom Scharfen Hahnenfuß unterscheidet.

Visitenkarte

Deutscher Name
Scharfer Hahnenfuß

Wuchsform
krautig, aufrecht

Höhe
30 bis 80 cm

Blüten
gelb,
einzeln oder
in Dolden

Blütezeit
Mai bis September

Habitat
Wiesen,
Weiden,
Brachen

Ranunculus repens

Visitenkarte

Deutscher Name
Kriechender Hahnenfuß

Wuchsform
krautig, aufsteigend oder kriechend

Höhe
20 bis 40 cm

Blüten
gelb, glänzend, einzeln oder in Dolden

Blütezeit
Mai bis August

Habitat
feuchte Wiesen, Weiden, Grabenränder

Morphologie: Ausdauernde Pflanze von 20 bis 40 cm Höhe, mit aufsteigendem oder kriechendem Stängel und langen, an den Knoten wurzelnden Ausläufern. Die Grundblätter sind dreiteilig, wobei der mittlere Abschnitt lang gestielt ist. Jedes der 3 Segmente ist dreispaltig und gezähnt. Die Stängelblätter sind stiellos und werden nach oben hin allmählich kleiner. Die etwa 2 bis 3 cm breiten, dottergelben Blüten stehen einzeln oder in lockeren Dolden. Der Kelch besteht aus 5 Kelchblättern; die Krone setzt sich aus 5 verkehrt eiförmigen glänzenden Petalen zusammen, die etwa 1 cm lang sind. Der Fruchtstand ist kugelig und enthält zahlreiche kahle Achänen, die mit einem kurzen, geraden Schnabel ausgestattet sind. Blütezeit: Mai bis August.
Habitat: Feuchte Wiesen und Weiden, Auwälder; bis 2000 m Seehöhe.
Ursprung und Verbreitung: Der Kriechende Hahnenfuß ist in Europa sehr häufig anzutreffen.
Ähnliche Arten: ***Ranunculus montanus*** Willd. findet sich nur in der Alpinzone oberhalb von 1000 m Seehöhe und unterscheidet sich vom Kriechenden Hahnenfuß vor allem durch den aufrechten oder aufsteigenden, am oberen Knoten wurzelnden Stängel sowie dadurch, dass der mittlere Abschnitt der Basalblätter ungestielt ist.

Ranunculus bulbosus

Visitenkarte

Deutscher Name
Knolliger Hahnenfuß

Wuchsform
krautig, aufrecht

Höhe
20 bis 50 cm

Blüten
gelb, einzeln oder in lockeren Dolden

Blütezeit
Mai bis Juli

Habitat
magere Wiesen, Brachen, Böschungen

Morphologie: Diese ausdauernde Pflanze erreicht eine Höhe von 20 bis 50 cm. Der Stängel ist an der Basis typisch knollig verdickt, aufrecht und meist abstehend behaart. Die lang gestielten Grundblätter sind in 3 Segmente geteilt, die ihrerseits gelappt sind. Das mittlere Segment ist meist gestielt. Die Stängelblätter sind stiellos und werden nach oben hin allmählich immer kleiner, bis sie nur noch als dünne Blättchen erscheinen. Die etwa 1,5 bis 2 cm breiten Blüten sind goldgelb gefärbt und stehen einzeln oder in lockeren Dolden. Die 5 Kelchblätter sind zur Blütezeit ganz zurückgeschlagen; der Blütenboden ist behaart. Die Krone setzt sich aus 5 verkehrt eiförmigen glänzenden Kronblättern zusammen und ist etwa 1 cm breit. Der kugelige Fruchtstand besteht aus zahlreichen kahlen Achänen mit kurzem, gekrümmtem Schnabel. Blütezeit: Mai bis Juli.
Habitat: Magere Wiesen, Brachen, Böschungen; bis 2000 m Seehöhe.
Ursprung und Verbreitung: Der Knollige Hahnenfuß ist in ganz Europa ziemlich häufig.
Ähnliche Arten: ***Ranunculus pratensis*** Presl. ist eine Spezies, die eher im Mittelmeerraum verbreitet ist und sich vom Knolligen Hahnenfuß vor allem durch das Fehlen der knolligen Verdickung an der Basis und das stiellose Mittelsegment unterscheidet. Außerdem weisen die rostbraunen Achänen einen längeren Schnabel auf.

Ranunculus ficaria

Morphologie: Diese ausdauernde krautige Pflanze erreicht eine Höhe von 6 bis 18 cm und besitzt unterirdische kleine weiße, längliche Wurzelknöllchen und kahle, niederliegende oder aufsteigende Stängel. Die lang gestielten Grundblätter sind leuchtend grün und stark glänzend. Die 3 bis 5 cm breite Blattspreite ist rundlich herzförmig und am Rand entfernt stumpf gezähnt. Die Stängelblätter werden nach oben hin kleiner und tragen in den Blattachseln bisweilen kleine Bulbilli (Brutknospen). Die etwa 2 cm breiten goldgelben Blüten stehen einzeln. Der Kelch bildet sich aus 3 bis 4 abstehenden Kelchblättern (Sepalen), die grünlich weiß gefärbt sind. Die Krone besteht aus 8 bis 11 eiförmigen, glänzenden Kronblättern (Petalen), die unterseits leicht bräunlich erscheinen. Der kugelige Fruchtstand besteht aus kleinen behaarten Achänen mit kurzem, geradem Schnabel. Blütezeit: März bis Mai.

Habitat: Feuchte Laub- und Auwälder; bis 1300 m Seehöhe.
Ursprung und Verbreitung: Das Scharbockskraut ist in Europa recht häufig anzutreffen.
Synonyme: *Ficaria verna* Huds.; *Ficaria ranunculoides* Roth.
Ähnliche Arten: ***Ranunculus ficariiformis*** F. W. Schultz ist robuster als das Scharbockskraut, hat größere Blüten und Blätter und ist vor allem im Mittelmeerraum verbreitet.

Visitenkarte

Deutscher Name
Scharbockskraut, Frühlings-scharbockskraut, Feigwurz

Wuchsform
krautig, buschig

Höhe
6 bis 18 cm

Blüten
gelb, einzeln

Blütezeit
März bis Mai

Habitat
feuchte Laub- und Auwälder

Thalictrum aquilegifolium

Morphologie: Diese ausdauernde, krautige, 40 bis 100 cm hohe Pflanze mit rhizomatöser Wurzel entwickelt unbehaarte, aufgerichtete, leicht geriefte Stängel. Die Grundblätter sind auf der Unterseite graugrün, dreifach gefiedert mit ovalen, gekerbten Segmenten. Die Hochblätter ähneln den Grundblättern, sind jedoch kleiner. Am Ansatz des Blattstiels sitzen ohrenförmige Nebenblättchen. Der Blütenstand ist eine dichte Dolde aus zahlreichen Blüten. Jede Einzelblüte besteht aus rasch abfallenden Kelchblättern und langen, rosa- bis purpurfarbenen Staubfäden, an deren Enden gelbliche Antheren sitzen, die Krone fehlt. Die Früchte sind kleine, hängende, geflügelte, etwa 1 cm lange Achänen. Blütezeit: Mai bis Juli.

Habitat: Wälder, vor allem Buchenwälder, Auen und Lichtungen auf feuchten Böden; bis 2600 m Seehöhe.
Ursprung und Verbreitung: Kühle und kühl-gemäßigte Klimazonen Europas und Asiens, in den Alpen zerstreut, häufig.
Ähnliche Arten: Eine nicht blühende Pflanze könnte leicht mit ***Aquilegia vulgaris*** L. verwechselt werden, da ihre Blätter ähnlich aussehen. Allerdings weist letztere Art keine Nebenblättchen auf, darüber hinaus sind die Blätter zweifach gefiedert.

Visitenkarte

Deutscher Name
Akeleiblättrige Wiesenraute

Wuchsform
aufrecht, krautig

Höhe
40 bis 100 cm

Blüten
rosa oder purpur, in Dolden

Blütezeit
Mai bis Juli

Habitat
Wälder, feuchte Böden

Aquilegia vulgaris

Visitenkarte

Deutscher Name
Gemeine Akelei, Waldakelei, Gewöhnliche Akelei

Wuchsform
krautig, aufrecht

Höhe
30 bis 80 cm

Blüten
azur- bis violettblau, einzeln

Blütezeit
Juni und Juli

Habitat
Wälder, Gebüsche

Die Gewöhnliche Akelei ist in unseren Breiten gelegentlich anzutreffen. Sie wächst vor allem in Gebüschen und im Unterholz lichter Laubwälder.

Morphologie: Diese 30 bis 80 cm hohe, ausdauernde, Wurzelstock bildende Pflanze mit vertikalem oder schrägem Rhizom entwickelt kräftige, aufgerichtete, glatte oder behaarte Stängel. Die grundständigen Blätter sind lang gestielt und doppelt dreigeteilt, die Blattsegmente sind rautenförmig und gekerbt. Die Stängelblätter ähneln den grundständigen Blättern, sind aber kleiner und weniger stark unterteilt. Die nickenden, azur- bis violettblauen Blüten stehen einzeln oder in Grüppchen zu 3 bis 6 an den Enden der Stängel. Jede Blüte besteht aus einem äußeren Kranz von 5 kronblattartigen, zugespitzten, 1,8 bis 2,5 cm langen Tepalen und einem leicht glockigen inneren Kranz aus 5 breiten, ausgerandeten, 1 bis 1,3 cm langen sogenannten Nektarblättern, die nach rückwärts in einen am Ende hakenartig umgebogenen, 1,5 bis 2,2 cm langen Sporn auslaufen. Die Staubgefäße sind kurz und ragen nicht aus der Blütenhülle heraus. Blütezeit: Juni und Juli.

Habitat: Wälder, besonders Buchenwälder, Gebüsche; bis 2000 m Seehöhe.

Ursprung und Verbreitung: Europa, Asien und Nordafrika, in den Alpen zerstreut.

Ähnliche Arten: Nach der Meinung einiger Autoren bildet *Aquilegia vulgaris* eine Gruppe von besonders großen Akeleien mit vertikalem Rhizom, die Waldböden bevorzugen. Zu dieser Gruppe gehören unter anderem auch ***A. atrata*** Koch, ***A. barbaricina*** Arrigoni & Nardi sowie ***A. viscosa*** Gouan.

Paeonia officinalis

Morphologie: Diese 30 bis 70 cm hohe, ausdauernde Pflanze bildet kräftige knollige Rhizome und aufrechte, zylindrische, am oberen Ende leicht behaarte Stängel. Die Blätter stehen an 20 bis 30 cm langen Stielen und sind glatt und glänzend grün auf der Oberseite, mattgrün auf der Unterseite. Die Blattspreite ist auf der Unterseite entlang der Blattnerven leicht behaart und zwei- bis dreifach geteilt, die einzelnen Segmente sind lanzettlich bis elliptisch, glattrandig und 7 bis 13 cm lang. Die einzeln stehenden, etwa 10 cm breiten Blüten bestehen aus einem behaarten Kelch und einer Krone aus 7 bis 8 spatelförmigen, etwa 6 bis 8 cm langen, intensiv weinroten Kronblättern. Die zahlreichen Staubblätter bilden in der Mitte der Blüte einen auffällig gelben Fleck. Die Frucht besteht aus 2 bis 3 etwa 2 cm langen Balgfrüchten, die sich im Reifezustand öffnen und die großen, zuerst rötlichen, dann schwarzen Samen freilegen. Blütezeit: Mai und Juni.

Habitat: Wälder, besonders Buchen- und Eichenwälder, Gebüsche und Lichtungen; bis 1800 m Seehöhe.
Ursprung und Verbreitung: Europa und Kaukasus, in den Alpen zerstreut, selten.

Visitenkarte

Deutscher Name
Echte Pfingstrose, Großblumige Pfingstrose

Wuchsform
krautig, aufrecht

Höhe
30 bis 70 cm

Blüten
weinrot, einzeln

Blütezeit
Mai und Juni

Habitat
Wälder, Gebüsche

Hypericum perforatum

Morphologie: Diese ausdauernde, 30 bis 60 cm hohe, krautige Pflanze entwickelt einen Wurzelstock und hellgrüne, aufrechte oder aufsteigende Stängel, die im oberen Teil reich verzweigt und an der Basis verholzt sind. Die gegenständigen Blätter sind stiellos oder fast sitzend eiförmig lanzettlich und erscheinen randlich im Gegenlicht von durchscheinenden und dunklen Drüsen durchsetzt. Die endständigen, goldgelben Blüten stehen in großen Dolden. Die Kelchblätter sind lanzettlich, spitz und erscheinen ebenso mit Tüpfeln versehen wie die Laubblätter; sie sind halb so lang wie die Kronblätter. Die Krone setzt sich aus 5 elliptischen, etwa 1 cm langen Kronblättern zusammen, die manchmal asymmetrisch angeordnet sind. Die dreiteilige Fruchtkapsel enthält länglich zylindrische Samen. Blütezeit: Juli und August.

Habitat: Lichte, sonnige Wälder, Waldränder, Heiden, Brachland; bis 1600 m Seehöhe.
Ursprung und Verbreitung: Das Johanniskraut ist in Europa und im westlichen Asien verbreitet.

Visitenkarte

Deutscher Name
Echtes Johanniskraut, Tüpfelhartheu

Wuchsform
krautig, aufrecht oder aufsteigend

Höhe
30 bis 60 cm

Blüten
gelb, in Dolden

Blütezeit
Juli und August

Habitat
lichte Wälder, Waldränder, Heiden, Brachland

Chelidonium majus

Visitenkarte

Deutscher Name
Schöllkraut, Großes Schöllkraut, Warzenkraut

Wuchsform
krautig, buschig

Höhe
30 bis 70 cm

Blüten
gelb, in Dolden

Blütezeit
Mai bis September

Habitat
Schuttplätze, Brachen, Gebüsche, Wald- und Wegränder

Morphologie: Diese krautige, ausdauernde, 30 bis 70 cm hohe Pflanze entwickelt niederliegende oder aufsteigende, stark verästelte Stängel, die leicht behaart sind. Die gesamte Pflanze enthält einen gelblichen, giftigen Milchsaft, der sich an der Luft dunkler färbt und bei Hautkontakt ätzend wirkt. Die lang gestielten, etwa 7 bis 15 cm langen Blätter sind unterseits blaugrün, oberseits dunkelgrün gefärbt und fiederspaltig in 3 bis 7 ovale, stumpf gezähnte Abschnitte geteilt. Der doldige, endständige Blütenstand besteht aus 2 bis 6 gelben Blüten von 1 bis 2 cm Breite. Der zweiblättrige Kelch fällt ab, bevor sich die Krone öffnet. Diese besteht aus 4 gelben oval spateligen Kronblättern. Die Fruchtkapsel ist länglich bis schotenförmig, etwa 2 bis 4 cm lang, aufrecht und enthält zahlreiche schwarze Samen. Blütezeit: Mai bis September.
Habitat: Schuttplätze, Brachen, Gebüsche, Wald- und Wegränder; bis 1300 m Seehöhe.
Ursprung und Verbreitung: Das aus dem eurasischen Raum stammende Schöllkraut ist heute vor allem in Mittel- und Südeuropa, aber auch in Südskandinavien verbreitet.

Chelidonium majus *wird wegen des im Kraut und in der Wurzel vorkommenden giftigen Milchsafts vielfach in der Volksmedizin verwendet.*

Papaver rhoeas

Morphologie: Diese einjährige, krautige, 20 bis 80 cm hohe Pflanze entwickelt aufrechte, verzweigte Stängel, die abstehend behaart sind und einen weißen Milchsaft enthalten. Die Basalbätter sind fiederspaltig mit gezähnten Abschnitten. Die Stängelblätter sind kleiner, stiellos und dreilappig. Die 5 bis 7 cm großen Blüten stehen einzeln an aufrechten, am oberen Ende leicht gekrümmten Blütenstielen. Der zweiblättrige Kelch fällt bereits ab, bevor sich die Krone vollständig öffnet. Diese besteht aus 4 scharlachroten Kronblättern, die ebenfalls bald abfallen und am Ansatz je einen schwarzen Fleck aufweisen. Die Narbe ist scheibenförmig und 8- bis 12-strahlig. Die Frucht ist eine etwa 1 bis 1,5 cm breite, ei- bis kugelförmige Kapsel, die am Grund abgerundet ist. Blütezeit: Mai bis Juli.

Habitat: Getreidefelder, Ruderalfluren (Schutt- und Kiesplätze, Wegränder); bis 1800 m Seehöhe.

Ursprung und Verbreitung: Der aus dem östlichen Mittelmeerraum stammende Klatschmohn ist heute über ganz Europa verbreitet.

Ähnliche Arten: ***Papaver dubium*** L., der Saatmohn, ist mehr oder weniger an den gleichen Standorten zu Hause wie der Klatschmohn, die Blätter sind jedoch zweifach fiederteilig, die Narbe zeigt 5 bis 8 Strahlen, und die Kapsel ist eher länglich keulenförmig.

Visitenkarte

Deutscher Name
Klatschmohn, Mohnblume

Wuchsform
krautig, aufrecht

Höhe
20 bis 80 cm

Blüten
rot, einzeln

Blütezeit
Mai bis Juli

Habitat
Getreidefelder, Ruderalfluren

Corydalis cava

Visitenkarte

Deutscher Name
Hohler Lerchensporn

Wuchsform
krautig, aufrecht

Höhe
15 bis 30 cm

Blüten
rötlich, weiß, in Trauben

Blütezeit
März bis Mai

Habitat
Laub- und Auwälder, Gebüsche, Obstgärten

Morphologie: Ausdauernde, krautige, 15 bis 30 cm hohe Pflanze mit kugeliger, hohler, 2 bis 4 cm dicker Knolle und aufrechtem, kahlem, unverzweigtem Stängel. Die doppelt dreigeteilten Grundblätter weisen gezähnte oder gelappte Segmente auf und sind blaugrün getönt. Die Stängelblätter sind ähnlich, aber kleiner und dreifach fiederspaltig. Die endständige Blütentraube setzt sich aus 5 bis 20 Einzelblüten zusammen, deren Tragblätter eiförmig und ganzrandig sind. Die 2 bis 2,5 cm lange Krone ist entweder rötlich violett oder weiß gefärbt. Das obere der beiden äußeren Kronblätter ist nach hinten zu einem nektarhaltigen Sporn verlängert und vorne verbreitert. Die beiden inneren Kronblätter sind an der Spitze verwachsen. Die Frucht ist eine blassgrüne Kapsel von 1,5 bis 2 cm Länge. Blütezeit: März bis Mai.
Habitat: Laub- und Auwälder, Gebüsche, Obstgärten; bis 1000 m Seehöhe.
Ursprung und Verbreitung: Der Hohle Lerchensporn ist in Mitteleuropa selten anzutreffen.
Synonym: *Corydalis tuberosa*.
Ähnliche Arten: Der Mittlere Lerchensporn ***(Corydalis intermedia)*** ist eine einjährige, eher seltene Art, die sich vor allem durch die nicht hohle, sondern volle Knolle sowie die etwas kleineren (1 bis 1,5 cm) und weniger zahlreichen (2 bis 8) Blüten auszeichnet. Die Blätter dieser Art entspringen darüber hinaus in den Achseln von großen Schuppenblättern.

Fumaria officinalis

Visitenkarte

Deutscher Name
Gewöhnlicher Erdrauch, Echter Erdrauch, Ackerraute

Wuchsform
krautig, aufsteigend

Höhe
10 bis 30 cm

Blüten
rosarot, in Trauben

Blütezeit
Mai bis August

Habitat
Hackfruchtäcker, Weinberge, Gärten

Morphologie: Diese einjährige, krautige Pflanze von 10 bis 30 cm Höhe entwickelt kantige, unbehaarte, niederliegende oder aufsteigende, reich verzweigte Stängel. Die Basalblätter sind blaugrün, dünn und zeigen schmale Endzipfel. Die Spreite ist doppelt fiederteilig und etwa 3 bis 4 cm lang. Der Blütenstand besteht aus aufrechten, relativ locker stehenden Trauben von 20 bis 30 relativ weit auseinander stehenden Blüten. Die etwa 7 bis 9 mm lange Krone ist rosarot gefärbt, mit dunkelroter, manchmal fast schwarzer Spitze. Das obere Kronblatt zeigt eine charakteristische spornartige Verlängerung. Die 2 bis 3 mm langen Kelchblätter fallen früh ab. Die kugelige, kahle Fruchtkapsel ist oben leicht abgeflacht. Blütezeit: Mai bis August.
Habitat: Hackfruchtäcker, Weinberge, Gärten, Ruderalfluren; bis 1600 m Seehöhe.
Ursprung und Verbreitung: Der aus dem eurasischen Raum stammende Gewöhnliche Erdrauch ist heute auf der ganzen Welt verbreitet.
Ähnliche Arten: ***Fumaria tenuiflora*** Fries ist viel seltener und unterscheidet sich vom Gewöhnlichen Erdrauch hauptsächlich durch einen lichteren Blütenstand von nur 10 bis 20 Blüten. Einige Autoren beschreiben diese Art als Subspezies mit dem Namen *Fumaria officinalis wirtgenii* (Koch) Arcang.

Nasturtium officinale

Morphologie: Diese krautige, ausdauernde, 15 bis 80 cm hohe Pflanze entwickelt hohle, kahle, aufsteigende Stängel, die im unteren Teil oft niederliegend und an den Knoten bewurzelt sind. Die kurz gestielten Blätter sind unpaarig gefiedert, wobei die 4 bis 6 Segmente oval geformt sind und das Endsegment viel größer und nierenförmig ist. Die kurz gestielten Blüten stehen in trugdoldigen Trauben. Der Kelch besteht aus 4 bräunlichen Kelchblättern und wird etwa 3 mm lang. Die aus 4 weißen, abgerundeten Kronblättern bestehende Krone erreicht 4 bis 5 mm Durchmesser. Die Antheren (Staubbeutel) sind gelb gefärbt. Die Frucht, eine länglich linealische Schote von 3 cm Länge, enthält zahlreiche Samen. Blütezeit: Mai bis September.
Habitat: Feuchte, überflutete Standorte an Quellen, Gräben und Bächen; bis 1500 m Seehöhe.
Ursprung und Verbreitung: Die Echte Brunnenkresse ist heute wegen der fortschreitenden Gewässerverunreinigung nur noch zerstreut bis selten in ihren angestammten Lebensräumen anzutreffen.
Synonyme: *Rorippa nasturtium-aquaticum* (L.) Sch. et. Th.; *Nasturtium aquaticum* Weinm.
Ähnliche Arten: ***Cardamine amara L.***, das Bittere Schaumkraut, ist an den gleichen Standorten wie die Echte Brunnenkresse anzutreffen und unterscheidet sich hauptsächlich durch seinen nicht hohlen Stängel sowie durch die größere Anzahl an Blattsegmenten und die bisweilen rötlich violett überlaufenen Blüten. Während die Echte Brunnenkresse einen angenehmen, wenn auch etwas scharfen Geschmack hat und gerne in der Küche verwendet wird, schmeckt das Bittere Schaumkraut, wie der Name schon sagt, etwas bitter.

Visitenkarte

Deutscher Name
Echte Brunnenkresse, Gewöhnliche Brunnenkresse, Wasserkersche, Bornkerse

Wuchsform
krautig, niederliegend oder aufsteigend

Höhe
15 bis 80 cm

Blüten
weiß,
in Trauben

Blütezeit
Mai bis September

Habitat
feuchte Standorte

Die Echte Brunnenkresse gedeiht an schnell fließenden, sauberen, kühlen Bächen, ist aber wegen der fortschreitenden Gewässerverunreinigung heute nur noch selten anzutreffen.

Cardamine amara

Visitenkarte

Deutscher Name
Bitteres Schaumkraut

Wuchsform
krautig, aufsteigend

Höhe
10 bis 60 cm

Blüten
weiß, in Trauben

Blütezeit
April bis Juni

Habitat
nasse Standorte an Quellen und Bächen

Morphologie: Diese ausdauernde, rhizombildende Pflanze von 10 bis 60 cm Höhe entwickelt aufsteigende, kahle Stängel. Die unpaarig gefiederten Blätter bestehen aus 4 bis 10 oval lanzettlichen Seitenblättern mit größerer breit-keilförmiger Endfieder. Die traubigen Blütenstände bestehen aus 10 bis 20 Blüten. Die 4 Kelchblätter sind von gelber Farbe und etwa 4 mm lang; die 4 vorne abgerundeten Kronblätter sind weiß, seltener rosaviolett überlaufenen und erreichen eine Länge von 7 bis 9 mm. Die Staubbeutel zeigen eine violette Färbung. Die länglich linealischen Schoten werden 2 bis 4 cm lang und enthalten zahlreiche Samen. Blütezeit: April bis Juni.

Habitat: An nassen Standorten wie Bachrändern, Gräben, Quellfluren sowie in Bruch- und Auwäldern; von 500 bis 2500 m Seehöhe.

Ursprung und Verbreitung: Das Bittere Schaumkraut stammt aus dem eurasischen Raum und ist in fast ganz Europa verbreitet.

Ähnliche Arten: Die Echte Brunnenkresse ***(Nasturtium officinale)*** gedeiht an den gleichen Standorten wie das Bittere Schaumkraut und unterscheidet sich von diesem hauptsächlich durch ihren hohlen Stängel, ihre geringere Anzahl an Blattsegmenten, die gelben Staubbeutel und den angenehmen Geschmack.

Thlaspi arvense

Visitenkarte

Deutscher Name
Ackerhellerkraut

Wuchsform
krautig, aufrecht

Höhe
10 bis 50 cm

Blüten
weiß, in Trauben

Blütezeit
Mai bis September

Habitat
Unkrautfluren, Äcker

Morphologie: Einjährige bzw. überwinternde, 10 bis 50 cm hohe Pflanze mit aufrechtem Stängel, der zumeist kahl und kantig ist. Die kurz gestielten Basalblätter sind verkehrt eiförmig, grob gezähnt und fallen früh ab. Die sitzenden Stängelblätter sind lanzettlich mit pfeilförmigem Grund, glattrandig oder gezähnt und stängelumfassend. Die kurz gestielten Blüten stehen in länglichen Trauben. Die aus 4 weißen Petalen bestehende Krone ist am Saum ausgerandet und erreicht eine Länge von ca. 3 mm. Die etwa 10 bis 15 mm langen, flachen Schötchen sind fast kreisrund, breit geflügelt und am Ende u-förmig ausgerandet. Blütezeit: Mai bis September.

Habitat: Äcker, Unkrautfluren, Weinberge, Schuttplätze; bis 2000 m Seehöhe.

Ursprung und Verbreitung: Diese aus Westasien stammende Spezies ist in Europa ziemlich häufig.

Synonym: *Thlaspi arvensis.*

Ähnliche Arten: ***Thlaspi alliaceum*** L. (Lauchhellerkraut), welches auch die gleichen Standorte wie das Ackerhellerkraut bevorzugt, unterscheidet sich durch seinen behaarten Stängel und die kleineren Schoten, die verkehrt eiförmig und nur an der Spitze schmal geflügelt sind. Ihren Namen verdankt diese Pflanze dem Umstand, dass sie beim Zerreiben einen Lauchgeruch verströmt.

Lunaria annua

Visitenkarte

Deutscher Name
Einjähriges Silberblatt, Gartensilberblatt

Wuchsform
krautig, aufrecht

Höhe
30 bis 100 cm

Blüten
violett, in Trauben

Blütezeit
April bis Juni

Habitat
steiniger Boden, Gebüsche, Hecken

Morphologie: Ein- bis zweijährige, 30 bis 100 cm hohe, krautige Pflanze mit aufrechten, zylindrischen, an der Basis leicht verholzten Stängeln. Die 10 bis 15 cm langen, gestielten Basalblätter sind eiförmig, gegenständig und am Rand grob gezähnt. Die oberen, sitzenden Stängelblätter sind wechselständig und werden nach oben hin allmählich kleiner. Die in Trauben stehenden Blüten zeigen eine hell- bis dunkelviolette Färbung. Der Kelch besteht aus 4 violetten Kelchblättern; die Krone, deren Saum ausgerandet ist, setzt sich aus 4 ca. 1,5 bis 2 cm langen Kronblättern zusammen. Die oval elliptischen Schoten werden bis zu 7 cm lang und enthalten große braune, im Durchlicht sichtbare Samen. Auch wenn die 2 Schotenhüllen schon lange abgefallen sind, bleiben die großen silberglänzenden Fruchtscheidewände noch lange erhalten. Blütezeit: April bis Juni.
Habitat: Steiniger Boden, schattige Stellen in Gebüschen und Hecken; bis 800 m Seehöhe.
Ursprung und Verbreitung: Diese aus Südosteuropa stammende Spezies ist in unseren Breiten wildwachsend eher selten anzutreffen, wird aber gerne in Gärten kultiviert.
Synonym: *Lunaria biennis* Moench.
Ähnliche Arten: ***Lunaria rediviva*** L. (Wildes Silberblatt), das an den gleichen Standorten wie das Einjährige Silberblatt anzutreffen ist, unterscheidet sich von diesem durch die regelmäßig gezähnten Blattränder und die elliptische bis breit lanzettlichen Schoten, die an beiden Enden zugespitzt sind.

Das Einjährige Silberblatt ist nach seinen silberglänzenden Fruchtscheidewänden benannt, die nach dem Abfallen der 2 Schotenhüllen noch lange sichtbar bleiben.

Capsella bursa-pastoris

Visitenkarte

Deutscher Name
Hirtentäschel, Gemeines Hirtentäschelkraut, Taschenkraut

Wuchsform
krautig, aufrecht

Höhe
10 bis 40 cm

Blüten
weiß, in Trauben

Blütezeit
Jänner bis Dezember

Habitat
Äcker, Wege, Schuttplätze

Morphologie: Diese ein- oder zweijährige, krautige, 10 bis 40 cm hohe Pflanze entwickelt einen aufrechten, kahlen Stängel, der einfach oder verzweigt sein kann. Die dichte Rosetten bildenden, stängelumfassenden Grundblätter sind 3 bis 10 cm lang, mehr oder weniger gefiedert und spatelig geformt. Die sitzenden Stängelblätter sind wechselständig, stängelumfassend, pfeilförmig und werden nach oben hin allmählich kleiner. Die endständige Blütentraube besteht aus kleinen weißen Blüten. Der Kelch setzt sich aus 4 grünlichen, 1,5 bis 2 mm langen Kelchblättern zusammen; die etwa 2 bis 3 mm lange Krone besteht aus 4 spateligen Kelchblättern, die am Saum ausgerandet sind. Die Frucht ist eine zweilappige, dreieckige, flache, etwa 4 bis 6 mm lange Schote mit Herzform, der die Pflanze ihren Namen verdankt. Sie blüht das ganze Jahr über.
Habitat: Äcker, Wege, Gärten, Schuttplätze; bis 1800 m Seehöhe.
Ursprung und Verbreitung: Das Hirtentäschel ist weltweit sehr häufig anzutreffen.
Ähnliche Arten: ***Capsella rubella*** Reuter (Einjähriges Hirtentäschel) bevorzugt trockenere Standorte und unterscheidet sich vom Hirtentäschel durch die kleineren (1,5 bis 2 mm), rosa gefärbten Kronblätter.

Sinapis arvensis

Visitenkarte

Deutscher Name
Ackersenf

Wuchsform
krautig, aufrecht

Höhe
30 bis 60 cm

Blüten
schwefelgelb, in Trauben

Blütezeit
Juni bis August

Habitat
Äcker, Brachland, Schuttplätze, Ruderalfluren

Morphologie: Diese einjährige, krautige, 30 bis 60 cm hohe Pflanze entwickelt aufgerichtete oder aufsteigende, borstige Stängel, die meist stark verzweigt sind. Die rauen, behaarten Grundblätter sind oval lanzettlich geformt, etwa 8 bis 15 cm lang und am Rand buchtig gezähnt. Die Hochblätter werden nach oben hin allmählich kleiner. Die in endständigen Trauben stehenden Blüten sind schwefelgelb gefärbt. Der Kelch besteht aus 4 kleinen, fast waagrecht abstehenden Sepalen; die Krone setzt sich aus 4 spatelförmigen 8 bis 9 mm langen Kelchblättern zusammen, die am Saum ausgerandet sind. Die Frucht ist eine fast kahle, 2 bis 4 cm lange zylindrische, leicht gekrümmte Schote mit kaum abgeflachtem Schnabel, die zahlreiche schwarze Samen enthält. Blütezeit: Juni bis August.

Habitat: Äcker, Brachland, Ruderalflächen, Schuttplätze; bis 1200 m Seehöhe.
Ursprung und Verbreitung: In fast ganz Europa häufig anzutreffen.
Synonyme: *Brassica arvensis* Rabenh.; *Brassica sinapistrum* Boiss.
Ähnliche Arten: Der Ackerrettich (***Raphanus raphanistrum*** L.) ist eine hellgelb blühende Spezies, die häufig an denselben Standorten wie die oben beschriebene Art zu finden ist. Der Ackerrettich unterscheidet sich vom Ackersenf hauptsächlich durch die aufrechten Kelchblätter, die eine Art Röhre bilden, und die hellgelben Blüten. Er wird im Volksmund auch Hederich genannt.

Sinapis alba

Morphologie: Diese einjährige, 20 bis 60 cm hohe Pflanze entwickelt einen aufrechten, borstigen, reich verzweigten Stängel. Die 10 bis 25 cm langen Grundblätter sind leierförmig fiederspaltig in 7 bis 9 Segmente geteilt, die am Rand gezähnt sind. Die Stängelblätter sind ähnlich geformt, nur weniger gelappt, und werden nach oben hin kleiner. Die in dichten endständigen Trauben stehenden Blüten sind zitronengelb gefärbt. Der Kelch besteht aus 4 kleinen gelblichen Sepalen; die Krone setzt sich aus 4 spateligen Petalen zusammen, die 8 bis 9 mm lang werden und am Saum ausgerandet sind. Die Frucht ist eine zylindrische, behaarte und leicht gekrümmte Schote, die bis zu 3 cm lang wird. Sie enthält braungelbe Samen, die zur Öl- und Senfgewinnung verwendet werden. Blütezeit: Juni bis August.

Habitat: Äcker, Schuttplätze, Unkrautfluren; bis 800 m Seehöhe.

Ursprung und Verbreitung: Der Weiße Senf kommt wild wachsend in Europa eher selten vor, wird jedoch zur Öl- und Senfgewinnung als Kulturpflanze angebaut.

Ähnliche Arten: ***Sinapsis arvensis*** L. (Ackersenf) ist hauptsächlich an den kahlen Schoten zu erkennen, die eine viel größere Anzahl von Samen enthalten.

Visitenkarte

Deutscher Name
Weißer Senf

Wuchsform
krautig, aufrecht

Höhe
20 bis 60 cm

Blüten
gelb,
in Trauben

Blütezeit
Juni bis August

Habitat
Äcker,
Unkrautfluren

Reseda lutea

Morphologie: Diese ein-, zwei- oder mehrjährige, 20 bis 60 cm hohe Pflanze entwickelt aufsteigende bis aufrechte, reich verzweigte Stängel. Die lang gestielten Basalblätter bilden eine dichte Grundrosette. Sie können am Rand glatt, wellig oder knorpelig gezähnt sein und sind in 3 bis 9 längliche oder lanzettliche Lappen von 1 bis 2 cm Länge geteilt. Die in endständigen Trauben stehenden Blüten sind hellgelb, zuweilen auch gelbgrün gefärbt. Der Kelch besteht aus 5 bis 7 Kelchblättern, die Krone aus 6 etwa 3 mm langen Kronblättern, die tief dreilappig sind. Die Frucht ist eine eiförmige Kapsel von 8 bis 12 mm Länge. Blütezeit: Mai bis Oktober.

Habitat: Schuttplätze, Bahndämme, Äcker, Straßenränder; bis 1500 m Seehöhe.

Ursprung und Verbreitung: Die Wilde Resede stammt aus Mitteleuropa und tritt an geeigneten Standorten in ganz Europa auf.

Ähnliche Arten: Die Färberresede (***Reseda luteola*** L.), auch Echter Wau genannt, gedeiht an denselben Standorten wie die Wilde Resede und wurde früher zum Färben von Stoffen verwendet. Sie unterscheidet sich hauptsächlich durch ihre längeren, weniger verzweigten Stängel und die glatten, linealisch lanzettlichen, am Rand welligen Blätter.

Visitenkarte

Deutscher Name
Wilde Resede,
Gelbe Resede,
Gelber Wau

Wuchsform
krautig, aufrecht

Höhe
20 bis 60 cm

Blüten
gelb,
in Trauben

Blütezeit
Mai bis Oktober

Habitat
Schuttplätze,
Bahndämme,
Äcker

Drosera rotundifolia

Visitenkarte

Deutscher Name
Rundblättriger Sonnentau

Wuchsform
krautig, Rosetten bildend

Höhe
5 bis 12 cm

Blüten
weiß, in Trauben

Blütezeit
Juni bis August

Habitat
feuchte bis nasse Moorböden

Morphologie: Ausdauernde, 5 bis 12 cm hohe krautige Pflanze mit charakteristischen Drüsenhaaren auf den Blättern, die ein klebriges, wasserklares Sekret absondern, welches kleine Insekten anlockt, die dort kleben bleiben. Die Insektenkörper werden anschließend durch eine pepsinähnliche Substanz verdaut. Die lang gestielten Blätter stehen in einer dichten, bodennahen Grundrosette zusammen. Die Blattspreite ist kreisrund bis nierenförmig und mit roten Haaren (Emergenzen) besetzt, die kugelige Drüsen mit klebrigem Drüsensekret tragen. Der blattlose, blütentragende Schaft entwickelt sich aus der Mitte der Rosette und trägt einen traubigen Blütenstand mit wenigen Blüten. Der 5 mm lange, dauerhafte Kelch besteht aus 5 an der Basis verwachsenen, eiförmig zugespitzten Kelchzipfeln, die Krone aus 5 weißen, spatelförmigen Kronblättern, die etwas länger sind als der Kelch. Die Frucht ist eine ovale, nicht gefurchte geschlossene Kapsel. Blütezeit: Juni bis August.
Habitat: Hochmoore, Niedermoore mit Torfmoos, nasse, saure Torfböden; bis 2000 m Seehöhe.
Ursprung und Verbreitung: Kühle und kühl-gemäßigte Klimazonen Eurasiens und Nordamerikas, in den Alpen zerstreut bis verbreitet.
Ähnliche Arten: ***Drosera intermedia*** Hayne (Mittlerer Sonnentau) ist an der Blattspreite zu erkennen, die etwa zwei- bis viermal so lang wie breit ist, und an den Blütenschäften, die sich nicht aus dem Zentrum der Blattrosette heraus entwickeln, sondern seitlich davon. Den Langblättrigen Sonnentau, ***D. anglica*** Hudson, erkennt man an den Blättern, die vier- bis achtmal so lang wie breit sind, sowie an den allgemein größeren Dimensionen.

Sedum rupestre

Visitenkarte

Deutscher Name
Felsenmauerpfeffer

Wuchsform
krautig,
aufsteigend

Höhe
20 bis 30 cm

Blüten
gelb,
in Dolden

Blütezeit
Juni bis August

Habitat
Felsspalten,
Mauern,
Trockenrasen

Vor dem Hintergrund grauer Felsen oder Mauern bietet der Felsenmauerpfeffer mit seinen leuchtend gelben Blüten einen prächtigen Anblick.

Morphologie: Diese ausdauernde, sukkulente, 20 bis 30 cm hohe Pflanze entwickelt niederliegende, kahle, bogig aufsteigende Stängel, die am Grund oft verholzt sind. Die wechselständigen etwa 1 bis 2 cm langen fleischigen Blätter sind stielrund und stachelartig zugespitzt. Die leuchtend gelben Blüten stehen in Dolden. Der Kelch ist 3 bis 4 mm lang und kahl. Die zitronengelbe Krone besteht aus 5 spitzen, etwa 6 bis 7 mm langen Kronblättern. Die Frucht ist eine spindelförmige Balgfrucht. Blütezeit: Juni bis August.
Habitat: Felsspalten, sandige, trockene Rasen, Mauern, kalkliebend; bis 600 m Seehöhe.
Ursprung und Verbreitung: Der Felsenmauerpfeffer stammt aus West- und Mitteleuropa und ist an geeigneten Standorten regelmäßig anzutreffen.
Ähnliche Arten: Manche Autoren führen diese Pflanze zusammen mit einigen anderen, ähnlichen Arten unter der Bezeichnung ***Sedum reflexum*** L. All diese Arten sind im Allgemeinen an den gleichen Standorten anzutreffen wie der Felsenmauerpfeffer. Dieser wird bisweilen mit ***Sedum montanum*** Perr. et Song. verwechselt, einer Art, die sich durch die gebogenen, leicht rötlich überlaufenen Stängelblätter und die leicht drüsig behaarten Kelchblätter auszeichnet.

Sempervivum tectorum

Visitenkarte

Deutscher Name
Dachwurz,
Echte Hauswurz

Wuchsform
krautig,
Rosetten bildend

Höhe
20 bis 50 cm

Blüten
rosa bis
purpurrot,
in Schirmdolden

Blütezeit
Juni bis August

Habitat
Felsspalten,
Mauern,
steingedeckte
Dächer

In früheren Zeiten glaubte man, die Dachhauswurz könne Blitze fernhalten. Deshalb pflanzte man sie gern auf die Hausdächer im Gebirge.

Morphologie: Diese sukkulente, ausdauernde, Ausläufer bildende, 20 bis 50 cm hohe Pflanze formt sterile, sternförmige dunkelgrüne Blattrosetten von 3 bis 8 cm Durchmesser, deren kahle Grundblätter 2 bis 4 cm lang, verkehrt eiförmig bis lanzettlich, allmählich zugespitzt und am Rand seidig bewimpert sind. Die blüten- und fruchttragenden Stängel sind mit wechselständigen, etwas längeren lanzettlichen und beiderseits behaarten Blättern besetzt. Der Blütenstand ist eine dichte, endständige Schirmdolde mit 10 bis 40 Blüten von etwa 3 cm Durchmesser. Die Krone besteht aus 12 bis 15 lanzettlich zugespitzten, rosa oder purpurfarbenen Kronblättern. Die Früchte sind kleine, aufrechte Balgfrüchte. Blütezeit: Juni bis August.
Habitat: Felsspalten, steingedeckte Dächer und Mauern in sonniger Lage; von 200 bis auf 2800 m Seehöhe.
Ursprung und Verbreitung: Im Großteil der mittel- und südeuropäischen Gebirge vertreten, in den Alpen verbreitet bis zerstreut.
Ähnliche Arten: ***Sempervivum calcareum*** Jordan ist in den Westalpen endemisch und kommt vor allem in den französischen, selten auch in den italienischen Meeralpen vor. Man erkennt diese Art an ihrem kleineren Wuchs und den dicht behaarten, an der Spitze stark braunrot gefärbten Rosettenblättern.

Sedum acre

Morphologie: Diese ausdauernde, scharf schmeckende, sukkulente, häufig rasenbildende Pflanze von 5 bis 15 cm Höhe entwickelt schlanke, bogig aufsteigende, reich verzweigte Stängel. Die kahlen, fleischigen, spiralig angeordneten Blätter werden etwa 3 bis 4 mm lang, sie sind eiförmig und am Grund abgerundet. Der doldige Blütenstand trägt 1 bis 3 fast sitzende goldgelbe Blüten. Die Krone besteht aus 5 spitz lanzettlichen Kronblättern von etwa 7 mm Länge. Die Frucht ist eine Balgfrucht. Blütezeit: Juni und Juli.

Habitat: Mauern, Felsen, trockene, felsige Wiesen; bis 1600 m Seehöhe.

Ursprung und Verbreitung: Der aus Europa und dem Kaukasus stammende Scharfe Mauerpfeffer ist nahezu in ganz Europa verbreitet und an geeigneten Standorten häufig anzutreffen.

Ähnliche Arten: Der Milde Mauerpfeffer (***Sedum sexangulare*** L.) wächst oft an denselben Standorten und unterscheidet sich vom Scharfen Mauerpfeffer hauptsächlich durch die walzigen, linealisch geformten, am Grund kurz gespornten Blätter sowie den Umstand, dass er nicht scharf schmeckt.

Visitenkarte

Deutscher Name
Scharfe Fetthenne, Scharfer Mauerpfeffer, Fetthenne

Wuchsform
krautig, rasenbildend

Höhe
5 bis 15 cm

Blüten
gelb, in endständigen Dolden

Blütezeit
Juni und Juli

Habitat
Mauern, Felsen, trockene, felsige Wiesen

Der Scharfe Mauerpfeffer ist eine eher kleinwüchsige Pflanze mit auffallenden gelben Blüten. Diese Art bildet oft ausgedehnte Rasenteppiche.

Parnassia palustris

Visitenkarte

Deutscher Name
Sumpfherzblatt

Wuchsform
krautig, aufrecht

Höhe
10 bis 30 cm

Blüten
weiß, einzeln

Blütezeit
Juni bis August

Habitat
Feuchtwiesen, moorige Böden

Die weißen Blüten des Sumpfherzblatts sind von bräunlichen Adern anmutig gezeichnet. Man trifft diese Art im Alpenraum besonders in flachmoorigem, sumpfigem Gelände und auf Feuchtwiesen an.

Morphologie: Ausdauernde Pflanze mit kurzem, verzweigtem Wurzelstock, aus dem sich 2 bis 5 aufrechte, 10 bis 30 cm lange Blüten tragende Stängel entwickeln. Die Grundblätter stehen in Rosetten, sind kurz (3 bis 4 cm) gestielt und ganzrandig, die Spreite ist ei- bis herzförmig mit abgestumpfter Spitze. Sie sind 2 bis 6 cm lang, von 7 bis 11 deutlich sichtbaren, bogig geschwungenen Blattnerven durchzogen. Die Stängelblätter, meist nur eines oder höchstens zwei, sind sitzend und stängelumfassend. Am Ende der Stängel stehen einzelne, 2 bis 3 cm lange Blüten. Der Kelch besteht aus 5 oval lanzettlichen, zugespitzten, 6 bis 7 mm langen Kelchblättern, die Krone aus 5 weißen, breit eiförmigen, etwa 1 cm langen, bräunlich geäderten Kronblättern. Die Staubblätter stehen abwechselnd mit 5 sterilen Staminodien (Nektarien), die zahlreiche gelbliche Drüsenköpfchen aufweisen. Die Frucht ist eine etwa 8 mm lange, ovale Kapsel. Blütezeit: Juni bis August.

Habitat: Feuchtwiesen, moorige und sumpfige Böden; von 300 bis auf 2000 m Seehöhe.

Ursprung und Verbreitung: In den kühlen und kühl-gemäßigten Klimazonen Eurasiens verbreitet, in den Alpen verbreitet, häufig.

Aruncus dioicus

Morphologie: Krautige, ausdauernde und buschige Pflanze von 70 bis 150 cm Höhe, mit kräftigem Wurzelstock und zylindrischen, aufrechten, wenig verzweigten Stängeln. Die großen gestielten Blätter sind dreifach gefiedert, wobei die 3 Segmente oval lanzettlich geformt und am Rand doppelt gesägt sind. Die winzigen weißen Blüten sind zweihäusig und stehen in lockeren endständigen Rispen. Der Kelch setzt sich aus 5 Sepalen zusammen; die etwa 2 bis 4 mm breite Krone besteht aus 5 linealischen Petalen. Die weiblichen Blüten sind rein weiß, die männlichen elfenbeinweiß gefärbt, wobei die Staubgefäße häufig länger als die Kronblätter sind. Die Früchte sind kleine hängende Balgfrüchte. Blütezeit: Juni bis August.
Habitat: Schluchtwälder, Waldränder mit feuchten, schattigen Standorten; von 500 bis 1500 m Seehöhe.
Ursprung und Verbreitung: Der Waldgeißbart ist vor allem in den Gebirgstälern Mitteleuropas verbreitet.
Synonyme: *Aruncus sylvestris* Kost., *Aruncus vulgaris* Rafin., *Spiraea aruncus* L., *Aruncus silvester.*

Visitenkarte

Deutscher Name
Waldgeißbart, Bocksbart, Waldbart

Wuchsform
aufrecht, buschig

Höhe
70 bis 150 cm

Blüten
weiß,
in Rispen

Blütezeit
Juni bis August

Habitat
Schluchtwälder, feuchte Waldränder

Filipendula vulgaris

Morphologie: Diese ausdauernde, 30 bis 80 cm hohe Pflanze entwickelt knollig verdickte, verholzte Wurzelstöcke und aufrechte, wenig verzweigte Stängel. Die lang gestielten, bis zu 40 cm langen, meist als Grundrosette stehenden Blätter bestehen aus jederseits 10 bis 40 länglichen, grob und doppelt gezähnten, fiederspaltigen Segmenten, die 1 bis 2 cm lang werden. Die kurz gestielten Blüten sind endständig als Trugdolden ausgebildet. Die 2 bis 4 mm breite Krone besteht aus 6 Petalen, die 5 bis 10 mm lang sind und einen milchweißen bis blassrosa Farbton zeigen. Die Früchte sind kleine aufrechte Balgfrüchte. Blütezeit: Mai bis Juli.
Habitat: Feuchte Stellen an Gebüschsäumen und in Wäldern sowie in feuchten und wechselfeuchten Wiesen; bis 1500 m Seehöhe.
Ursprung und Verbreitung: Die Knollenspierstaude ist heute in fast ganz Europa bis nach Südskandinavien verbreitet.
Synonyme: *Filipendula hexapetala* Gilib., *Spiraea filipendula* L.

Visitenkarte

Deutscher Name
Knolliges-Mädesüß, Knollenspierstaude, Filipendelwurz, Kleines Mädesüß

Wuchsform
krautig, aufrecht

Höhe
30 bis 80 cm

Blüten
weiß,
in Trugdolden

Blütezeit
Mai bis Juli

Habitat
feuchte Gebüschsäume, feuchte Wiesen, feuchte, lichte Wälder

Filipendula ulmaria

Visitenkarte

Deutscher Name
Mädesüß,
Echtes Mädesüß,
Spierstaude

Wuchsform
krautig, aufrecht

Höhe
50 bis 150 cm

Blüten
gelblich weiß,
in Dolden

Blütezeit
Juni bis August

Habitat
feuchte Böden,
Nass- und
Moorwiesen

Morphologie: Diese ausdauernde, 50 bis 150 cm hohe Pflanze entwickelt aufrechte, kahle, kantige Stängel, die einfach oder nur wenig verzweigt sind. Die lang gestielten Grundblätter sind etwa 40 cm lang und in 5 bis 9 Segmente geteilt, die oval oder lanzettlich geformt sein können, wobei der Blattrand doppelt gesägt ist. Die Teilblättchen werden 3 bis 7 cm lang und etwa 1 cm breit. Die Stängelblätter sehen ähnlich aus, nur sitzen sie stiellos und werden nach oben hin allmählich kleiner. Junge Blätter haben noch eine weißfilzige Blattunterseite. Der endständige Blütenstand ist eine dichtblütige Dolde. Die Krone besteht aus 5 rundlichen, gelblich weißen Petalen die zwischen 2 und 5 mm lang werden. Die Früchte sind kleine aufrechte Balgfrüchte, die zur Reifezeit spiralig gewunden sind. Blütezeit: Juni bis August.

Habitat: Nass- und Moorwiesen, Auwälder; bis auf 1600 m Seehöhe.

Ursprung und Verbreitung: Das Mädesüß ist in fast ganz Europa an feuchten Standorten häufig anzutreffen.

Synonym: *Spiraea ulmaria* L.

Rubus idaeus

Visitenkarte

Deutscher Name
Himbeere,
Ambas,
Mollbeere

Wuchsform
strauchförmig,
aufrecht

Höhe
60 bis 150 cm

Blüten
weiß,
in Rispen

Blütezeit
Juni bis August

Habitat
Waldlichtungen,
Kahlschläge,
Auen,
Waldränder

Morphologie: Dieser 60 bis 150 cm hohe, mehrjährige Strauch entwickelt zylindrische, aufrecht überhängende, verholzende Stängel mit kleinen rötlichen Stacheln. Die Jährlingstriebe sind zunächst unverholzt und vollkommen glatt. Die gestielten Blätter sind mit Stipeln (Nebenblätter) ausgestattet und in 5 bis 7 eiförmig lanzettliche Segmente von 4 bis 6 cm Länge geteilt, die oben hellgrün, unterseits weißfilzig erscheinen. Die Blattränder sind meist unregelmäßig gezähnt. Der Blütenstand besteht aus 2 bis 5 traubig vereinten, aufrechten oder nickenden Blüten. Der Kelch setzt sich aus 5 lanzenförmigen Sepalen zusammen, die sich zur Reifezeit zurückbiegen. Die weiße Krone besteht aus 5 verkehrt eiförmigen Petalen, die etwas kürzer als die Sepalen sind. Die nickende Frucht ist eine süße, wohlschmeckende Sammelfrucht aus 10 bis 30 Früchtchen, die zur Reifezeit rot wird. Blütezeit: Juni bis August.

Habitat: Waldlichtungen, Kahlschläge, Auen, Waldränder; von 100 bis 2000 m Seehöhe.

Ursprung und Verbreitung: Diese praktisch weltweit verbreitete Spezies wird auch wegen ihrer wohlschmeckenden Beeren gerne in Gärten kultiviert.

Rubus saxatilis

Morphologie: Diese ausdauernde Pflanze entwickelt kräftige, verholzte Wurzeln und aufsteigende 10 bis 40 cm hohe Fruchttriebe. Darüber hinaus bilden sich kriechende Ausläufer, deren Stängel kantig, seidig behaart und mit feinen Stacheln bedeckt sind. Die lang gestielten, mit Stipeln versehenen Blätter sind in 3 eiförmige Segmente geteilt, die beiderseits grün und am Rand doppelt gezähnt sind. Der traubige Blütenstand besteht aus 3 bis 10 kurz gestielten Blüten, deren 5 Kelchblätter lanzenförmig und zur Reifezeit zurückgebogen sind; die 5 weißen Kronblätter sind verkehrt eiförmig und gleich lang wie die Kelchblätter. Die Sammelfrucht ist eine hellrote Beere aus 2 bis 6 Steinfrüchtchen. Blütezeit: Juni bis August.
Habitat: Mischwälder, Gebüsche, felsige, trockene und kalkreiche Böden; von 500 bis 1900 m Seehöhe.
Ursprung und Verbreitung: Die Steinbeere ist in nahezu ganz Europa verbreitet, aber nicht häufig.

Visitenkarte

Deutscher Name
Steinbeere, Steinbrombeere

Wuchsform
krautig, buschig

Höhe
10 bis 40 cm

Blüten
weiß, in Trauben

Blütezeit
Juni bis August

Habitat
Mischwälder, Gebüsche, kalkreiche Böden

Im Unterschied zu den anderen Vertretern dieser Gattung ist die Steinbeere, deren Früchte leuchtend rot sind, eine nicht verholzende Spezies.

Rubus caesius

Visitenkarte

Deutscher Name
Bereifte Brombeere, Kratzbeere, Ackerbrombeere

Wuchsform
strauchartig, buschig, kriechend

Höhe
50 bis 120 cm

Blüten
weiß, in Dolden

Blütezeit
Juni bis August

Habitat
Auwälder, schattige, felsige Standorte

Morphologie: Dieser 50 bis 120 cm hohe Strauch entwickelt zylindrische, bläulich bereifte und seidig behaarte Stängel mit gekrümmten Stacheln. Die lang gestielten, mit lanzettlichen Stipeln (Nebenblättern) ausgestatteten Blätter sind in 3 ovale oder lanzettlich geformte Segmente unterteilt, die am Rand unregelmäßig gezähnt sind. Sie sind oberseits grün, unterseits graufilzig. Die kurz gestielten Blüten stehen in dichten Dolden und sind 1,5 bis 2 cm breit. Der Kelch besteht aus 5 abstehenden oder zurückgebogenen, graufilzigen Kelchblättern; die Krone setzt sich aus 5 weißen, eiförmigen, 7 bis 10 mm langen Kronblättern zusammen. Die Frucht ist eine Sammelfrucht, bestehend aus 5 bis 20 blau bereiften Steinfrüchtchen. Blütezeit: Juni bis August.
Habitat: Auwälder, schattige Standorte, Waldränder, Ufer; bis 1200 m Seehöhe.
Ursprung und Verbreitung: Die Bereifte Brombeere ist in Europa und Asien recht häufig anzutreffen.
Ähnliche Arten: Die zahlreichen Arten der Gattung *Rubus,* welche häufig ausgedehnte Populationen bilden, sind oft schwer voneinander zu unterscheiden. Sie werden wegen ihrer bekömmlichen Früchte auch gerne angepflanzt. Besonders bemerkenswert in diesem Zusammenhang ist (***Rubus fruticosus*** L.), die »Echte Brombeere«, eine der Dutzende von Unterarten angehören, von denen jede sehr unterschiedliche Standortansprüche hat.

Rubus fruticosus, *die Echte Brombeere (oben und rechts), die sich aus Dutzenden schwer unterscheidbaren Unterarten zusammensetzt, tritt in vielerlei Gestalt auf. Rechts eine Varietät mit rosa Blüten.*

Agrimonia eupatoria

Morphologie: Diese ausdauernde, 30 bis 60 cm hohe, krautige Pflanze entwickelt einen aufrechten, zylindrischen, leicht behaarten Stängel, der einfach oder leicht verzweigt sein kann. Die gestielten, 10 bis 15 cm langen Blätter sind unpaarig gefiedert, mit ovaler oder länglicher Spreite (Blattoberfläche) und grob gezähntem Rand. Die großen Fiederpaare sowie die Endfieder werden bis zu 5 cm lang; dazwischen stehen kleinere, 1 bis 1,5 cm lange Teilblättchen. Die Oberseite der Blätter ist grün, die Unterseite graufilzig. Die kurz gestielten Blüten stehen endständig in langen, ährenförmigen Trauben. Die Krone besteht aus 5 gelben, verkehrt eiförmigen bis elliptischen Petalen von etwa 3,5 mm Länge. Die Frucht ist eine keulenförmige Achäne mit borstigen Widerhaken. Blütezeit: Juni und Juli.
Habitat: Trockenwiesen, Böschungen, Wegränder; bis 1200 m Seehöhe.
Ursprung und Verbreitung: Der Kleine Odermennig ist in fast allen Teilen der Welt zerstreut anzutreffen.

Visitenkarte

Deutscher Name
Kleiner Odermennig, Gewöhnlicher Odermennig, Ackermennig, Leberklette

Wuchsform
krautig, aufrecht

Höhe
30 bis 60 cm

Blüten
gelb, in ährigen Trauben

Blütezeit
Juni und Juli

Habitat
Trockenwiesen, Böschungen, Wegränder

Sanguisorba officinalis

Morphologie: Diese mehrjährige, rhizombildende Pflanze entwickelt aufrechte, kahle Stängel von 30 bis 100 cm. Die lang gestielten, in Rosetten stehenden Grundblätter sind unpaarig gefiedert, mit 5 bis 9 oval lanzettlichen, oben stumpfen Segmenten, deren Ränder gesägt sind. Die ebenso geformten Stängelblätter werden nach oben hin allmählich kleiner. Die Blütenstände sind eiförmige, 1 bis 3 cm lange Köpfchen, die am Ende der Stängel sitzen. Der Kelch besteht aus 4 ovalen Kelchblättern, die aufrecht stehen und rotbraun oder dunkelpurpurrot gefärbt sind, die Krone fehlt. Die Frucht ist eine eckige Achäne. Blütezeit: Juni bis August.

Habitat: Feuchte Wiesen, Gräben, nährstoffreiche, feuchte Weiden, auf sehr feuchten, lehmigen Böden, Torfböden; bis 2000 m Seehöhe.
Ursprung und Verbreitung: Der Große Wiesenknopf ist in den kühlen und gemäßigten Klimazonen Europas, Asiens und Nordamerikas verbreitet. An geeigneten Standorten tritt er oft in großer Zahl auf.
Synonym: *Poterium officinale* A. Gray.

Visitenkarte

Deutscher Name
Großer Wiesenknopf, Blutknopf, Wiesenbibernelle

Wuchsform
krautig, aufrecht

Höhe
30 bis 100 cm

Blüten
dunkelpurpurrot, in Köpfchen

Blütezeit
Juni bis August

Habitat
feuchte Wiesen, Gräben, Weiden

Fragaria vesca

Visitenkarte

Deutscher Name
Walderdbeere, Wilde Erdbeere

Wuchsform
krautig, aufrecht und kriechend

Höhe
5 bis 20 cm

Blüten
weiß

Blütezeit
Juni und Juli

Habitat
Wälder, Lichtungen, Kahlschläge

Morphologie: Diese krautige, mehrjährige, rhizombildende, 5 bis 20 cm hohe Pflanze entwickelt schlanke, aufrechte Stängel und kriechend flaumig behaarte, sich bewurzelnde Ausläufer, aus denen neue Pflanzen hervorgehen. Die lang gestielten Grundblätter stehen in einer Rosette und sind oberseits dunkelgrün und glänzend, unterseits weißgrün und seidenhaarig. Die Blätter sind in 3 elliptische Segmente von 2 bis 6 cm Länge geteilt, die am Rand grob gezähnt sind. Die zuerst aufrechten, später nickenden Blüten stehen endständig in lockeren Traubenblütenständen zusammen. Sie besitzen 5 ca. 3 mm lange Kelchblätter, die während der Fruchtreife waagrecht abstehend oder auch zurückgeschlagen sein können. Die 5 weißen Kronblätter sind rundlich bis eiförmig und werden zwischen 5 und 6 mm lang. Die kugelige oder eiförmige, etwa 1 bis 2 cm große, essbare Scheinfrucht ist zur Reifezeit rot. (Aus botanischer Sicht handelt es sich um eine sogenannte »Scheinbeere«, in deren Fruchtfleisch sich die eigentlichen Früchte in Form von kleinen, braunschwarzen Nüsschen befinden). Blütezeit: Juni und Juli.
Habitat: Laub-, Misch- und Nadelwälder, Lichtungen, Kahlschläge; bis 1800 m Seehöhe.
Ursprung und Verbreitung: Die aus Sibirien und Europa stammende Walderdbeere ist heute weltweit verbreitet.
Ähnliche Arten: ***Potentilla micrantha*** Ramond (Kleinblütiges Fingerkraut) sowie ***Fragaria viridis*** Duchesne (Knackerdbeere) sind beide an den gleichen Standorten wie die Walderdbeere anzutreffen. Das Kleinblütige Fingerkraut ist vor allem an den unterseits blaugrauen Blättern und den viel kleineren Petalen zu erkennen. Bei der Knackerdbeere fehlen die Ausläufer, sie weist beidseitig behaarte Blätter und aufrechte Kelchblätter sowie weißlich gelbe Kronblätter auf.

Blüte (oben) und Frucht (rechts) der Walderdbeere. Diese häufig anzutreffende Art ist wegen ihrer wohlschmeckenden Beeren allseits beliebt.

Geum rivale

Morphologie: Diese mehrjährige, 20 bis 60 cm hohe Pflanze entwickelt aufrechte oder aufsteigende, verzweigte Stängel, die besonders im oberen Teil abstehend behaart und violett gefärbt sind. Die lang gestielten, wechselständigen Blätter sind in 3 Segmente geteilt, deren Ränder grob gezähnt sind. Das Endsegment ist größer und rhombenförmig, während die seitlichen Segmente oval lanzettlich geformt sind. An der Blattbasis erscheinen je 2 große Nebenblätter (Stipeln), die ebenfalls oval lanzettförmig sind. Die nickenden, einzeln oder in Trauben stehenden Blüten sind endständig, wobei die 5 ca. 1 cm langen Kelchblätter aufrecht und von rotbrauner Färbung sind. Die 5 verkehrt eiförmig bis spatelförmigen Kronblätter sind außen rötlich, innen gelb gefärbt und am Saum ausgerandet. Die Früchte sind 1,5 cm lange, behaarte Achänen mit Haken. Blütezeit: Juni und Juli.

Habitat: Nasse Wiesen, Auwälder, Flachmoore; von 200 bis 2000 m Seehöhe.

Ursprung und Verbreitung: Die Bachnelkenwurz ist in ganz Europa häufig anzutreffen.

Ähnliche Arten: *Geum urbanum* L. (Echte Nelkenwurz) ist eine alte Heil- und Würzpflanze, die sich vor allem durch die aufrechten, manchmal auch nickenden Blüten unterscheidet und deren Kronblätter gelb gefärbt sind.

Visitenkarte

Deutscher Name
Bachnelkenwurz

Wuchsform
krautig, aufrecht

Höhe
20 bis 60 cm

Blüten
rötlich gelb, einzeln

Blütezeit
Juni und Juli

Habitat
feuchte bis nasse, schattige Standorte

Potentilla argentea

Morphologie: Diese mehrjährige, rhizombildende, 10 bis 40 cm hohe Pflanze entwickelt aufrechte oder aufsteigende, an der Basis leicht verholzende Stämmchen, die ebenso wie die Blattstiele und Blattunterseiten mit einem weißen, seidenhaarigen Flaum überzogen sind. Die lang gestielten Grundblätter sind handförmig in 5 verkehrt eiförmige, bis zu 2 cm lange Segmente geteilt, deren Ränder grob gezähnt sind. Die Stängelblätter sind stiellos und werden nach oben hin allmählich kleiner. An der Basis befinden sich 2 glattrandige Nebenblättchen (Stipeln). Die blassgelben Blüten stehen in lockeren Rispen am Ende der Blütenstängel. Sie setzen sich aus jeweils 5 oval verkehrt lanzettlichen Kelchblättern und 5 herzförmigen, am Saum ausgerandeten Kronblättern von 4 bis 7 mm Länge zusammen. Die Frucht besteht aus zahlreichen kleinen Achänen. Blütezeit: Juni bis August.

Habitat: Magerwiesen, sonnige Trockenrasen, vor allem auf silikathältigen, sandigen Böden; bis 1200 m Seehöhe.

Ursprung und Verbreitung: Das Silberfingerkraut ist als Kosmopolit auf geeigneten Standorten überall häufig anzutreffen.

Ähnliche Arten: *Potentilla calabra* Ten. unterscheidet sich vom Silberfingerkraut vor allem durch die lanzettförmigen Stipeln und die oberseits weißfilzigen Blätter.

Visitenkarte

Deutscher Name
Silberfingerkraut

Wuchsform
krautig, aufrecht

Höhe
10 bis 40 cm

Blüten
gelb, in Rispen

Blütezeit
Juni bis August

Habitat
Trockenwiesen, auf sandigen, silikathältigen Böden

Potentilla recta

Visitenkarte

Deutscher Name
Aufrechtes Fingerkraut

Wuchsform
krautig, aufrecht

Höhe
30 bis 70 cm

Blüten
gelb,
in Rispen

Blütezeit
Juni und Juli

Habitat
Trockenwiesen, Magerrasen

Morphologie: Krautige, mehrjährige, 30 bis 70 cm hohe Pflanze mit aufrechten, besonders im oberen Teil verzweigten Stängeln, die, wie die Blätter, mit langen Drüsenhaaren bedeckt sind. Die gestielten Grundblätter sind handförmig in 5 bis 7 linealisch lanzettliche Segmente geteilt, die eine Länge von 2 bis 5 cm erreichen und am Rand grob gezähnt sind. Die Stängelblätter sind sitzend und werden nach oben hin allmählich kleiner. An der Basis zeigen die Blätter 2 große Nebenblätter, die glattrandig oder gezähnt sein können. Die blassgelben Blüten stehen in lockeren Rispen am Ende der Blütenstängel. Die 5 borstig drüsigen Kelchblätter sind etwa 1 cm lang; die 5 verkehrt herzförmigen Kronblätter sind am Saum ausgerandet. Die Frucht besteht aus zahlreichen kleinen Achänen. Blütezeit: Juni und Juli.
Habitat: Trockenwiesen, Magerrasen, vor allem auf kalkigem Substrat; bis auf 1200 m Seehöhe.
Ursprung und Verbreitung: Das aus Mittel- bzw. Südosteuropa stammende Aufrechte Fingerkraut ist in Europa zerstreut anzutreffen.
Ähnliche Arten: ***Potentilla hirta*** L. kommt an denselben Standorten wie das Aufrechte Fingerkraut vor und weist einen rötlich überlaufenen Stängel auf. Weiters unterscheidet es sich dadurch, dass seine Kronblätter etwas länger sind als die Kelchblätter.

Potentilla erecta

Visitenkarte

Deutscher Name
Blutwurz, Ruhrwurz, Tormentillwurzel, Heidecker

Wuchsform
krautig, niederliegend bis aufsteigend

Höhe
10 bis 30 cm

Blüten
gelb,
in Rispen

Blütezeit
Juni bis August

Habitat
Wiesen, Heiden, Wälder

Morphologie: Diese mehrjährige, 10 bis 30 cm hohe Pflanze ist mit einem verdickten, holzigen, innen rötlichen Rhizom ausgestattet und entwickelt niederliegende bzw. aufsteigende, weit verzweigte Stängel. Die bis zu 2 cm langen Stängelblätter sind sitzend und handförmig in 3 bis 5 Segmente geteilt, die am Rand grob gezähnt sind. Die Grundblätter sind lang gestielt und fallen frühzeitig ab. An der Blattbasis befinden sich 2 gezähnte Stipeln. Die zitronengelben Blüten stehen in lockeren Rispen am Ende der Blütenstängel. Die aus 4 Petalen bestehende Krone ist am Saum ausgerandet. Die Frucht besteht aus zahlreichen rauen Achänen. Blütezeit: Juni bis August.
Habitat: Wiesen, Heiden, lichte Wälder, vor allem auf sauren Böden; bis 2400 m Seehöhe.
Ursprung und Verbreitung: Die Blutwurz ist eine in Europa und Asien häufig vorkommende Pflanze.
Synonyme: *Potentilla tormentilla* Stokes; *Tormentilla erecta.*

Potentilla reptans

Morphologie: Diese ausdauernde, rhizombildende, 10 bis 20 cm hohe Pflanze entwickelt kriechende, an den Knoten wurzelnde Stängel, die bis zu 1 m lang werden können. Die lang gestielten Blätter sind handförmig in 5 länglich ovale, bis zu 6 cm lange Teilblätter geteilt, die am Rand grob gezähnt sind. An der Blattbasis befinden sich zwei glattrandige oder gezähnte Stipeln. Die goldgelben Blüten werden von 5 bis 8 cm langen Blütenstielen getragen. Die 5 Kelchblätter werden zwischen 4 und 6 mm lang; die 5 verkehrt herzförmigen Kronblätter sind am Saum ausgerandet und erreichen eine Länge von etwa 1,5 cm. Die Frucht besteht aus zahlreichen körnig rauen Achänen. Blütezeit: Juni bis September.

Habitat: Wegränder, Brachen, Böschungen, Hecken; bis auf 1600 m Seehöhe.

Ursprung und Verbreitung: Das Kriechende Fingerkraut stammt aus Europa und Westasien und ist in ganz Europa häufig anzutreffen.

Visitenkarte

Deutscher Name
Kriechendes Fingerkraut, Fünffingerkraut

Wuchsform
krautig, kriechend

Höhe
10 bis 20 cm

Blüten
gelb, einzeln

Blütezeit
Juni bis September

Habitat
Wegränder, Brachen, Böschungen

Genista germanica

Morphologie: Ausdauernder, 10 bis 40 cm hoher Halbstrauch mit aufrechten oder niederliegenden, an der Basis verholzten Stämmchen mit einfachen oder verzweigten Dornen. Die Jungtriebe sind grün, gerieft, leicht behaart und dornenlos. Die 1 bis 1,5 cm langen Blätter sind lanzettlich bis schmal eiförmig oder elliptisch zugespitzt, leuchtend grün, behaart und am Rand bewimpert. Die Blüten stehen in kurzen Trauben und setzen sich aus einem behaarten, 5 mm langen Kelch mit lanzettlichen Kelchzähnen und gelber Krone mit schwach flaumig behaartem Schiffchen, Flügel und Fahne zusammen. Die Frucht, eine lanzettförmige Hülse, enthält 2 bis 4 Samen. Blütezeit: Mai und Juni.

Habitat: Trockenrasen, Zwergstrauchheiden und trockene Laubwälder, besonders auf sauren Böden; bis 1200 Seehöhe.

Ursprung und Verbreitung: Mitteleuropa, in den Alpen an der Nordseite zerstreut bis fehlend, am Südrand häufiger.

Ähnliche Arten: *Genista tinctoria* (L.), der Färberginster, tritt zwar in demselben Bereich auf, ist aber leicht an den immer dornenlosen Stämmchen zu erkennen.

Visitenkarte

Deutscher Name
Deutscher Ginster

Wuchsform
aufrecht, Halbstrauch

Höhe
10 bis 40 cm

Blüten
gelb, in Trauben

Blütezeit
Mai und Juni

Habitat
Trockenrasen, Strauchheiden, lichte, trockene Wälder

Cytisus scoparius

Visitenkarte

Deutscher Name
Besenginster, Gemeiner Besenginster, Besenpfriem, Brahm

Wuchsform
aufrecht, Strauch

Höhe
50 bis 200 cm

Blüten
gelb, einzeln oder zu zweit

Blütezeit
Mai und Juni

Habitat
Waldränder, Strauchheiden, Lichtungen

Morphologie: Dieser 50 bis 200 cm hohe buschige Strauch entwickelt aufrechte, kahle, kantige, leicht geflügelte und reich verzweigte Äste. Die kurz gestielten unteren Blätter sind in 3 ovale Teilblättchen unterteilt, die kahl oder leicht behaart sein können. Die oberen Blätter sind ungeteilt, lanzettlich geformt und etwa 1 bis 2 cm lang. Die leuchtend gelben Blüten sitzen einzeln oder zu zweit in den Achseln der oberen Blätter. Der kahle Kelch wird 6 bis 7 mm lang; die Krone setzt sich aus einem abgestumpften Schiffchen von 2 bis 2,5 cm Länge und einer ebenso großen Fahne zusammen. Die Frucht ist eine braunschwarze, am Rand behaarte Hülse von 3 bis 5 cm Länge, die zahlreiche gelblich olivgrüne Samen enthält. Blütezeit: Mai und Juni.
Habitat: Waldränder, Strauchheiden, Lichtungen, vor allem auf Silikatböden; bis 1400 m Seehöhe.
Ursprung und Verbreitung: Der Besenginster stammt ursprünglich aus Südeuropa, ist aber bis nach Südskandinavien überall recht häufig anzutreffen.
Synonym: *Sarothamnus scoparius* (L.) Koch

Mit seinen leuchtend gelben Blüten ist der Besenginster nicht nur für den passionierten Blumenliebhaber eine Augenweide.

Genista tinctoria

Morphologie: Dieser 30 bis 60 cm hohe, dornenlose Halbstrauch besitzt aufrechte oder aufsteigende, kantige, vor allem nach oben hin leicht behaarte Zweige. Die glattrandigen, sitzenden Blätter können variabel oval länglich bis lanzettlich elliptisch geformt sein. Die Blüten sind von kräftiger gelber Farbe und stehen in endständigen Trauben. Der röhrige, gezähnte Kelch wird 3 bis 6 mm lang; die kahle Krone setzt sich aus einem ca. 1 cm langen Schiffchen und einer etwa gleich langen Fahne zusammen. Die Frucht ist eine 2 bis 3 cm lange, meist kahle Hülse, die zahlreiche dunkelgrüne Samen enthält. Blütezeit: Mai bis Juli.
Habitat: Lichte Wälder, Heiden, Lichtungen, Trockenwiesen, vor allem auf Silikatböden; bis 1700 m Seehöhe.
Ursprung und Verbreitung: Den Färberginster findet man vor allem in West- und Mitteleuropa, nördlich bis Südschweden, südlich bis Nordspanien.
Ähnliche Arten: *Genista januensis* Viv. ist eine viel seltener auftretende Spezies, die sich vor allem durch ihre kahlen geflügelten Zweige und Stängel vom Färberginster unterscheidet.

Visitenkarte

Deutscher Name
Färberginster

Wuchsform
aufrecht,
Halbstrauch

Höhe
30 bis 60 cm

Blüten
gelb,
in Trauben

Blütezeit
Mai bis Juli

Habitat
lichte Wälder,
Heiden,
Lichtungen,
Trockenwiesen

Der vor allem in West- und Mitteleuropa verbreitete Färberginster wurde früher zur Herstellung von Färbetinkturen verwendet.

Galega officinalis

Visitenkarte

Deutscher Name
Echte Geißraute

Wuchsform
krautig, buschig

Höhe
60 bis 120 cm

Blüten
bläulich weiß,
in Trauben

Blütezeit
Juni bis August

Habitat
Auengebüsch,
Ufer, Dämme

Morphologie: Diese ausdauernde, buschige Pflanze von 60 bis 120 cm Höhe entwickelt aufrechte oder aufsteigende, kahle und kantige Stängel, die an der Basis verholzend und im oberen Teil verzweigt sind. Die kurz gestielten Blätter setzen sich aus 11 bis 19 spitz eiförmigen, stumpf endenden Segmenten von 4 bis 6 cm Länge zusammen. Die Blüten stehen in aufrechten, länglichen Trauben, die in den oberen Blattachseln entspringen. Der glockenförmige Kelch mit Kelchzähnen wird 4 bis 5 mm lang; die Krone erreicht 1 cm Länge und ist blassblau oder weißlich gefärbt. Die Frucht ist eine lineal zylindrische kahle Hülse von 2 bis 4 cm Länge. Blütezeit: Juni bis August.
Habitat: Feuchte Standorte wie Auengebüsch, Ufer, Dämme; bis 1300 m Seehöhe.
Ursprung und Verbreitung: Die aus Osteuropa stammende Echte Geißraute ist hauptsächlich in Mitteleuropa anzutreffen.

Astragalus glycyphyllos

Visitenkarte

Deutscher Name
Süßer Tragant,
Bärenschote,
Wildes Süßholz,
Erdmöhre,
Wolfsschote

Wuchsform
krautig,
niederliegend

Höhe
50 bis 120 cm

Blüten
gelbgrün,
in Trauben

Blütezeit
Mai bis Juli

Habitat
feuchte, schattige
Wälder,
Lichtungen,
Gebüsche

Morphologie: Diese krautige, ausdauernde, 50 bis 120 cm hohe Pflanze entwickelt biegsame, niederliegende oder aufsteigende, kahle Stängel, die besonders im oberen Teil leicht rötlich überlaufen sind. Die bis zu 20 cm langen Blätter sind unpaarig gefiedert und bestehen aus 11 bis 13 ovalen oder elliptischen Teilblättchen, die unterseits leicht behaart sein können. Die 8 bis 30 Blüten formen einen dichten traubigen Blütenstand, der etwa halb so lang wie die Blätter ist. Der röhrige Kelch wird 5 bis 6 mm lang; die gelblich grüne Krone erreicht eine Länge von 1,5 cm. Die Frucht ist eine linealisch lanzettliche Hülse von 3 bis 4 cm Länge, welche im Frühstadium behaart, zur Reifezeit hingegen kahl ist. Blütezeit: Mai bis Juli.
Habitat: Feuchte, schattige Wälder, Lichtungen und Gebüsche; von 100 bis 1400 m Seehöhe.
Ursprung und Verbreitung: Der Süße Tragant ist vor allem in Mitteleuropa und Südskandinavien verbreitet, in Südeuropa eher selten.

Vicia cracca

Morphologie: Diese krautige, ausdauernde, 30 bis 100 cm hohe, rhizombildende Pflanze entwickelt kahle, biegsame Stängel, die aufrecht, aufsteigend oder auch rankend sein können. Die bis zu 10 cm langen Blätter bestehen aus 6 bis 20 länglich lanzettlichen oder linealischen Teilblättern, die unterseits leicht behaart sind. Die letzten 3 Segmente sind zu Ranken umgebildet. Der gestielte Blütenstand wird von einer aus 10 bis 30 Blüten bestehenden dichten Traube gebildet, die etwa so lang ist wie die Blätter. Der röhrige Kelch hat oben kurze, unten lange Zähnchen. Die Krone ist blauviolett gefärbt und weist eine 8 bis 12 mm lange Fahne auf. Die Frucht ist eine länglich rhombische Hülse von 1 bis 2,5 cm Länge, die nur wenige Samen enthält. Blütezeit: Juni bis August.

Habitat: Fettwiesen, Weiden, Schuttplätze; bis 1500 m Seehöhe.

Ursprung und Verbreitung: Die aus dem eurasischen Raum stammende Vogelwicke ist heute weltweit verbreitet.

Ähnliche Arten: ***Vicia incana*** Gouan unterscheidet sich von der Vogelwicke vor allem durch die mit dichten rötlichen Härchen bedeckten Stängel und die größere Anzahl an Blattsegmenten (20 bis 40). Nach Ansicht mancher Autoren gehört diese Spezies zur Artengruppe *Vicia cracca* (Vogelwicke).

Visitenkarte

Deutscher Name
Vogelwicke

Wuchsform
krautig, aufsteigend, rankend

Höhe
30 bis 100 cm

Blüten
blauviolett, in Trauben

Blütezeit
Juni bis August

Habitat
fette Wiesen, Weiden, Schuttplätze

Vicia sepium

Morphologie: Diese ausdauernde, 30 bis 60 cm hohe Pflanze entwickelt biegsame, aufrechte oder aufsteigende, manchmal leicht rankende Stängel, die auch Ausläufer bilden. Die Blätter haben Stipeln und bestehen aus 6 bis 14 oval länglichen Teilfiedern, die mit Ranken enden. Der aus 2 bis 5 Blüten bestehende traubige Blütenstand ist kurz gestielt, entspringt in der Blattachsel und ist kürzer als die Blätter. Der röhrige Kelch ist violett gefärbt, ca. 5 mm lang und weist ungleich lange Zähne auf. Die 12 bis 15 mm lange blauviolette Krone weist eine kahle Fahne auf. Die Frucht ist eine braunviolette Hülse von 2 bis 3,5 cm Länge und enthält 4 bis 7 Samen. Blütezeit: Mai bis August.

Habitat: Wälder, Gebüsche, Hecken, schattige Wiesen, Waldränder; bis 1500 m Seehöhe.

Ursprung und Verbreitung: Die aus Eurasien stammende Zaunwicke ist heute fast weltweit verbreitet.

Visitenkarte

Deutscher Name
Zaunwicke

Wuchsform
krautig, aufrecht

Höhe
30 bis 60 cm

Blüten
violett, in Trauben

Blütezeit
Mai bis August

Habitat
Wälder, Hecken, schattige Wiesen, Waldränder

Lathyrus niger

Visitenkarte

Deutscher Name
Schwarze Platterbse, Schwarzwerdende Platterbse

Wuchsform
krautig, aufrecht

Höhe
30 bis 80 cm

Blüten
purpurn bis violett, in Trauben

Blütezeit
Mai bis Juli

Habitat
lichte Mischwälder

Morphologie: Krautige, ausdauernde, 30 bis 80 cm hohe Pflanze mit dichtem Wurzelapparat und kahlen, aufrechten oder aufsteigenden, an der Basis leicht verholzenden, verzweigten Stängeln. Die Blätter setzen sich aus 8 bis 12 elliptischen bis eiförmigen Teilblättchen von 2 bis 3 cm Länge (ohne die Ranken) zusammen. Am Grund jedes Blattes zeigen sich Stipeln, die kürzer als der Blattstiel sind. Der aus 4 bis 8 Blüten bestehende traubige Blütenstand ist meist doppelt so lang wie das Tragblatt. Der behaarte Kelch wird 3 bis 4 mm lang und trägt untere Zähnchen, die kürzer sind als die Kronröhre. Die etwa 1 cm lange Krone ist purpurn bis violett gefärbt. Die Frucht ist eine längliche, etwa 3 bis 6 cm lange glatte Hülse. Blütezeit: Mai bis Juli.
Habitat: Lichte Wälder (vor allem Eichenwälder); bevorzugt auf leicht sauren Böden; bis 1000 m Seehöhe.
Ursprung und Verbreitung: Die aus Europa und dem Kaukasus stammende Schwarze Platterbse findet sich vor allem in Mitteleuropa bis nach Südskandinavien.
Synonym: *Orobus niger* L.

Lathyrus sylvestris

Visitenkarte

Deutscher Name
Waldplatterbse

Wuchsform
krautig, niederliegend bis aufsteigend

Höhe
90 bis 200 cm

Blüten
rosa bis purpurn, in Trauben

Blütezeit
Juli und August

Habitat
trockene Brachen, Böschungen, Hecken, Waldränder

Morphologie: Diese krautige, ausdauernde, 90 bis 200 cm hohe Pflanze entwickelt kahle, abgeplattete, niederliegende, aufsteigende oder kletternde Stängel, die 2 breite, randlich gesägte Flügel aufweisen. Die gefiederten, blaugrünen, 5 bis 20 cm langen Blätter sind linealisch oder lanzettlich und tragen am Ende Ranken. An der Basis jedes Blattes sitzen halbpfeilförmige Stipeln, die viel kürzer als der Blattstiel sind. Der aus 4 bis 10 gestielten Blüten bestehende lockere, traubige Blütenstand ist länger als die Blätter. Der röhrige, etwa 4 mm lange Kelch weist oben sehr kurze, unten lange Zähnchen auf. Die 1,5 bis 2 cm lange Krone bildet eine spatelförmige Fahne, deren Saum ausgerandet ist; während das Schiffchen weißlich grün gefärbt ist. Die Frucht ist eine längliche Hülse von 4 bis 7 cm Länge, die 10 bis 12 Samen enthält. Blütezeit: Juli und August.
Habitat: Trockene Waldränder, Brachen, Böschungen und Hecken; bis 1500 m Seehöhe.
Ursprung und Verbreitung: Die aus Europa und dem Kaukasus stammende Waldplatterbse ist in fast ganz Europa ziemlich häufig anzutreffen.
Ähnliche Arten: ***Lathyrus latifolius*** (Breitblättrige Platterbse) unterscheidet sich von der Waldplatterbse durch die viel kürzeren, abgerundeten Blätter, die größeren Kronen und die längeren Hülsenfrüchte.

Lathyrus tuberosus

Morphologie: Krautige, ausdauernde, 30 bis 100 cm hohe Pflanze mit horizontalem, kleine Knöllchen tragendem Rhizom und aufrechten oder aufsteigenden, glatten Stängeln. Die Blätter bestehen aus je einem Paar elliptischer oder lanzettlicher Fiederblättchen, die 2 bis 4 cm lang werden und Endranken aufweisen. An der Basis jedes Blattes sieht man linealische oder halbpfeilförmige Stipeln, die etwa gleich lang sind wie der Blattstiel. Die 2 bis 6 Blüten formen lockere traubige Blütenstände, die viel länger sind als das jeweils dazugehörige Tragblatt. Der röhrenförmige Kelch mit dreieckigen Zähnchen erreicht eine Länge von 4 mm; die rosaviolette Krone wird 1,5 bis 2 cm lang. Die Frucht ist eine geschwollene längliche, sichelförmig gekrümmte Hülse von 2 bis 3 cm Länge, die 3 bis 6 Samen enthält. Blütezeit: Juni bis September.
Habitat: Felder (besonders Getreidefelder), Hecken, Wegränder, bevorzugt kalkhaltige und lehmige Böden; bis 1200 m Seehöhe.
Ursprung und Verbreitung: Die Erdnussplatterbse ist in fast ganz Europa und Teilen Asiens zerstreut anzutreffen.

Visitenkarte

Deutscher Name
Erdnussplatterbse,
Knollenplatterbse

Wuchsform
krautig, aufrecht

Höhe
30 bis 100 cm

Blüten
rosaviolett,
in Trauben

Blütezeit
Juni bis September

Habitat
Getreidefelder,
Wegränder,
Hecken

Die Erdnussplatterbse gehört zu den sogenannten Ackerunkräutern, ist aber nicht wie die meisten dort anzutreffenden Unkräuter einjährig, sondern mehrjährig. Sie wird trotz Herbizideinsatzes oft nicht erfasst, weil sie ziemlich spät austreibt.

Ononis natrix

Visitenkarte

Deutscher Name
Gelbe Hauhechel

Wuchsform
krautig, buschig

Höhe
20 bis 50 cm

Blüten
gelb,
in Trauben

Blütezeit
Mai bis August

Habitat
steinige, trockene, sonnige Wiesen

Morphologie: Diese krautige, ausdauernde, buschige, 20 bis 50 cm hohe Pflanze entwickelt dicht drüsig behaarte und verzweigte Stängel mit unangenehmem Geruch. Die gestielten Blätter sind meist dreiteilig, wobei die Teilblätter ziemlich lang sind und eine oval lanzettliche Form haben sowie am Rand gezähnt sind. An der Basis zeigen sich zwei lanzettliche, glattrandige Stipeln, die kürzer sind als der Blattstiel. Die nickenden Blüten stehen in lockeren, endständigen, beblätterten Trauben. Der 6 bis 12 mm lange Kelch weist 5 lanzettliche Kelchzähne auf, die drei- bis viermal so lang sind wie die Kronröhre. Die gelbe Krone der Schmetterlingsblüte ist 1 bis 2 cm lang und hat häufig eine rot oder violett gesprenkelte Fahne. Die Frucht, eine hängende, länglich zusammengepresste Hülse, enthält zahlreiche Samen. Blütezeit: Mai bis August.
Habitat: Sonnige, trockene Wiesen, steinige Brachen Straßenränder; bis 1200 m Seehöhe.
Ursprung und Verbreitung: Die Gelbe Hauhechel ist in Mitteleuropa und in den westlichen Teilen Südeuropas heimisch.
Unterarten: Von der Art *Ononis natrix* (Gelbe Hauhechel) sind zahlreiche Unterarten beschrieben, die sich vor allem durch ihre niederliegenden oder aufrechten, mehr oder weniger verzweigten Stängel bzw. durch ihre unterschiedlich großen Kronen unterscheiden.

Ononis spinosa

Visitenkarte

Deutscher Name
Dornige Hauhechel, Heudorn, Hechelkraut

Wuchsform
Halbstrauch, buschig

Höhe
20 bis 70 cm

Blüten
rosaviolett, einzeln oder paarweise in Trauben

Blütezeit
Mai bis September

Habitat
Trockenrasen, steinige Weiden

Morphologie: 20 bis 70 cm hoher Halbstrauch mit verholzten, mehr oder weniger aufrechten, stark verzweigten, im oberen Teil leicht drüsig zottig behaarten und an der Spitze dornigen Ästen. Die unteren Blätter sind gestielt, meist dreigeteilt mit verkehrt eiförmigen oder länglichen, randlich gezähnten Segmenten. Die oberen Blätter sind oft als einfache Tragblätter ausgebildet. Am Blattansatz sitzen zwei halb eiförmige, gezähnte Nebenblättchen (Stipeln). In den oberen Blattachseln sitzen meist einzelne, selten zwei Blüten. Alle Blüten stehen gemeinsam in einem beblätterten, traubigen Blütenstand. Der 8 bis 10 mm lange, behaarte Kelch weist 5 linealisch lanzettliche Kelchzähne auf, die etwa doppelt so lang sind wie die Kronröhre. Die Krone der Schmetterlingsblüte ist violettrosa und etwa doppelt so lang wie der Kelch. Die Frucht, eine ovale, drüsenhaarige Hülse, enthält 2 bis 4 Samen mit höckriger Oberfläche. Blütezeit: Mai bis September.
Habitat: Trockenrasen, trockene Weiden, steinige Substrate; bis 1400 m Seehöhe.
Ursprung und Verbreitung: In großen Teilen der Bergregionen Europas verbreitet, in den Alpen häufig.
Ähnliche Arten: Entsprechend der aktuellen taxonomischen Klassifizierung zählt diese Art zur gleichnamigen Gruppe, die weitere Arten mit ähnlichen morphologischen Charakteristika und Standortansprüchen umfasst. Sehr ähnlich ist beispielsweise ***Ononis repens*** L., die Kriechende Hauhechel, die jedoch meist einfache Blätter hat.

Melilotus alba

Morphologie: Diese krautige, ein- bis zweijährige, 30 bis 120 cm hohe Pflanze entwickelt einen typischen Duft nach Waldmeister (Cumarin). Ihre kahlen, kantigen Stängel sind aufrecht oder aufsteigend und meist stark verzweigt. Die kurz gestielten Blätter sind dreizählig, wobei die einzelnen Segmente 1 bis 1,5 cm lang, verkehrt eiförmig und am Rand gezähnt sind. Die Blattstipeln haben eine linealische Form. Der 3 bis 6 cm lange, achselständige Blütenstand ist eine Traube aus 40 bis 80 geruchlosen Blüten, deren glockenförmiger Kelch 5 linealisch lanzettliche Kelchzähne aufweist, die etwa so lang wie die Kronröhre sind. Die Krone der Schmetterlingsblüte ist 2 bis 4 mm lang und gelblich weiß gefärbt. Die Frucht ist eine eiförmige, kahle Hülse von 2 bis 3 mm Länge, die sich zur Reifezeit schwarz verfärbt. Blütezeit: Juli bis September.

Habitat: Brachen, Unkrautfluren, Straßen- und Wegränder; bis 1200 m Seehöhe.

Ursprung und Verbreitung: Der aus dem eurasischen Raum stammende Weiße Steinklee ist heute nahezu weltweit verbreitet.

Visitenkarte

Deutscher Name
Weißer Steinklee, Bucharaklee, Riesenklee, Wunderklee

Wuchsform
krautig, aufrecht

Höhe
30 bis 120 cm

Blüten
weiß, in Trauben

Blütezeit
Juli bis September

Habitat
Unkrautfluren, Straßen- und Wegränder

Melilotus officinalis

Morphologie: Diese krautige, ein- bis zweijährige, 30 bis 120 cm hohe Pflanze entwickelt einen typischen Duft nach Waldmeister (Cumarin) und entwickelt kahle, aufrechte oder aufsteigende, stark verzweigte Stängel. Die kurz gestielten Blätter bestehen aus 3 bis 1,5 cm langen Segmenten, die verkehrt eiförmig bis elliptisch geformt und am Rand buchtig gezähnt sind. An jeder Blattbasis befinden sich 2 kahle, lanzenförmige, glattrandige Nebenblättchen (Stipeln). Der 4 bis 10 cm lange, achselständige, schlanke Blütenstand bildet eine Traube aus 30 bis 70 hängenden, leicht duftenden Blüten, deren Flügel länger sind als die Schiffchen und deren glockenförmige Kelche 5 linealisch lanzettliche Kelchzähne aufweisen, deren Länge etwa der Kronröhre entspricht. Die Krone der Schmetterlingsblüte ist gelb gefärbt und wird zwischen 2 und 4 mm lang. Die Frucht ist eine ovale, kahle, 2,5 bis 3,5 mm lange Hülse mit Querrunzeln, die zur Reife grünlich gefärbt ist. Blütezeit: Juni bis September.

Habitat: Brachen, Wege, sonnige Unkrautfluren, Straßenränder; bis 1500 m Seehöhe.

Ursprung und Verbreitung: Der aus Europa und Asien stammende Echte Steinklee ist mittlerweile weltweit verbreitet.

Synonyme: *Melilotus petitpierreana* Willd.; *Melilotus arvensis* Wallr.

Visitenkarte

Deutscher Name
Echter Steinklee, Gewöhnlicher Steinklee

Wuchsform
krautig, aufrecht

Höhe
30 bis 120 cm

Blüten
gelb, in Trauben

Blütezeit
Juni bis September

Habitat
Wegränder, sonnige Unkrautfluren, Schuttplätze

Medicago sativa

Visitenkarte

Deutscher Name
Saatluzerne, Luzerne

Wuchsform
krautig, aufrecht

Höhe
30 bis 80 cm

Blüten
blau bis violett, in köpfchenartigen Trauben

Blütezeit
Juni bis September

Habitat
trockene Wiesen, Wege

Die Saatluzerne wurde - obwohl schon seit dem Altertum bekannt - erst vor etwa 200 Jahren in Mitteleuropa als Futterpflanze wiederentdeckt.

Morphologie: Diese krautige, ausdauernde, 30 bis 80 cm hohe Pflanze entwickelt kahle oder leicht flaumig behaarte, aufrechte oder aufsteigende Stängel, die bisweilen auch verzweigt sein können. Die Blätter mit Stipeln sind dreizählig und weisen 1,5 bis 2 cm lange, verkehrt lanzettliche, randlich gezähnte und spitz endende Segmente auf. Die traubigen, köpfchenartigen Blütenstände stehen achselständig an Stielen. Der röhrige Kelch wird ca. 6 mm lang und weist längliche Kelchzähnchen auf; die Fahne der blauvioletten Krone wird 8 bis 12 mm lang. Die Frucht ist eine gedrehte, meist kahle Hülse, die zahlreiche Samen enthält. Blütezeit: Juni bis September.

Habitat: Trockene Wiesen, Magerrasen, Wege; bis 1200 m Seehöhe.

Ursprung und Verbreitung: Die aus dem eurasischen Raum stammende Saatluzerne ist heute in fast ganz Europa, im Norden bis Südskandinavien verbreitet. Sie wird häufig als Futterpflanze angebaut, tritt aber auch verwildert auf.

Unterarten: Die Sichelluzerne (***Medicago sativa*** L. ssp. ***falcata*** (L.) Arcang.) unterscheidet sich vor allem durch die kleinere, gelb- oder weiß gefärbte Krone sowie die sichelig gebogene Hülsenfrucht.

Trifolium repens

Morphologie: Diese krautige, mehrjährige, 10 bis 20 cm hohe Pflanze entwickelt kahle, kriechende Ausläufer bildende Stängel, die sich an den Knoten bewurzeln. Die lang gestielten Blätter bestehen aus drei 1,5 bis 2 cm langen Segmenten, die verkehrt eiförmig, am Rand fein gezähnt sind und in der Mitte eine gekrümmte weißliche Zeichnung aufweisen. Die dichten, kugeligen Blütenköpfchen werden ca. 2 cm breit und stehen endständig auf dem glatten, unbelaubten Blütenschaft. Der 4 bis 5 mm lange Kelch weist eine kurze Röhre und ungleich lange, lanzenförmige Kelchzähne auf. Die 8 bis 10 mm lange Krone ist meist weiß oder leicht rosa gefärbt, wird aber gegen Ende der Blütezeit bräunlich. Die Frucht ist eine kleine, hängende Hülse, die 2 bis 4 kugelige Samen enthält. Blütezeit: Mai bis September.

Habitat: Nährstoffreiche Wiesen und Weiden, Park- und Gartenrasen, Wegränder, Brachen; bis 2000 m Seehöhe.

Ursprung und Verbreitung: Der aus dem eurasischen und nordafrikanischen Raum stammende Weißklee ist mittlerweile weltweit verbreitet. Er wird häufig ausgesät, kommt aber auch verwildert vor.

Ähnliche Arten: ***Trifolium pallescens*** Schreber unterscheidet sich von der oben beschriebenen Art durch seine niederliegenden bis aufsteigenden, nicht wurzelnden Stängel und die gelblich weißen Blüten.

Visitenkarte

Deutscher Name
Weißklee

Wuchsform
krautig, kriechend

Höhe
10 bis 20 cm

Blüten
weißlich,
in Köpfchen

Blütezeit
Mai bis September

Habitat
nährstoffreiche Wiesen,
Fettweiden,
Parkrasen

Trifolium campestre

Morphologie: Einjährige, 10 bis 20 cm hohe Pflanze mit aufrechten oder aufsteigenden, behaarten einfachen Stängeln, die auch verzweigt sein können. Die wechselständigen, kurz gestielten Blätter haben voneinander große Abstände und sind dreizählig. Am Blattgrund befinden sich 2 ovale, oben spitze, unten verbreiterte Stipeln, die kürzer als der Blattstiel sind. Die etwa 0,5 bis 1 cm langen Teilblättchen sind verkehrt eiförmig, keilförmig oder elliptisch, wobei das mittlere Teilblättchen deutlich länger gestielt ist als die seitlichen. Die mehr oder weniger achselständigen, eiförmigen Blütenköpfchen werden zwischen 7 und 10 mm breit und bestehen aus 20 bis 30 Blüten, deren Kelche aus einer kurzen Röhre mit ungleich langen Zähnchen bestehen und deren 4 bis 6 mm lange Kronen anfangs gelb, später rötlich braun gefärbt sind. Die Frucht ist eine kleine Hülse. Blütezeit: Juni bis September.

Habitat: Trockenwiesen, sonnige, steinige Böschungen, Brachland, Wegränder, Straßenränder; bis 800 m Seehöhe.

Ursprung und Verbreitung: Der aus dem eurasischen und nordafrikanischen Raum stammende Feldklee ist heute zerstreut überall in unseren Breiten anzutreffen.

Synonyme: *Trifolium procumbens* L. ; *Trifolium agrarium* p.p.

Ähnliche Arten: ***Trifolium aureum*** Pollich (Goldklee) unterscheidet sich vom Feldklee grundsätzlich durch die größeren Blütenköpfchen (10 bis 15 mm) und die am Grund nicht verbreiterten Stipeln.

Visitenkarte

Deutscher Name
Feldklee,
Gelber Ackerklee,
Himmelhopfen

Wuchsform
krautig,
aufsteigend

Höhe
10 bis 20 cm

Blüten
gelb,
in Köpfchen

Blütezeit
Juni bis September

Habitat
steinige Trockenwiesen,
Wege,
Brachland

Trifolium arvense

Visitenkarte

Deutscher Name
Hasenklee, Hasenpfote, Hasenfuß, Katzenklee, Mäuseklee, Ackerklee

Wuchsform
krautig, aufrecht

Höhe
10 bis 30 cm

Blüten
weiß bis rosa, in Köpfchen

Blütezeit
Juni bis September

Habitat
Trockenwiesen, Brachen, Böschungen, Feldränder

Morphologie: Krautige, einjährige oder zweijährige, 10 bis 30 cm hohe, dicht behaarte Pflanze mit aufrechten, meist verzweigten Stängeln. Die mit Stipeln versehenen Blätter sind dreizählig, wobei die lanzettlich geformten Segmente 1,5 bis 2 cm lang werden und graugrün bis rötlich überlaufen sind. Die lang gestielten end- oder seitenständigen Blütenköpfchen sind anfangs oval, später zylindrisch geformt. Der stark zottige Kelch wird 5 bis 6 mm lang und besteht aus einer kurzen Röhre mit lanzenförmigen Kelchzähnen. Die anfangs weiße, später rosaviolette Krone ist etwas kürzer als der Kelch. Die Frucht ist eine kleine Hülse, die nur einen einzigen Samen enthält. Blützeit: Juni bis September.
Habitat: Trockenwiesen, Brachland, Böschungen, Feldränder; bis 1500 m Seehöhe.
Ursprung und Verbreitung: Der ursprünglich in Südeuropa, Teilen Asiens und Nordafrika verbreitete Hasenklee ist heute in ganz Europa vertreten.

Trifolium pratense

Visitenkarte

Deutscher Name
Wiesenklee, Rotklee

Wuchsform
krautig, aufsteigend

Höhe
10 bis 40 cm

Blüten
rötlich, in Köpfchen

Blütezeit
Juni bis Oktober

Habitat
Wiesen, Weiden, Weg- und Feldränder

Morphologie: Diese ausdauernde, 10 bis 40 cm hohe, rhizombildende Pflanze entwickelt kriechende oder aufsteigende, mehr oder weniger verzweigte Stängel. Die dreizähligen Blätter setzen sich aus oval elliptischen Blättchen zusammen, wobei die unteren verkehrt eiförmig und leicht behaart sein können und immer eine weißliche Zeichnung in Form eines V zeigen. Am Blattgrund befinden sich zwei lanzettliche Stipeln mit bewimperter Grannenspitze. Die 2 bis 4 cm breiten, kugeligen Blütenköpfchen entspringen einzeln oder paarweise in den Blattachseln. Der 5 bis 8 mm lange Kelch bildet eine kurze, behaarte Röhre mit ungleichen länglichen, ebenfalls behaarten Kelchzähnchen. Die rötliche Krone erreicht eine Länge von 1 bis 1,5 cm. Die Frucht ist eine kleine Hülse mit einem einzigen Samen. Blütezeit: Juni bis Oktober.
Habitat: Trockene Wiesen, Weiden, Weg- und Feldränder; bis 2500 m Seehöhe.
Ursprung und Verbreitung: Der aus Eurasien stammende Wiesenklee kommt heute in ganz Europa natürlich wachsend vor, wird aber in der Landwirtschaft häufig auch ausgesät.
Ähnliche Arten: *Trifolium medium* (Zickzackklee) unterscheidet sich vom Wiesenklee durch den zickzackförmigen Stängel und die kahle Kelchröhre. Auch zeigen die schmäleren Blättchen die V-förmige Zeichnung nicht.

Anthyllis vulneraria

Morphologie: Ausdauernde, selten ein- oder zweijährige, 8 bis 15 cm hohe Pflanze. Die behaarten, rötlichen, kriechenden oder aufsteigenden Stängel sind an der Basis leicht verholzt. Die Grundblätter sind unpaarig gefiedert mit 2 bis 3 Paaren von Blättchen. Das Endblättchen ist dabei meist deutlicher ausgebildet als die viel kleineren Seitenblättchen, die manchmal fehlen oder stark reduziert sind. Die oberen Stängelblätter sind in 3 bis 6 Paar länglich linealische Blättchen geteilt, das Endblättchen ist etwa 2 cm lang, die seitlichen etwa 1 cm. Der Blütenstand, ein 3 bis 4 cm großes Köpfchen, ist von handförmig geteilten Tragblättern umgeben. Der zweilappige Kelch ist bauchig und filzig, die goldgelbe schmetterlingsblütige Krone etwa 1,5 cm lang. Die Frucht ist eine behaarte Hülse, welche 1 oder 2 glatte Samen enthält. Blütezeit: Juli und August.
Die Beschreibung bezieht sich auf die Subspezies *A. v. alpestris* (Kit.) Asch. & Gr.
Habitat: Wiesen und Weiden, auf kalkigem Substrat; bis 2500 m Seehöhe.
Ursprung und Verbreitung: In den Gebirgsregionen Mittel- und Südeuropas verbreitet, in den Alpen häufig.
Ähnliche Arten: Entsprechend der aktuellen Klassifizierung zählt die Subspezies ***Anthyllis vulneraria alpestris*** zu einer Gruppe von weiteren eng verwandten Unterarten mit ähnlichen morphologischen Charakteristika, die alle im Alpenraum beheimatet sind. Sie lassen sich meist nur schwer klassifizieren.

Visitenkarte

Deutscher Name
Wundklee, Gelber Klee, Bärenklee, Tannenklee

Wuchsform
aufrecht, krautig

Höhe
8 bis 15 cm

Blüten
gelb, in Köpfchen

Blütezeit
Juli und August

Habitat
Wiesen, Weiden

Coronilla varia

Morphologie: Diese krautige, ausdauernde, kahle, 30 bis 80 cm hohe Pflanze entwickelt niederliegende oder aufsteigende Stängel, die kantig, hohl und meist stark verzweigt sind. Die unteren Blätter sind kurz gestielt, die oberen sitzend. Die 15 bis 25 elliptischen Teilblättchen werden ca. 1 cm lang. Die 1 bis 1,5 cm langen, lang gestielten Blüten stehen in 10- bis 20-blütigen Dolden. Der mit kurzen Zähnchen versehene Kelch wird 2 bis 3 mm lang; die ca. 1 cm lange Krone besitzt eine rosa bis rötliche Fahne und eine violette Schiffchenspitze. Die Frucht ist eine viereckige Hülse von 3 bis 6 cm. Blütezeit: Juni bis August.
Habitat: Trockene Wiesen, sonnige, steinige Böschungen, Straßen- und Wegränder; bis 1200 m Seehöhe.

Ursprung und Verbreitung: Die Bunte Kronwicke ist in Mittel- und Südeuropa sowie in Westasien zerstreut anzutreffen.
Ähnliche Arten: ***Coronilla cretica*** L., eine ein- oder zweijährige Pflanze, unterscheidet sich von der Bunten Kronwicke hauptsächlich durch die lichtere Dolde (3 bis 6 Blüten) und die nur 4 bis 7 mm lange Krone.

Visitenkarte

Deutscher Name
Bunte Kronwicke

Wuchsform
krautig, aufsteigend

Höhe
30 bis 80 cm

Blüten
rosaviolett, in Dolden

Blütezeit
Juni bis August

Habitat
trockene Wiesen, steinige Böschungen, Wege

Lotus corniculatus

Visitenkarte

Deutscher Name
Gemeiner Hornklee, Gewöhnlicher Hornklee

Wuchsform
krautig, niederliegend

Höhe
10 bis 40 cm

Blüten
gelb, in Köpfchen

Blütezeit
Mai bis September

Habitat
Wiesen und Weiden, steiniges Gelände

Morphologie: Ausdauernde, 10 bis 40 cm hohe Pflanze mit dichtem Wurzelgeflecht und niederliegenden oder aufsteigenden, am Grund leicht verholzten Stängeln. Die Blätter sind unpaarig gefiedert, mit 5 verkehrt lanzettförmigen oder elliptischen Blättchen. Die beiden Grundblättchen sind meist kleiner und manchmal als Stipeln ausgebildet, die 3 obersten sind größer und annähernd eiförmig. Der Blütenstand ist ein Köpfchen, die Blüten, 2 bis 7, stehen gemeinsam an einem Stiel, der länger ist als die Blätter. Der Kelch ist 6 bis 7 mm lang und gleichförmig gezähnt, die Kelchzähne sind gleich lang wie die Kronröhre. Die Schmetterlingsblüte ist etwa 1 bis 1,5 cm lang, gelb, manchmal orangerot überlaufen, das Schiffchen rechtwinkelig aufsteigend. Die Frucht ist eine zylindrische braune oder rötliche Hülse. Blütezeit: Mai bis September.
Habitat: Wiesen, Weiden, trockene, steinige Böden und Äcker; bis 2000 m Seehöhe.
Ursprung und Verbreitung: Im europäischen Raum verbreitet, überaus häufig.
Ähnliche Arten: Entsprechend der aktuellen Klassifizierung zählt die beschriebene Spezies zur gleichnamigen Gruppe mit etwa 5 weiteren eng verwandten Arten. Auf feuchten Böden bis in 800 m Seehöhe findet man oft die größere und reicher blühende Art ***L. uliginosus*** Schkuhr. In höheren Lagen (1800 bis 2700 m) wächst die kleinere Art ***L. alpinus*** (DC) Schleicher mit Blütenköpfchen von 1 bis 3 Blüten, die meist bräunlich überlaufen sind. *Lotus corniculatus* könnte bisweilen auch mit ***Coronilla vaginalis*** Lam. verwechselt werden.

Der verbreitet vorkommende Gemeine Hornklee wird gelegentlich auch als Futterpflanze angebaut.

Coronilla emerus

Morphologie: Dieser 50 bis 200 cm hohe Halbstrauch entwickelt aufrechte, kantige Stängel, die holzig und meist stark verzweigt sind. Die gestielten, aus 5 bis 9 verkehrt eiförmigen, 1 bis 2 cm langen Teilblättchen bestehenden und unpaarig gefiederten Blätter weisen an der Basis kurze Stipeln auf. Die goldgelben Blüten stehen paarweise oder zu dritt in achselständigen, lang gestielten Dolden. Der ca. 4 mm lange Kelch besteht aus einer kurzen Röhre mit abgestutzten Zähnchen. Die Krone weist eine 1,5 bis 2 cm lange Fahne mit einem fast um 90 Grad zurückgebogenen Saum auf. Die Frucht ist eine hängende, zusammengedrückt zylindrische Hülse, die 5 bis 10 mm lang wird. Blütezeit: April und Mai.
Habitat: Sonnige Gebüsche, Wälder, Lichtungen; wärmeliebend; bis 1500 m Seehöhe.
Ursprung und Verbreitung: Die Strauchige Kronwicke ist in Mittel- und speziell in Südeuropa anzutreffen, dort jedoch nicht selten.

Visitenkarte

Deutscher Name
Strauchige Kronwicke

Wuchsform
halbstrauchartig, aufrecht

Höhe
50 bis 200 cm

Blüten
gelb, in Dolden

Blütezeit
April und Mai

Habitat
Gebüsche, Wälder, Lichtungen

Die in Mittel- und speziell in Südeuropa anzutreffende Strauchige Kronwicke entwickelt goldgelbe Blüten, deren Fahnen häufig einen roten Saum aufweisen.

Onobrychis viciaefolia

Visitenkarte

Deutscher Name
Futteresparsette, Saatesparsette

Wuchsform
krautig, aufsteigend

Höhe
30 bis 60 cm

Blüten
rosarot, in Trauben

Blütezeit
Mai bis Juli

Habitat
magere Wiesen, Wegränder, Böschungen

Morphologie: Ausdauernde, 30 bis 60 cm hohe, krautige Pflanze mit bogig aufsteigenden oder aufrechten Stängeln, die oft an der Basis verholzt und oben verzweigt sind. Die lang gestielten, unpaarig gefiederten Blätter setzen sich aus 13 bis 27 länglich eiförmigen Segmenten zusammen, die meist unterseits leicht behaart sind. Am Blattgrund befinden sich zwei lanzettförmige Stipeln. Die rosaroten Blüten stehen in dichten, pyramidenförmigen Trauben. Der behaarte Kelch ist etwa 5 bis 6 mm lang und weist lanzenförmige Zähnchen auf, die deutlich länger als die Kelchröhre sind; das Schiffchen der Krone ist etwa gleich lang wie die Fahne. Die Frucht ist eine halbrunde, etwa 6 bis 8 mm lange Hülse, die am Rücken einen Kamm aufweist und einen wollig stacheligen Überzug hat. Blütezeit: Mai bis Juli.

Habitat: Magere Wiesen, Wegränder, Böschungen; bis 2000 m Seehöhe.
Ursprung und Verbreitung: Die aus Südeuropa stammende Futteresparsette ist heute in fast ganz Europa verbreitet.
Synonyme: *Onobrychis viciifolia; Onobrychis sativa* Lam.

Oxalis acetosella

Visitenkarte

Deutscher Name
Waldsauerklee, Hainklee, Hasenklee

Wuchsform
krautig, aufrecht

Höhe
8 bis 15 cm

Blüten
weiß, einzeln

Blütezeit
Mai und Juni

Habitat
schattige Mischwälder

Morphologie: Diese krautige, ausdauernde, 8 bis 15 cm hohe Pflanze entwickelt ein zartes, kriechendes und verzweigtes Rhizom. Die Blätter, die von 5 bis 8 cm langen Stielen getragen werden, sind kleeähnlich, dreizählig mit verkehrt herzförmigen Teilblättchen, sie sind alle grundständig und werden etwa 2 cm lang. Die auf 5 bis 10 cm hohen Stielen stehenden Einzelblüten sind weiß mit feiner violetter Aderung. Die 5 Kelchblätter sind elliptisch und werden etwa 4 mm lang; die 5 Kronblätter sind spatelförmig und erreichen eine Länge von etwa 1 cm. Die Frucht ist eine ovale Kapsel, die sich zur Reifezeit öffnet und dabei die Samen weit hinausschleudert. Blütezeit: Mai und Juni.

Habitat: Humusreiche, schattige Mischwälder, etwas saure Böden; bis 2000 m Seehöhe.
Ursprung und Verbreitung: Der Waldsauerklee ist in den kühlen und gemäßigten Klimazonen Europas, Asiens und Nordamerikas beheimatet und dort häufig anzutreffen.

Oxalis pes-caprae

Morphologie: Krautige, ausdauernde, stammlose, 20 bis 40 cm hohe rhizombildende Pflanze mit unterirdischen Tochterknöllchen, aus denen sich alljährlich ein Spross entwickelt, der dann wiederum Tochterknöllchen bildet. Die in einer dichten Grundrosette stehenden Blätter stehen an bis zu 20 cm hohen Stielen und sind in drei verkehrt herzförmige, bis zu 2 cm lange Blättchen geteilt. Am Ende des behaarten, blattlosen Blütenschaftes steht eine Dolde aus 6 bis 12 Blüten, die als Knospe nickend, in erblühter Form aufrecht sind und etwa 2,5 cm lang werden. Der trichterförmige Kelch besteht aus 5 elliptischen, ca. 7 mm langen Sepalen, während die ebenfalls trichterförmige Krone sich aus 5 spatelförmigen, ca. 2 cm langen Petalen zusammensetzt, die leuchtend gelb gefärbt sind. Die Frucht ist eine eiförmige Kapsel, die sich in unserem Klima jedoch selten ausbildet. Die Pflanze vermehrt sich vorwiegend über ihre Tochterknollen. Blütezeit: November bis Mai.
Habitat: Unkrautfluren, Felder, Gärten; bis 600 m Seehöhe.
Ursprung und Verbreitung: Diese Spezies stammt ursprünglich aus Südafrika und ist heute im gesamten Mittelmeergebiet vor allem in den Küstengebieten anzutreffen.
Synonym: *Oxalis cernua* Thunb.

Visitenkarte

Deutscher Name
Nickender Sauerklee

Wuchsform
krautig, aufrecht

Höhe
20 bis 40 cm

Blüten
gelb,
in Dolden

Blütezeit
November bis Mai

Habitat
Unkrautfluren, Felder, Gärten

Geranium sylvaticum

Morphologie: Diese krautige, mehrjährige, 30 bis 60 cm hohe Pflanze entwickelt aufrechte, verzweigte, besonders im oberen Teil drüsig behaarte Stängel, die an den Knoten verdickt sind. Die 2 bis 3 cm lang gestielten Grundblätter sind handförmig gelappt und bestehen aus 7 bis 9 Lappen, die breit rhombisch geformt und am Rand eingeschnitten oder gesägt sind. Die Stängelblätter sehen ähnlich aus wie die Grundblätter, sind jedoch ungestielt. Am Blattgrund befinden sich 2 ovale oder lanzettliche Stipeln. Am Ende der Stängel stehen die Blütenstände mit je 2 rotvioletten Blüten. Die Kelchblätter sind behaart, zugespitzt und etwa 1 cm lang; die 5 Kronblätter sind verkehrt eiförmig, vorne leicht eingebuchtet und am Grund gewimpert. Blütezeit: Juni bis August.

Habitat: Feuchte, humusreiche Wälder, Fettwiesen, Hochstaudenfluren; bis 2300 m Seehöhe.
Ursprung und Verbreitung: Der Waldstorchschnabel ist in fast ganz Europa und weiten Teilen Asiens verbreitet.
Ähnliche Arten: ***Geranium rivulare*** Vill. ist kleiner als der Waldstorchschnabel, besitzt keine Drüsenhaare und trägt weiße Blüten.

Visitenkarte

Deutscher Name
Waldstorchschnabel

Wuchsform
krautig, aufrecht

Höhe
30 bis 60 cm

Blüten
rot- oder blauviolett,
in Dolden

Blütezeit
Juni bis August

Habitat
feuchte Wälder, Fettwiesen, Hochstaudenfluren

Geranium rotundifolium

Visitenkarte

Deutscher Name
Rundblättriger Storchschnabel

Wuchsform
krautig, aufsteigend

Höhe
10 bis 30 cm

Blüten
rosarot, Blütenstände mit paarigen Blüten

Blütezeit
Mai bis Oktober

Habitat
Unkrautfluren, Felder, Weinberge, Mauern

Morphologie: Einjährige oder zweijährige, krautige, 10 bis 30 cm hohe Pflanze mit niederliegendem oder aufsteigendem, rötlich überlaufenem Stängel, der dicht behaart und stark verzweigt ist. Die glanzlosen, kurz gestielten, weichhaarigen Blätter sind fingerförmig in 5 rundliche Lappen geteilt, die ihrerseits eingeschnitten bzw. dreigezähnt sind. Die kurz gestielten Blüten sind rosarot, gelegentlich auch weißlich gefärbt. Die behaarten Kelchblätter erreichen eine Länge von 1,5 mm; die 5 glattrandigen Kronblätter sind vorne abgerundet und etwa 4 mm lang. Die Frucht ist eine Achäne mit kurzem, bogigem Haken. Blütezeit: Mai bis Oktober.

Habitat: Unkrautfluren, Felder, Weinberge, Wegränder und Mauern; liebt trockene und sonnige Standorte; bis 1200 m Seehöhe.

Ursprung und Verbreitung: Der Rundblättrige Storchschnabel ist eine eurasiatische Art, die an geeigneten Standorten nicht selten anzutreffen ist.

Geranium robertianum

Visitenkarte

Deutscher Name
Ruprechts-storchschnabel, Ruprechtskraut, Stinkender Storchschnabel

Wuchsform
krautig, aufsteigend

Höhe
15 bis 50 cm

Blüten
rosa, in zweiblütigen Blütenständen

Blütezeit
Mai bis Oktober

Habitat
schattige Mauern, Schuttplätze, Ränder von Laub-, Misch- und Nadelwäldern

Morphologie: Diese krautige, ein- oder zweijährige, 15 bis 50 cm hohe Pflanze verströmt einen charakteristischen unangenehmen Geruch und entwickelt niederliegende oder aufsteigende rötliche Stängel, die dicht mit abstehenden Drüsenhaaren bedeckt sind. Die auf einem 5 bis 8 cm langen Stiel stehenden drei- bis fünfeckigen Blätter setzen sich aus 3 bis 5 Lappen zusammen, die ihrerseits eingeschnitten oder fiederspaltig sind. Die kurz gestielten Blüten treten meist paarweise oder in wenigblütigen Trauben auf. Die behaarten Kelchblätter sind 6 bis 8 mm lang. Die 5 rosaroten Kronblätter sind glattrandig, vorne abgerundet und werden zwischen 9 und 13 mm lang. Die Frucht ist eine leicht behaarte Achäne mit etwa 1,5 cm langem Haken. Blütezeit: Mai bis Oktober.

Habitat: Schattige Mauern, Schuttplätze, Ränder von Laub-, Misch- und Nadelwäldern; bis 1600 m Seehöhe.

Ursprung und Verbreitung: Der Ruprechtsstorchschnabel ist in weiten Teilen der Erde verbreitet; in Europa ist er häufig anzutreffen.

Erodium cicutarium

Morphologie: Diese krautige, einjährige, gelegentlich auch zwei- oder mehrjährige Pflanze von 10 bis 40 cm Höhe entwickelt ein dichtes Wurzelgeflecht und niederliegende oder aufsteigende, rauhaarige Stängel, die meist reich verzweigt sind. Die lang gestielten Blätter sind etwa 3 bis 5 cm lang und in 9 bis 11 ovale Fiedern unterteilt, die nochmals geteilt sind und mit schmalen, spitzen Zipfeln enden. Am Blattgrund sitzen 2 spitze Stipeln. Der Blütenstand ist eine lang gestielte Dolde aus 2 bis 9 rosa- oder lilafarbenen Blüten. Die behaarten Kelchblätter sind 5 bis 6 mm lang und oval lanzettfömig; die 5 glattrandigen Kronblätter sind etwa 7 mm lang und außen abgerundet und an dert Basis behaart. Die Frucht zeigt zur Reifezeit eine Schnabelform und zerfällt in 5 korkzieherartige Teilfrüchte. Blütezeit: April bis September.

Habitat: Trockene Wege, Unkrautfluren, Weinberge, oft auf unbebautem Boden; bis 1300 m Seehöhe.

Ursprung und Verbreitung: Der Gewöhnliche Reiherschnabel stammt wahrscheinlich aus dem Mittelmeergebiet und ist heute in Europa ziemlich häufig anzutreffen.

Visitenkarte

Deutscher Name
Gewöhnlicher Reiherschnabel, Schierlingsreiherschnabel, Gemeiner Reiherschnabel

Wuchsform
krautig, aufsteigend bis niederliegend

Höhe
10 bis 40 cm

Blüten
rosa oder lila, in Dolden

Blütezeit
April bis September

Habitat
trockene Wege, Unkrautfluren, Weinberge

Linum tenuifolium

Morphologie: Dieser buschige Halbstrauch von 20 bis 40 cm Höhe entwickelt aufsteigende, an der Basis verholzende Stängel, die im oberen Teil verzweigt sind. Die glatten, 1 bis 2 cm langen Blätter sind linealisch oder fadenförmig geformt, nur 1 bis 2 mm breit, mit nur einem einzigen zentralen Längsnerv und haben zurückgebogene Ränder. Die nichtblühenden (sterilen) Stängel sind im unteren Teil dicht belaubt, während die blühenden nur wenige, weit auseinander stehende Blätter tragen. Die bläulich weißen oder rosafarbenen Blüten stehen in lockeren, wenigblütigen Dolden. Der Kelch besteht aus 5 Sepalen, die etwa 6 mm lang, lanzettlich geformt und am Rand drüsig behaart sind, sowie nur eine zentrale Ader aufweisen. Die Krone setzt sich aus 5 spatelförmigen Petalen zusammen die zwei- bis dreimal so lang sind, wie die Kelchblätter. Die Frucht ist eine halbkugelige Kapsel, die kürzer als der Kelch ist. Blütezeit: Mai bis September.

Habitat: Böschungen, steinige Böden, Kalkmagerrasen; wärmeliebend; bis 1500 m Seehöhe.

Ursprung und Verbreitung: Der Zarte Lein ist vor allem in Südeuropa häufig anzutreffen.

Ähnliche Arten: ***Linum suffruticosum*** L. unterscheidet sich vom Zarten Lein durch die dreinervigen Kelchblätter und die am Grund dunkleren Kronblätter, die drei- bis viermal so lang wie die Kelchblätter sind.

Visitenkarte

Deutscher Name
Zarter Lein

Wuchsform
Halbstrauch

Höhe
20 bis 40 cm

Blüten
bläulich weiß bis rosa, in Dolden

Blütezeit
Mai bis September

Habitat
Kalkmagerrasen

Mercurialis annua

Visitenkarte

Deutscher Name
Einjähriges Bingelkraut, Schuttbingelkraut

Wuchsform
krautig, aufrecht

Höhe
10 bis 40 cm

Blüten
gelblich grün, in Knäueln bzw. Ähren

Blütezeit
Juni bis Oktober

Habitat
Äcker, Wege, Schuttplätze, Weinberge

Morphologie: Diese krautige, einjährige, zweihäusige, 10 bis 40 cm hohe Pflanze entwickelt aufrechte, kahle, vierkantige Stängel, die reich verzweigt sind. Die sehr kurz gestielten, gegenständigen Blätter sind länglich oval geformt, 2 bis 5 cm lang und am Rand stumpf gesägt. Die gelblich grünen, eingeschlechtigen Blüten entwickeln sich auf verschiedenen Pflanzen; während die Blüten der männlichen Pflanze vielblütige, länglich ährige Knäuel bilden, stehen die weiblichen in sehr kurz gestielten, blattachselständigen Knäueln. Die Frucht ist eine kleine behaarte Kapsel. Blütezeit: Juni bis Oktober.

Habitat: Äcker, Wege, Schuttplätze, Weinberge, Gärten; bis 1300 m Seehöhe.

Ursprung und Verbreitung: Das Einjährige Bingelkraut stammt ursprünglich aus Südeuropa, ist aber heute in fast ganz Europa verbreitet.

Ähnliche Arten: ***Mercurialis ambigua*** L. fil. unterscheidet sich von der oben beschriebenen Art dadurch, dass sie einhäusig ist, d. h., die männlichen und weiblichen Blüten sitzen gemeinsam auf einer Pflanze.

Euphorbia dulcis

Visitenkarte

Deutscher Name
Süße Wolfsmilch

Wuchsform
krautig, aufrecht

Höhe
20 bis 50 cm

Blüten
gelbgrün, in Dolden

Blütezeit
April bis Juni

Habitat
Laubwälder, Mischwälder, Hecken

Morphologie: Krautige, mehrjährige, 20 bis 50 cm hohe Pflanze mit rhizomatösen Wurzeln und aufrechten oder aufsteigenden, zylindrischen, leicht behaarten Stängeln. Die sitzenden oder kurz gestielten, wechselständigen Blätter sind verkehrt lanzettlich oder elliptisch geformt, 2 bis 4 cm lang und am Rand glatt oder fein gezähnt. Der Blütenstand, eine dichotom verzweigte, meist drei- bis vierteilige Dolde, ist von 2 dreieckigen Hochblättern und einem Involucrum (Hüllbecher) umgeben, welches anfangs gelbgrün, später rotbraun gefärbt ist. Die Frucht ist eine 2 bis 3 mm breite dreifurchige Kapsel, die mit halbkugeligen Warzen bedeckt ist. Die gesamte Pflanze enthält einen weißen, giftigen Milchsaft. Blütezeit: April bis Juni.

Habitat: Laubwälder, Mischwälder, Hecken, auf kalkhältigen Böden; bis 1800 m Seehöhe.

Ursprung und Verbreitung: Die Süße Wolfsmilch ist in Mittel- und Südeuropa zerstreut anzutreffen; ihr Verbreitungsgebiet reicht südlich bis Mittelitalien und auf den Balkan.

Euphorbia helioscopia

Morphologie: Krautige, einjährige, 10 bis 40 cm hohe Pflanze mit aufrechten oder aufsteigenden, an der Basis verzweigten, meist im oberen Teil behaarten Stängeln. Die wechselständigen Blätter sind 1 bis 2,5 cm lang, verkehrt eiförmig bis keilförmig und an der Spitze fein gezähnt. Der Blütenstand ist eine fünfstrahlige Trugdolde, wobei jede der Blüten von gelbgrünen verkehrt eiförmigen Hochblättern umgeben und von einem drüsigen, gelblich weißen, rundlich ovalen Hüllbecher (Involucrum) umhüllt ist. Die Frucht ist eine glatte, tief dreigefurchte kugelige, grünliche oder rötliche Kapsel von 3 mm Länge, die winzige raue, eiförmige Samen enthält. Die gesamte Pflanze enthält einen weißen, giftigen Milchsaft. Blütezeit: April bis November.
Habitat: Unkrautbestände auf Äckern, in Gärten und Weinbergen; Schuttplätze; bis 1200 m Seehöhe.
Ursprung und Verbreitung: Die Sonnwendwolfsmilch ist in ganz Europa häufig anzutreffen.

Visitenkarte

Deutscher Name
Sonnwend-wolfsmilch

Wuchsform
krautig, aufrecht

Höhe
10 bis 40 cm

Blüten
gelbgrün, in Trugdolden

Blütezeit
April bis November

Habitat
Äcker, Gärten, Weinberge, Schuttplätze

Euphorbia cyparissias

Morphologie: Diese krautige, mehrjährige, 15 bis 35 cm hohe, Ausläufer bildende Pflanze mit rhizomatösen Wurzeln entwickelt aufrechte, dicht belaubte Stängel, die im oberen Teil einfach oder verzweigt sein können. Die dicht stehenden wechselständigen, hellgrünen Blätter sind schmal lineal und 1 bis 2 cm lang, wobei die nichtblühenden Triebe fast seidenartig beblättert sind. Die Trugdolde ist 9- bis 15-strahlig. Jede der Scheinblüten ist mit ovalen bis nierenförmigen, hellgelben Hochblättern umgeben, die zur Reifezeit rot werden. Das Involucrum (Blütenhülle) trägt halbmondförmige, zweihörnige Drüsen. Die Frucht ist eine halbkugelige, dreifurchige Kapsel von 3 mm Länge, die winzige grauweiße ovale Samen enthält. Die ganze Pflanze enthält einen weißen, giftigen Milchsaft. Blütezeit: April bis Juni.
Habitat: Trockenrasen, Brachen, Wege, Böschungen; bis 1500 m Seehöhe.
Ursprung und Verbreitung: Die Zypressenwolfsmilch ist in Mittel- und Südeuropa beheimatet und nicht selten anzutreffen.

Visitenkarte

Deutscher Name
Zypressen-wolfsmilch

Wuchsform
krautig, aufrecht

Höhe
15 bis 35 cm

Blüten
gelbgrün, in Trugdolden

Blütezeit
April bis Juni

Habitat
Trockenrasen, Brachen, Wege, Böschungen

Dictamnus albus

Morphologie: Dieser duftende, 60 bis 120 cm hohe Halbstrauch entwickelt unverzweigte, aufrechte Stängel, die an der Basis verholzt und im oberen Teil drüsig behaart sind. Die unteren Blätter sind meist einfach und verkehrt eiförmig, die oberen sind hingegen unpaarig gefiedert und bestehen aus 7 bis 11 oval lanzettlichen Teilblättchen von 2 bis 6 cm Länge, die am Rand gesägt sind. Die zweiseitig symmetrischen (zygomorphen) Blüten stehen in großen endständigen Trauben und verströmen einen starken, angenehmen Duft. Der Kelch besteht aus 5 lanzettlichen Kelchblättern von 2 bis 6 mm Länge; die Krone setzt sich aus 5 lanzettlich spatelförmigen Kronblättern von 2 bis 3 cm Länge zusammen, die rosa gefärbt und rotviolett geädert sind. Meist sind die 4 oberen Kronblätter aufgerichtet, während das unterste nach unten gebogen ist. Die Frucht ist eine etwa 1 cm breite, sternförmige Kapsel, die nach der Reife aufspringt und dabei die Samen weit verbreitet. Blütezeit: Mai und Juni.

Habitat: Sonnige, steinige Hänge, trockenes Gebüsch, Waldlichtungen; kalkliebend; bis 800 m Seehöhe.

Ursprung und Verbreitung: Der Diptam ist in Mittel- und Südeuropa beheimatet, aber mittlerweile leider nur mehr selten anzutreffen.

Visitenkarte

Deutscher Name
Diptam,
Weißer Diptam

Wuchsform
Halbstrauch,
aufrecht

Höhe
60 bis 120 cm

Blüten
weiß bis rosa,
in Trauben

Blütezeit
Mai und Juni

Habitat
sonnige, steinige Hänge, Gebüsch, Lichtungen

Der Diptam entwickelt beim Zerreiben der Blätter einen aromatischen Duft nach Zitrone. Er enthält ätherische Öle, die an heißen Tagen so stark verdunsten können, dass man sie entzünden kann. Daher ist der Diptam auch als »Brennender Busch« bekannt.

Impatiens glandulifera

Morphologie: Diese krautige, einjährige, 50 bis 200 cm hohe, kahle Pflanze entwickelt aufrechte, hohle und fleischige, oft rot überlaufene Stängel, die an den Knoten verdickt sind. Die gegen- bzw. quirlständigen, gestielten Blätter sind oval lanzettförmig, 18 bis 20 cm lang und zugespitzt, wobei der Blattrand scharf gezähnt ist. An den Zähnen und am Blattstiel befinden sich gestielte Drüsen. Der Blütenstand ist eine Traube mit 5 bis 12 zygomorphen Blüten von 3 bis 4 cm Länge. Die Kronblätter sowie die Kelchblätter, die ebenfalls ein kronblattähnliches Aussehen haben, sind rosaviolett gefärbt, gelegentlich auch weißlich rosa. Das untere Kelchblatt ist zu einem kurzen konischen Sporn verlängert, der nach unten gekrümmt ist.

Die Frucht ist eine behaarte Kapsel von 2 bis 2,5 cm Länge, die sich zur Reifezeit explosionsartig öffnet und dabei die Samen weit hinausschleudert. Blütezeit: Juli und August.

Habitat: Ufer, Auwälder, Schuttplätze, schattige, feuchte Standorte, Gärten; bis 1000 m Seehöhe.

Ursprung und Verbreitung: Das ursprünglich aus Ostindien stammende Drüsige Springkraut ist heute in unseren Breiten eingebürgert. Es kommt sowohl als Zierpflanze als auch verwildert vor, wobei es sich ständig weiter ausbreitet.

Synonym: *Impatiens roylei* Walpers.

Ähnliche Arten: ***Impatiens balfourii*** (Balfours Springkraut).

Visitenkarte

Deutscher Name
Drüsiges Springkraut, Indisches Springkraut

Wuchsform
krautig, aufrecht

Höhe
50 bis 200 cm

Blüten
rosaviolett, in Trauben

Blütezeit
Juli und August

Habitat
Ufer, Auwälder, Schuttplätze

Malva sylvestris

Morphologie: Diese krautige, mehrjährige, manchmal auch ein- oder zweijährige, 40 bis 120 cm hohe strauchförmige Pflanze entwickelt aufrechte oder aufsteigende Stängel, die an der Basis verholzt und stark verzweigt sind. Die lang gestielten, an der Basis herzförmigen Blätter sind handförmig gelappt, 2 bis 4 cm breit und weisen 5 bis 7 randlich gesägte, abgerundete Lappen auf. Die gestielten, rosavioletten Blüten zeigen eine deutlich dunklere Streifung und stehen einzeln oder paarweise in den Achseln der oberen Blätter. Der Kelch besteht aus einem Wirtel von 5 inneren und einem Wirtel von 2 bis 3 äußeren Kelchblättern, Letztere sind leicht filzig. Die Krone setzt sich aus 5 ca. 2 cm langen, verkehrt herzförmig spateligen Kronblättern zusammen, die außen zweilappig enden. Die Früchte sind Achänen, die leicht behaart sind und eine abgeflachte Scheibe bilden. Blütezeit: Juni bis September.

Habitat: Wege, trockene Wälder, Schuttplätze, Bahndämme, trockene Ruderalstellen; bis 1600 m Seehöhe.

Ursprung und Verbreitung: Die in Eurasien heimische Wilde Malve ist in ganz Europa anzutreffen.

Ähnliche Arten: ***Malva nicaeensis*** All. kommt an denselben Standorten vor und unterscheidet sich von der Wilden Malve durch die kleineren, weißlich blauen Blüten, die keine Zeichnung aufweisen.

Visitenkarte

Deutscher Name
Wilde Malve, Große Käsepappel

Wuchsform
krautig, aufrecht

Höhe
40 bis 120 cm

Blüten
rosaviolett, einzeln

Blütezeit
Juni bis September

Habitat
Wege, Brachen, Wälder, Schuttplätze, Bahndämme

Polygala vulgaris

Visitenkarte

Deutscher Name
Gewöhnliche Kreuzblume, Gemeines Kreuzblümchen

Wuchsform
krautig, buschig

Höhe
10 bis 30 cm

Blüten
blauviolett

Blütezeit
Mai bis August

Habitat
trockene Wiesen, Heiden, Wegränder

Morphologie: Diese krautige, buschige, mehrjährige, kahle oder leicht behaarte Pflanze von 10 bis 30 cm Höhe entwickelt niederliegende oder aufsteigende, an der Basis verholzende und verzweigte Stängel. Die wechselständigen, 1 bis 2 cm langen Blätter sind glattrandig, linealisch und am Ende zugespitzt. Der Blütenstand ist eine endständige Traube aus 10 bis 40 blauvioletten Blüten. Die zygomorphe (zweiseitig symmetrische), schmetterlingsblütenartige Blüte besteht aus zwei verkehrt eiförmigen Sepalen von 4 bis 7 mm Länge, welche die »Flügel« darstellen. Der Kronensaum des unteren Kronblattes ist leicht ausgefranst. Die Frucht ist eine seitlich zusammengedrückte Kapsel. Blütezeit: Mai bis August.
Habitat: Trockene Wiesen, Heiden, Wegränder, vor allem auf saurem Substrat; bis 2000 m Seehöhe.
Ursprung und Verbreitung: Das aus dem eurasischen Raum stammende Gewöhnliche Kreuzblümchen ist in Mitteleuropa häufig anzutreffen.

Impatiens noli-tangere

Visitenkarte

Deutscher Name
Echtes Springkraut, Rührmichnichtan

Wuchsform
krautig, aufrecht

Höhe
30 bis 80 cm

Blüten
goldgelb, in Trauben

Blütezeit
Juli und August

Habitat
Auwälder, feuchte Laubwälder

Morphologie: Diese krautige, einjährige, kahle, 30 bis 80 cm hohe Pflanze entwickelt aufrechte, hohle, schlanke Stängel, die an den Knoten verdickt sind. Die an 1 bis 3 cm langen Stielen stehenden, wechselständigen Blätter mit eiförmig lanzettlicher Spreite werden 4 bis 7 cm lang, wobei deren Rand stumpf gezähnt ist. Der Blütenstand, eine achselständige Traube, besteht aus 2 bis 6 zygomorphen, 2 bis 3,5 cm langen Blüten. Die Kronblätter sind goldgelb gefärbt und innen mit roten Punkten versehen. Das hintere Kelchblatt ist zu einem gekrümmten Sporn verlängert. Die Frucht ist eine hängende, spindelförmige fünfklappige Kapsel von 1,5 bis 2,5 cm Länge, die zur Reifezeit bei Berührung explosionsartig aufspringt und dabei die Samen weit wegschleudert. Blütezeit: Juli und August.

Habitat: Auwälder, feuchte Laubwälder; schattige Standorte; von 300 bis 1500 m Seehöhe.
Ursprung und Verbreitung: Das in Eurasien beheimatete Echte Springkraut ist in fast ganz Europa häufig anzutreffen. Im Süden ist es bis Mittelitalien verbreitet.
Ähnliche Arten: *Impatiens parviflora* DC. (Kleinblütiges Springkraut) unterscheidet sich vom Echten Springkraut durch die kleineren Blüten (6 bis 18 mm lang), den geraden Sporn sowie die aufrechte, nicht hängende keulenförmige Fruchtkapsel.

Althaea officinalis

Morphologie: Diese krautige, buschige, mehrjährige, 50 bis 120 cm hohe Pflanze entwickelt aufrechte, graufilzige Stängel, die einfach oder etwas verzweigt sind. Die dicht behaarten, fast samtigen Blätter stehen auf 1 bis 3 cm langen Stielen, sind drei- bis fünflappig, etwa 6 bis 10 cm breit und am Rand gezähnt. Die gestielten, rötlich violetten Blüten zeigen dunklere Streifenzeichnung und stehen einzeln oder zu zweien in der Blattachsel der oberen Blätter. Der Kelch besteht aus einem Quirl von 5 inneren und einem weiteren von 5 bis 13 äußeren Sepalen; Erstere sind oval, Letztere lineal lanzettlich geformt. Die Krone setzt sich aus 5 verkehrt eiförmigen, etwa 1,5 bis 2 cm langen und am Ende ausgerandeten Petalen zusammen. Die Früchte sind dorsal leicht behaarte Achänen, die eine abgeflachte Scheibe bilden. Blütezeit: Juni bis September.

Habitat: Feuchte Gräben, Brachland; bis 1200 m Seehöhe.

Ursprung und Verbreitung: Der in Eurasien beheimatete Echte Eibisch ist eine beliebte Arzneipflanze und ist mittlerweile in weiten Teilen der Welt verbreitet.

Visitenkarte

Deutscher Name
Echter Eibisch, Weiße Malve

Wuchsform
krautig, aufrecht

Höhe
50 bis 120 cm

Blüten
rötlich violett, einzeln oder zu zweien

Blütezeit
Juni bis September

Habitat
feuchte Gräben, Brachland

Viola canina

Morphologie: Diese krautige, mehrjährige, kahle, 5 bis 15 cm hohe, rhizombildende Pflanze entwickelt aufrechte oder aufsteigende Stängel, die einfach oder verzweigt sein können. Die lang gestielten, derben Blätter sind oval lanzettlich geformt mit herzförmigem Grund. An der Blattbasis befinden sich zwei lanzettlich linealische Stipeln, die gezähnt oder ausgefranst sind. Die geruchlosen, etwa 1,5 bis 2,5 cm breiten Blüten stehen einzeln an langen Stängeln und sind blauviolett gefärbt. Die Kelchblätter sind scharf zugespitzt; die 5 Kronblätter sind ungleich lang, wobei das unterste mit einem feinen geraden Sporn versehen ist, der gelb oder grünlich gefärbt ist. Die Frucht ist eine meist glatte, verlängert eiförmige Kapsel. Blütezeit: April bis Juni.

Habitat: Trockenrasen, Magerweiden, Waldränder, Gebüsch auf sandigen, kalkarmen Böden; bis 2200 m Seehöhe.

Ursprung und Verbreitung: Das Hundsveilchen ist nahezu im gesamten eurasischen Raum recht häufig anzutreffen.

Visitenkarte

Deutscher Name
Hundsveilchen

Wuchsform
krautig, aufrecht

Höhe
5 bis 15 cm

Blüten
blauviolett, einzeln

Blütezeit
April bis Juni

Habitat
Trockenrasen, Gebüsch- und Waldränder, sandige, kalkarme Böden

Viola odorata

Visitenkarte

Deutscher Name
Wohlriechendes Veilchen, Märzveilchen

Wuchsform
krautig, buschig

Höhe
5 bis 10 cm

Blüten
dunkelviolett, selten weiß oder rosa, einzeln

Blütezeit
März und April

Habitat
Wiesen, Waldränder, Gebüsche, Wege

Morphologie: Diese krautige, mehrjährige, behaarte, 5 bis 10 cm hohe Pflanze entwickelt feine, oberirdisch kriechende und wurzelnde Ausläufer, die erst im zweiten Jahr Blüten tragen. Die langstieligen, in einer grundständigen Rosette stehenden Blätter sind rundlich bis nierenförmig und am Rand gekerbt. Am Blattgrund zeigen sich drüsige, eiförmige Stipeln. Die 1 bis 2,5 cm breiten Blüten sitzen endständig auf langen Stielen und verströmen einen angenehmen Duft. Der Kelch besteht aus 5 ovalen Kelchblättern; die zygomorphe Krone setzt sich aus 5 ungleich langen, dunkelvioletten, seltener auch weiß oder rosa gefärbten Kronblättern zusammen. Der Sporn ist gleichfarbig, gerade und ca. 6 mm lang. Die Frucht ist eine halbkugelige Kapsel mit leicht behaarter Oberfläche. Blütezeit: März und April.
Habitat: Waldränder, Wiesen und trockene Gebüsche, Wegränder; bis 1200 m Seehöhe.
Ursprung und Verbreitung: Das Wohlriechende Veilchen stammt aus Südeuropa, ist heute aber in fast ganz Europa verbreitet.

Das Wohlriechende Veilchen ist meist dunkelviolett gefärbt, seltener (oben) auch weiß, und liebt stickstoffhaltige Böden.

Viola tricolor

Morphologie: Diese ein-, zwei-, oder mehrjährige, 10 bis 40 cm hohe Pflanze entwickelt aufrechte oder aufsteigende, verzweigte Stängel, die kahl oder leicht behaart sind. Die Blätter der Grundrosette haben eine eiförmige oder rundliche Spreite, die am Rand gesägt ist, während die Stängelblätter linealisch oder lanzettlich geformt sind. Die Stipeln bzw. Nebenblätter sind gefingert und weisen einen lanzettlichen Mittellappen auf. Die zygomorphen Blüten sind 1 bis 2,5 cm breit und stehen einzeln an langen Stielen. Sie können violett, weiß, gelb oder auch dreifarbig sein. Der Kelch zeigt lanzettliche Sepalen; die Krone besitzt 5 ungleich lange Petalen, das unterste mit einem Sporn von 3 bis 6 mm Länge. Blütezeit: Mai bis Oktober.
Habitat: Äcker, Gärten, Wegränder, Wiesen; bis 2100 m Seehöhe.
Ursprung und Verbreitung: Das Wilde Stiefmütterchen ist in Europa und Asien weit verbreitet und häufig.
Unterarten: Im Gebirge trifft man die Unterart ***Viola tricolor subalpina*** Gaudin, die zwei- oder mehrjährig ist und duftende Blüten hervorbringt. In tieferen Lagen findet man die einjährige Unterart ***V. t. tricolor,*** welche kleinere und geruchlose Blüten besitzt.

Visitenkarte

Deutscher Name
Wildes Stiefmütterchen, Ackerveilchen

Wuchsform
krautig, buschig

Höhe
10 bis 40 cm

Blüten
violett, weiß und gelb oder gemischt, einzeln

Blütezeit
Mai bis Oktober

Habitat
Äcker, Gärten, Wegränder, Wiesen

Die Blüten des Wilden Stiefmütterchens sind sehr variabel: Neben dunkelviolett, weiß und gelb können sie auch dreifarbig auftreten.
Oben: Die in höheren Lagen anzutreffende Unterart Viola tricolor subalpina.

Helianthemum nummularium

Visitenkarte

Deutscher Name
Gemeines Sonnenröschen, Gewöhnliches Sonnenröschen

Wuchsform
Halbstrauch, buschig

Höhe
20 bis 40 cm

Blüten
gelb oder rot, in Trugdolden

Blütezeit
Mai bis August

Habitat
Trockenrasen, steinige Böden

Morphologie: Buschig wachsender Halbstrauch von 20 bis 40 cm Höhe mit aufsteigenden, verholzten, am Grund rauen und behaarten Sprossen. Die Blätter sind schmal eiförmig bis linealisch, gewöhnlich oberseits graugrün und unterseits weiß filzig mit leicht umgerolltem Rand und weisen Nebenblätter auf. Die größeren Blätter sind 2 bis 3,4 cm lang, mit 2 bis 4 mm langem Stiel. Der Blütenstand, eine Trugdolde, trägt 4 bis 7 Blüten an leicht gekrümmten Stielen. Die Krone besteht aus 5 verkehrt herzförmigen bis spatelförmigen, gelben bzw. mehr oder weniger rosafarbenen, selten jedoch weißen Kronblättern. Blütezeit: Mai bis August.
Habitat: Trockenrasen, steinige Böden, vorzugsweise auf kalkreichem Substrat; bis 2500 m Seehöhe.
Ursprung und Verbreitung: In großen Teilen Europas, im Kaukasus sowie in den Alpen verbreitet.
Synonyme: *Helianthemum chamaecistus* Miller; *H. vulgare* Gärtner.
Subspezies: Von *H. nummularium* wurden mehrere Subspezies beschrieben, die sich hauptsächlich durch die Behaarung der Blätter sowie durch die Größe und Farbe der Blüten unterscheiden. Ein Beispiel dafür ist ***Helianthemum nummularium grandiflorum*** (Scop.) Sch. und Th. mit großen Blüten aus gelben, 12 bis 15 mm langen Kronblättern und beiderseits behaarten Blättern.

Lythrum salicaria

Morphologie: Diese krautige, mehrjährige, 50 bis 120 cm hohe Pflanze besitzt ein robustes Rhizom und entwickelt aufrechte, vierkantige, besonders unten abstehend behaarte Stängel, die einfach oder locker verzweigt sein können. Die sitzenden, lanzettförmigen, am Grund abgerundeten Blätter sind gekreuzt gegenständig, gelegentlich auch quirlständig, und erreichen eine Länge von 4 bis 7 cm. Die achselständig an kleinen Hochblättern sitzenden rosa bis rosavioletten Blüten sind quirlig in einer endständigen langen Ähre angeordnet. Der röhrig glockenförmige Kelch ist purpurrot gefärbt und mit abwechselnd kurzen und langen Zähnchen ausgestattet. Die Krone setzt sich aus 6 lanzettförmigen Petalen zusammen. Die Frucht ist eine eiförmige Kapsel. Blütezeit: Juni bis September.
Habitat: Ufer, Feucht- und Nasswiesen, Moore; bis 1200 m Seehöhe.
Ursprung und Verbreitung: Den Blutweiderich trifft man in fast ganz Europa an geeigneten Standorten häufig an.
Ähnliche Arten: Die viel seltenere Art ***Lythrum virgatum*** L. (Rutenweiderich) unterscheidet sich vom Blutweiderich durch verschmälerte, nicht abgerundete und viel dichter stehende Blätter und den Umstand, dass die Kelchzähne alle gleich lang sind. Darüber hinaus ist die ganze Pflanze kleiner.

Visitenkarte

Deutscher Name
Blutweiderich

Wuchsform
krautig, aufrecht

Höhe
50 bis 120 cm

Blüten
rosa bis rotviolett, in Ähren

Blütezeit
Juni bis September

Habitat
Ufer, Nasswiesen, Moore

Die leuchtendroten Blütenkerzen des Blutweiderichs trifft man vor allem auf feuchten Wiesen, aber auch an Ufern und entlang von Gräben. Der Name Weiderich bezieht sich auf die weidenblattartigen Blätter.

Oenothera biennis

Visitenkarte

Deutscher Name
Gewöhnliche Nachtkerze, Gemeine Nachtkerze

Wuchsform
krautig, aufrecht

Höhe
50 bis 100 cm

Blüten
gelb, in Trauben

Blütezeit
Juni bis August

Habitat
Bahndämme, Schuttplätze, Böschungen

Morphologie: Diese krautige, zweijährige, 50 bis 100 cm hohe Pflanze entwickelt aufrechte, meist auch unverzweigte Stängel. Die gegenständigen, 15 bis 20 cm langen Blätter sind lanzettförmig, am Ende scharf zugespitzt und am Rand unregelmäßig gezähnt. Die glatte oder leicht behaarte Blattoberfläche weist eine rötliche Nervatur auf. Die zitronengelben Blüten stehen achselständig an Hochblättern in einer endständigen, dichten Traube. Die reguläre Krone setzt sich aus 4 spateligen Petalen von 2 bis 5 cm Länge zusammen. Die Frucht ist eine keulenförmige Kapsel mit einer Länge von 2,5 bis 3,5 cm. Blütezeit: Juni bis August.
Habitat: Bahndämme, Schuttplätze, Böschungen, sandige, trockene Plätze; bis 1200 m Seehöhe.
Ursprung und Verbreitung: Die ursprünglich aus Nordamerika stammende Gewöhnliche Nachtkerze ist heute nahezu weltweit verbreitet.

Sanicula europaea

Visitenkarte

Deutscher Name
Waldsanikel

Wuchsform
krautig, aufrecht

Höhe
20 bis 50 cm

Blüten
weiß, in Köpfchen tragenden Dolden

Blütezeit
Mai bis Juli

Habitat
Laub- und Mischwälder

Morphologie: Diese krautige, mehrjährige, 20 bis 50 cm hohe Pflanze entwickelt aufrechte, kahle, an der Basis verholzende Stängel, die einfach oder wenig verzweigt sein können. Die auf 8 bis 15 cm langen Stielen stehenden, glänzenden Grundblätter haben eine abgerundet fünfeckige, etwa 4 bis 7 cm breite Spreite, die handförmig bis zur Basis in 5 keilförmige, lappig gezähnte, verkehrt eiförmige Abschnitte geteilt ist, Die oberen, fast stiellosen Stängelblätter sind eher spärlich und werden nach oben hin allmählich kleiner. Der Blütenstand ist eine schirmförmige Dolde, die aus mehreren weißen, blassrosa oder gelblichen Blütenköpfchen besteht. An der Basis des Blütenstandes befindet sich ein Involucrum aus 4 bis 8 linealischen, spitz endenden Hüllblättchen. Die eiförmig kugelige Frucht, eine Achäne, ist dicht mit hakigen Stacheln besetzt. Blütezeit: Mai bis Juli.
Habitat: Laubwälder (vor allem Eichen- und Buchenwälder), Mischwälder; von 500 bis 1500 m Seehöhe (seltener bis 1700 m).
Ursprung und Verbreitung: Diese aus dem eurasischen Raum stammende Spezies ist in fast ganz Europa ziemlich häufig anzutreffen.

Eryngium campestre

Morphologie: Diese krautige, mehrjährige, 15 bis 50 cm hohe, sparrig ästige, stachelige Pflanze entwickelt einen aufrechten, kahlen, fein gefurchten, an der Basis verholzten Stängel, der im oberen Drittel reich verzweigt ist. Die kurz gestielten, lederigen Grundblätter sind 9 bis 10 cm lang und handförmig in drei Teilfiedern geteilt, die ihrerseits in randlich stachelige und gezähnte Segmente unterteilt sind. Die oberen, weißlich grünen Blätter sind kleiner, sitzend und stängelumfassend mit zwei stacheligen Öhrchen an der Basis. Der weißlich grüne Blütenstand ist eine 4 bis 6 cm lange, fast kugelige Dolde mit 3 bis 4 linealischen, stachelig gezähnten Hüllblättern von 2 bis 3 cm Länge. Die Frucht ist eine eiförmige, dicht mit Stacheln besetzte Achäne. Blütezeit: Juli bis September.

Habitat: Trockenrasen, Wegränder, trockene, steinige, sonnige Standorte; bis 1500 m Seehöhe.

Ursprung und Verbreitung: Der Feldmannstreu ist vor allem in Südeuropa beheimatet, ist aber leider nur mehr selten anzutreffen.

Visitenkarte

Deutscher Name
Feldmannstreu, Brachdistel

Wuchsform
krautig, aufrecht

Höhe
15 bis 50 cm

Blüten
weißlich grün, in Köpfchen

Blütezeit
Juli bis September

Habitat
Trockenrasen, Wegränder, trockene, steinige, sonnige Standorte

Anthriscus sylvestris

Morphologie: Diese krautige, mehrjährige, bisweilen auch zweijährige Pflanze von 50 bis 130 cm Höhe entwickelt einen scharfen, aromatischen Geruch. Die gerieften Stängel stehen aufrecht, sind hohl und im oberen Teil meist verzweigt. Die lang gestielten, 20 bis 30 cm langen Basalblätter sind zwei- bis dreifach gefiedert und in oval lanzettliche, tief gezähnte, zugespitzte Segmente geteilt. Die Stängelblätter sind ähnlich geformt und werden nach oben hin allmählich kleiner. Die kleinen weißen Blüten stehen auf einer 7- bis 10-strahligen schirmförmigen Dolde, die von 4 bis 8 breit lanzettlichen, am Rand gewimperten Hüllblättchenblättern umgeben ist. Die Frucht ist eine 7 mm lange braungrüne Achäne. Blütezeit: April bis Juli.
Habitat: Fettwiesen, Hecken, Wald- und Wegränder, bevorzugt nährstoffreiche, lockere Böden; bis 1500 m Seehöhe.

Ursprung und Verbreitung: Der eurasiatische Wiesenkerbel ist in Europa sehr häufig anzutreffen.
Synonyme: *Chaerophyllum sylvestris* L.; *Cerefolium sylvestris* Besser.
Ähnliche Arten: ***Anthriscus cerefolium*** (L.) Hoffm. (Gartenkerbel) ist eine einjährige Spezies, die vor allem in Gärten gehalten wird; sie unterscheidet sich vom Wiesenkerbel durch den kleineren Wuchs, die 2 bis 5 dicht flaumhaarigen Doldenstrahlen und die im Reifezustand dann glänzend schwarzen Achänen.

Visitenkarte

Deutscher Name
Wiesenkerbel

Wuchsform
krautig, aufrecht

Höhe
50 bis 130 cm

Blüten
weiß, in schirmförmigen Dolden

Blütezeit
April bis Juli

Habitat
Fettwiesen, Hecken, Wald- und Wegränder

Peucedanum officinale

Visitenkarte

Deutscher Name
Echter Haarstrang

Wuchsform
krautig, aufrecht

Höhe
30 bis 150 cm

Blüten
gelb,
in Dolden

Blütezeit
Juli bis September

Habitat
Halbtrockenrasen, steinige Böschungen, Brachen, Waldränder

Morphologie: Diese krautige, mehrjährige, 30 bis 150 cm hohe Pflanze entwickelt aufrechte, drehrunde, stark verzweigte kannelierte Stängel. Die 20 bis 40 cm langen Basalblätter sind fiederspaltig in schmal lanzettliche, fast fadenförmige Blattabschnitte von nur 1,5 mm Breite geteilt. Der Blütenstand besteht aus einer 12- bis 40-strahligen Dolde, die wenige oder gar keine Hüllblätter aufweist. Die Krone besteht aus 5 gelben Petalen. Die Frucht ist eine abgeplattete, elliptische, 5 bis 10 mm lange, flache Achäne mit erhabenen Rippen, aber ohne Flügel. Blütezeit: Juli bis September.

Habitat: Halbtrockenrasen, steinige Böschungen, Brachen, Waldränder; bis auf 1000 m Seehöhe.

Ursprung und Verbreitung: Der eurosibirische Echte Haarstrang ist nur noch selten in unseren Breiten anzutreffen.

Ähnliche Arten: Die Meisterwurz (***Peucedanum ostruthium*** (L.) Koch), auch Kaiserwurz genannt, wurde früher als Gewürz- und Heilpflanze angebaut und unterscheidet sich vom Echten Haarstrang hauptsächlich durch die oval lanzettlichen, 2 bis 7 cm breiten Blattabschnitte.

Pastinaca sativa

Visitenkarte

Deutscher Name
Gewöhnlicher Pastinak, Gemeiner Pastinak

Wuchsform
krautig, aufrecht

Höhe
30 bis 100 cm

Blüten
gelb,
in schirmförmigen Dolden

Blütezeit
Juni bis September

Habitat
Wege, Wiesen, Schuttplätze

Morphologie: Zweijährige, 30 bis 100 cm hohe Pflanze mit verdickten Wurzeln und einem aufrechten oder aufsteigenden, hohlen Stängel, der behaart und im oberen Teil doldig verzweigt ist. Die gestielten Blätter sind unpaarig ein- bis zweifach gefiedert und weisen 5 bis 15 ovale oder rhombenförmige, gelappte oder grob gezähnte Fiedern von etwa 5 cm Länge auf. Die fast sitzenden Stängelblätter sind ähnlich geformt und werden zur Spitze hin allmählich kleiner. Die Blüten stehen in einer Dolde aus 5 bis 15 ungleichen Strahlen, Hülle und Hüllblättchen fehlen. Die Krone setzt sich aus 5 gelben Petalen zusammen, die oft nach innen eingerollt sind. Die Frucht ist eine zusammengedrückte, eiförmige, breit geflügelte Achäne von 5 bis 8 mm Länge. Blütezeit: Juli bis September.

Habitat: Brachen, Wege, Fettwiesen, Schuttplätze, schattige, feuchte Standorte; bis 1000 m Seehöhe.

Ursprung und Verbreitung: Der in Eurasien beheimatete Gewöhnliche Pastinak ist heute weltweit verbreitet.

Angelica sylvestris

Morphologie: Diese krautige, mehrjährige, scharf riechende, 50 bis 150 cm hohe Pflanze entwickelt dicke, fleischige, später holzige Wurzeln sowie einen aufrechten, runden, violettrötlichen Stängel, der im oberen Teil doldenartig verzweigt ist. Die Grundblätter sind mit langen, rinnigen Stielen zwei- oder dreifach fiederspaltig, mit oval lanzettlichen Segmenten, die am Rand gesägt sind. Die Stiele der sehr ähnlich geformten Stängelblätter sind am Grund mit einer 3 bis 6 cm langen, bauchig aufgeblasenen, stängelumfassenden Scheide ausgestattet. Der Blütenstand ist eine zusammengesetzte schirmförmige Dolde aus 20 bis 40 flaumig zottigen Strahlen, mit nur wenigen fadenförmigen oder gänzlich fehlenden Hüllblättern. Die Blüte setzt sich aus 5 weiß oder rosa gefärbten Petalen zusammen. Die Frucht ist eine ovale Achäne von 3 bis 4 mm Länge, mit 3 deutlich erhabenen Rippen und 2 membranösen Flügeln. Blütezeit: Juli bis September.
Habitat: Feuchte Wiesen, Auwälder, Ufer, auf nährstoffreichen Böden; bis auf 1600 m Seehöhe.
Ursprung und Verbreitung: Die eurosibirische Waldengelwurz ist in fast ganz Europa verbreitet.
Ähnliche Arten: ***Angelica archangelica*** L. (Echte Engelwurz) ist eine häufig zur Likörerzeugung verwendete kultivierte Pflanze, die aber auch verwildert vorkommt. Sie unterscheidet sich von der Waldengelwurz durch das Grün ihrer Stängel, die zylindrischen Blattstiele, die gelblich weißen Kronblätter und die korkigen Flügel ihrer Früchte.

Visitenkarte

Deutscher Name
Waldengelwurz, Waldbrustwurz

Wuchsform
krautig, aufrecht

Höhe
50 bis 150 cm

Blüten
weiß, in Dolden

Blütezeit
Juli bis September

Habitat
feuchte Wiesen, Auwälder, Ufer

Die Waldbrustwurz, auch Waldengelwurz genannt, ist eine bewährte Heilpflanze, die in der Volksmedizin vor allem bei Verdauungsstörungen, Blähungen und Appetitlosigkeit verwendet wird.

Daucus carota

Visitenkarte

Deutscher Name
Wilde Möhre

Wuchsform
krautig, aufrecht

Höhe
30 bis 80 cm

Blüten
weiß,
in Dolden

Blütezeit
Juni bis September

Habitat
Trockenrasen,
Wegraine,
Schuttplätze

Morphologie: Krautige, zweijährige oder bisweilen einjährige, 30 bis 80 cm hohe Pflanze mit dicken Wurzeln und aufrechten, gefurchten, steif behaarten Stängeln, die im oberen Teil verzweigt sind. Die lanzettförmigen, 8 bis 15 cm langen Basalblätter sind zwei- bis dreifach fiederteilig, mit lanzettlichen, am Rand gezähnten Segmenten. Die Stängelblätter sind meist zweifach gefiedert, mit Blättchen, die linealisch geformt und scharf zugespitzt sind. Die aus 20 bis 40 Strahlen bestehende Schirmdolde weist eine Hülle aus 7 bis 10 linealischen Hüllblättern auf. Zur Blütezeit sind die Dolden gewölbt, zur Reife senken sie sich vogelnestförmig ein. Die Krone setzt sich aus 5 weißen, seltener auch rosaroten oder gelblichen Petalen zusammen, die am Ende abgerundet und oft ungleich lang sind. Die Frucht ist eine ovale, abgeflachte gerippte und mit Häkchen bedeckte Achäne. Blütezeit: Juni bis September.
Habitat: Trockenrasen, Wegraine, Schuttplätze; bis 1400 m Seehöhe.
Ursprung und Verbreitung: Die aus dem eurasischen Raum stammende Wilde Möhre ist in ganz Europa häufig anzutreffen.
Ähnliche Arten: Die Wilde Möhre, von der die verschiedenen, heute angebauten Möhrenarten abstammen, kommt in der Natur in zahlreichen Unterarten vor. Wegen der großen natürlichen Vielfalt und der Möglichkeit von Hybridisierung gilt die Artbezeichnung *Daucus carota* bei manchen Autoren als Sammelname für die ganze vielgestaltige Gruppe.

Die Wilde Möhre ist eine sehr häufig auftretende, wärmeliebende Art, von der die aus unserem Speiseplan nicht mehr wegzudenkende Karotte abstammt.

Heracleum sphondylium

Morphologie: Diese krautige, mehrjährige, 50 bis 150 cm hohe Pflanze entwickelt robuste rhizomatöse Wurzeln und aufrechte dicke, steife und haarige Stängel, die kantig gefurcht sind. Die gestielten, 20 bis 50 cm langen, gefiederten Grundblätter sind vollkommen in 3 bis 5 gelappte oder geteilte Segmente zerlegt. Die Stängelblätter weisen am Grund eine Blattscheide auf; sie werden zwischen 10 und 15 cm lang. Der Blütenstand ist eine Dolde aus 15 bis 30 Strahlen, deren Hüllblätter lanzettlich oder linealisch geformt sind und frühzeitig abfallen. Die Blüte setzt sich aus 5 sehr ungleich langen Petalen von weißer oder grüngelber Farbe zusammen. Die Frucht ist eine verkehrt eiförmige, gerippte Achäne von 7 bis 11 mm, die geflügelt ist. Blütezeit: Juni bis September.
Habitat: Fettwiesen, Weiden, Auwälder, Ufer, Brachen mit stickstoffhältigen Böden; bis 2500 m Seehöhe.
Ursprung und Verbreitung: Der Wiesenbärenklau ist in fast ganz Europa sehr häufig anzutreffen.
Ähnliche Arten: ***Heracleum mantegazzianum*** Sommier et Levier, das Herkuleskraut, stammt aus dem Kaukasus und ist eine beliebte Zierpflanze, die immer häufiger auch verwildert auftritt. Diese Spezies erreicht eine Höhe von bis zu 4 m und entwickelt besonders ausladende Dolden. Beide Arten enthalten eine Substanz, die auf der Haut Entzündungen hervorrufen kann.

Visitenkarte

Deutscher Name
Wiesenbärenklau

Wuchsform
krautig, aufrecht

Höhe
50 bis 150 cm

Blüten
weiß bis grünlich gelb, in Dolden

Blütezeit
Juni bis September

Habitat
Fettwiesen, Weiden, Auwälder, Ufer

Orlaya grandiflora

Morphologie: Diese krautige, einjährige, 10 bis 50 cm hohe Pflanze entwickelt aufrechte, kantige, kahle Stängel, die einfach oder am Ende verzweigt sein können. Die ovalen bis dreieckigen, 5 bis 15 cm langen Grundblätter sind zwei- oder dreifach linealische Blättchen mit spitzen Zipfeln gefiedert. Die Stängelblätter sind ganzrandig oder fiederspaltig, manchmal auch reduziert zu einer einfachen Scheide. Die 4- bis 12-strahlige Dolde weist eine Hülle aus 5 lanzettlich linealischen Hüllblättern auf. Der Kelch trägt kleine Zähnchen; die Krone besteht aus 5 weißen Petalen, wobei die 1 bis 1,5 cm langen Kronblätter der Randblüten tief in 2 Lappen geteilt sind. Die Frucht ist eine braune, abgeflachte Achäne von 5 bis 7 mm Länge, mit 2 bis 3 Stachelreihen. Blütezeit: Juni bis August.
Habitat: Trockenrasen, steiniges Brachland, Getreidefelder, kalkliebend; bis auf 800 m Seehöhe.
Ursprung und Verbreitung: Der Strahlenbreitsame ist vor allem in Mittel-, Süd- und Südosteuropa anzutreffen;
Synonyme: *Daucus grandiflorus* Scop.; *Caucalis grandiflorus* L.

Visitenkarte

Deutscher Name
Strahlenbreitsame, Großblütige Strahlendolde

Wuchsform
krautig, aufrecht

Höhe
10 bis 50 cm

Blüten
weiß, in Dolden

Blütezeit
Juni bis August

Habitat
Trockenrasen, Brachland

Erica carnea

Visitenkarte

Deutscher Name
Schneeheide, Frühlingsglockenheide

Wuchsform
Zwergstrauch, buschig

Höhe
20 bis 40 cm

Blüten
rosa, in Trauben

Blütezeit
Februar bis Juni

Habitat
lichte Wälder, Heiden, Gebüsche, auf steinigen Böden

Morphologie: Ausdauernder Zwergstrauch von 20 bis 40 cm Höhe mit reich verzweigten, niederliegenden Grundachsen und aufstrebenden, meist glatten Zweigen. Die immergrünen Blätter mit glänzender Oberseite sind schmal linealisch bis nadelig und bilden Wirteln zu 3 bis 5. Die Blattränder sind so weit umgerolllt, dass sie die Unterseite vollständig bedecken. Die kurz gestielten Blüten stehen in einer endständigen, einseitswendigen Traube. Der Kelch ist halb so lang wie die Krone und viergeteilt. Die rosafarbene, seltener purpurrote oder weiße Krone ist eiförmig, 4 bis 5 mm lang und fällt nach der Blüte nicht ab. Die bräunlichen Staubbeutel ragen aus der Blüte heraus. Blütezeit: Februar bis Juni.

Habitat: Trockene Heiden, trockene lichte Wälder, vor allem Nadelwälder, Krummholzgebüsche und felsige Standorte, vorzugsweise auf kalkreichem Untergrund; bis in 2500 m Seehöhe.

Ursprung und Verbreitung: Bergregionen Mittel- und Südeuropas, in den Ostalpen verbreitet, häufig. In den Westalpen selten.

Synonym: *Erica herbacea* L.

Calluna vulgaris

Visitenkarte

Deutscher Name
Besenheide, Heidekraut

Wuchsform
Zwergstrauch, buschig

Höhe
20 bis 100 cm

Blüten
rosaviolett, in Trauben

Blütezeit
August bis November

Habitat
Heideland, lichte Wälder, Zwergstrauchfluren, felsige Böden

Morphologie: Ausdauernder Zwergstrauch von bis zu 1 m Höhe, mit verholzten, niederliegenden Stämmchen und aufsteigenden, meist glatten Zweigen. Die gegenständigen, 2 bis 3 mm langen und lanzettlich schuppenartigen Blätter sind dachziegelartig in 4 Zeilen angeordnet. Der Blütenstand, eine endständige, einseitswendige Traube, wird an der Spitze zumeist von einem Stück der belaubten Triebspitze überragt. Der Kelch besteht aus 4 kronblattartigen Kelchblättern, welche die rosa bis violette, selten weiße, glockige und 3 bis 4 mm lange Krone überragen. Die Blüte ist am Grund von 6 bis 8 Hüllblättchen umgeben, die etwa halb so lang sind wie der Kelch. Die Frucht ist eine Kapsel mit kleinen eiförmigen Samen. Blütezeit: August bis November.

Habitat: Trockene Weiden, lichte Wälder, besonders Nadelwälder, Zwergstrauchheiden, stets auf sauren, humosen Böden; bis 2500 m Seehöhe.

Ursprung und Verbreitung: Kühle und kühl-gemäßigte Klimazonen Eurasiens und Nordamerikas, in den Alpen verbreitet, häufig.

Ähnliche Arten: ***Erica carnea*** L., die Schneeheide, hat längere Blätter.

Primula veris

Morphologie: Ausdauernde, 15 bis 30 cm hohe Pflanze mit robustem Rhizom, aus dem sich die oberseits behaarten Blätter entwickeln, die einen 3 bis 8 cm langen Stiel aufweisen und in einer Grundrosette zusammenstehen. Die Blattspreite ist oval spatelförmig, apikal abgerundet, am Rand grob geschweift und gezähnt sowie 5 bis 8 cm lang. Aus der Mitte der Rosette entwickelt sich ein Blütenschaft, der gewöhnlich länger ist als die Blätter und eine dichte endständige Dolde aus 5 bis 15 Blüten trägt. Die duftenden, abstehenden bis nickenden Blüten stehen an 1 bis 2 cm langen Stielen und bestehen aus einem Kelch mit oval dreieckigen Zähnen und einer trichterigen gelben Krone mit orange gepunktetem Schlund. Der Kronensaum ist platt oder konkav, besteht aus 5 ausgerandeten Lappen und misst 1 bis 2 cm im Durchmesser. Blütezeit: April und Mai.
Habitat: Trockene Wälder, Magerrasen und Trockengebüsche; bis 2300 m Seehöhe.
Ursprung und Verbreitung: Eurasien, in den Alpen ziemlich verbreitet.
Synonym: *Primula officinalis* (L.) Hill.

Visitenkarte

Deutscher Name
Echte Schlüsselblume, Frühlingsschlüsselblume, Wiesenschlüsselblume, Himmelschlüssel

Wuchsform
aufrecht, Rosette

Höhe
15 bis 30 cm

Blüten
gelb, in Dolden

Blütezeit
April und Mai

Habitat
Waldränder, Wiesen, Gebüsche

Die Wiesenschlüsselblume (Primula veris) *mit ihren leuchtend gelben Blüten ist einer der auffälligsten Frühlingsboten.*

Primula vulgaris

Visitenkarte

Deutscher Name
Stängellose Primel, Stängellose Schlüsselblume, Schaftlose Primel

Wuchsform
krautig, büschelig

Höhe
5 bis 15 cm

Blüten
gelb,
in Dolden

Blütezeit
März

Habitat
Wiesen, Wälder, Gebüsche

Morphologie: Krautige, mehrjährige, 5 bis 15 cm hohe Pflanze mit robustem Rhizom, aus dem sich die in einer Grundrosette stehenden Blätter entwickeln. Sie sind verkehrt länglich eiförmig, am Rand unregelmäßig gekerbt bzw. gezähnt und zur Blütezeit etwa 5 bis 9 cm lang, wobei sie oberseits kahl und unterseits leicht flaumig behaart sind; nach der Blüte werden sie länger. In der Mitte der Blattrosette entwickeln sich zahlreiche, praktisch geruchlose Blüten, die ungestielt sind oder an wollig behaarten 4 bis 7 cm langen Stielen stehen. Der Kelch bildet eine etwa 1 cm lange Röhre, die fast bis zur Mitte gespalten ist und 5 lanzettlich linealische Zähnchen aufweist. Die blassgelbe Krone besteht aus einer etwa 2 cm langen Kronröhre, die Kronscheibe wird von 5 ca. 1 bis 1,5 cm langen, ausgerandeten Kronlappen gebildet. Die Frucht ist eine eiförmige Kapsel, die etwa gleich lang ist wie die Kelchröhre. Blütezeit: März.
Habitat: Wiesen, Wälder (besonders Laubwälder), lichte Gebüsche; bis 1200 m Seehöhe.
Ursprung und Verbreitung: Die Stängellose Primel ist vor allem in Nord- und Mitteleuropa, vor allem auch in den Alpen verbreitet.
Synonyme: *Primula acaulis* (L.) Hill; *Primula grandiflora* Lam.

Die Stängellose Primel ist eine typische Frühlingsblume, die schon sehr zeitig, nämlich im März, ihre Blüten öffnet.

Cyclamen purpurascens

Morphologie: Ausdauernde, 5 bis 15 cm hohe Pflanze mit graubraunen, kugeligen, an der Oberseite abgeplatteten bis konkaven Knollen. Die grundständigen Blätter stehen auf einem flaumig behaarten, rötlichen, 3 bis 8 cm langen Stiel. Die Spreite ist etwa 2 bis 6 cm breit, rundlich bis elliptisch mit herzförmigem Grund und schwach gekerbtem Rand. Die Blattoberseite ist dunkelgrün mit silbriger Zeichnung, die Unterseite weinrot gefärbt. Die zart duftenden Blüten stehen an rosafarbenen, flaumig behaarten, 5 bis 12 cm langen Stielen. Der Kelch ist fünflappig, die Krone besteht aus einer etwa 6 mm langen Röhre und 5 nach oben zurückgeschlagenen, bis zu 2 cm langen, meist purpurrosafarbenen Kronlappen, die gelben Antheren und der Stempel ragen aus der Krone heraus. Blütezeit: August und September.

Habitat: Wälder, hier besonders Buchenwälder; bis 1900 m Seehöhe.

Ursprung und Verbreitung: Bergregionen Südosteuropas und nordöstliche mediterrane Regionen, in den südlichen Bereichen der Ostalpen verbreitet, selten.

Visitenkarte

Deutscher Name
Echtes Alpenveilchen, Waldalpenveilchen

Wuchsform
krautig, in kleinen Büscheln

Höhe
5 bis 15 cm

Blüten
purpurrosa, einzeln

Blütezeit
August und September

Habitat
Wälder

Cyclamen purpurascens *wächst bevorzugt in Laubwäldern und im Gebüsch; das Alpenveilchen steht jedoch unter Naturschutz.*

Lysimachia nummularia

Visitenkarte

Deutscher Name
Pfennigkraut, Pfennig-gilbweiderich

Wuchsform
krautig, kriechend

Höhe
5 bis 15 cm, Länge bis 60 cm

Blüten
gelb, einzeln

Blütezeit
Mai bis August

Habitat
feuchte Niederungen, Auwälder, Gräben

Die Bezeichnung »Pfennigkraut« verdankt die Pflanze ihren rundlichen, an Münzen erinnernden Blättern.

Morphologie: Diese krautige, mehrjährige, 5 bis 15 cm hohe Pflanze entwickelt kantige, niederliegende oder kriechende, bis 60 cm lange Stängel, die an den Knoten wurzeln. Die kurz gestielten Blätter sind gegenständig und haben eine verkehrt eiförmige, stumpf endende Spreite mit 1,5 bis 2 cm Länge. Die von 1 bis 2 cm langen Stielen getragenen Blüten stehen einzeln in den Blattachseln. Der Kelch wird von lanzettlich herzförmigen Kelchblättern gebildet. Die 5 goldgelben Kronblätter sind etwa doppelt so lang wie die Kelchblätter. Auf der Unterseite der Laub- und Kronblätter zeigen sich bräunlich schwärzliche Drüsen. Die Frucht ist eine kugelförmige Kapsel. Blütezeit: Mai bis August.
Habitat: Feuchte Gebüsche, Auwälder, Gräben; bis 1000 m Seehöhe.
Ursprung und Verbreitung: Das Pfennigkraut ist in fast ganz Europa und im Kaukasus häufig anzutreffen.
Ähnliche Arten: ***Lysimachia nemorum*** L. (Haingilbweiderich) unterscheidet sich vom Pfennigkraut hauptsächlich durch die größeren, eiförmigen, am Ende zugespitzten Blätter und durch das Fehlen der Drüsen.

Lysimachia vulgaris

Morphologie: Krautige, mehrjährige, 50 bis 150 cm hohe, Pflanze mit kriechendem Rhizom, eckigen und aufrechten, behaarten Stängeln, die für gewöhnlich im oberen Teil stark verzweigt sind. Die kurz gestielten, gegenständigen oder quirlständigen Blätter haben eine oval lanzettliche, randlich gewellte Spreite mit einer Länge von bis zu 15 cm. Die gestielten Blüten stehen in einer großen endständigen, an der Basis belaubten Rispe. Der Kelch ist fünfteilig mit 3 bis 4 mm langen spitzen Kelchzähnchen, die rötlich berandet und drüsig bewimpert sind; die glatte Krone besteht aus einer kurzen Kronröhre und 5 goldgelben, elliptischen, am Rand kahlen Kronlappen, die bis zu 1 cm lang werden. Die Frucht ist eine kugelige, fünfteilige Kapsel. Blütezeit: Juni bis August.
Habitat: Nasse Gräben, Sumpfwiesen, Auwälder; bis 1200 m Seehöhe.
Ursprung und Verbreitung: Der Gewöhnliche Gilbweiderich ist besonders im Norden Europas und in den Alpen häufig anzutreffen.
Ähnliche Arten: Der Drüsige Gilbweiderich, auch Tüpfelstern ***(Lysimachia punctata)*** genannt, unterscheidet sich vom Gewöhnlichen Gilbweiderich durch die achselständig in Büscheln angeordneten Blüten, durch die grünen Kelchzähne und durch die spitze, drüsig bewimperte, im Zentrum orangegelbe Krone.

Visitenkarte

Deutscher Name
Gewöhnlicher Gilbweiderich, Gemeiner Gilbweiderich

Wuchsform
krautig, aufrecht

Höhe
50 bis 150 cm

Blüten
gelb, in Rispen

Blütezeit
Juni bis August

Habitat
Gräben, Sumpfwiesen, Auwälder

Anagallis arvensis

Morphologie: Diese krautige, einjährige, 5 bis 20 cm hohe Pflanze entwickelt vierkantige, niederliegende oder aufsteigende Stängel, die oft stark verzweigt sind. Die 8 bis 15 cm langen Grundblätter sind gegenständig, die oberen zu dreien quirlständig. Sie sitzen alle stiellos am Stängel und haben eine oval lanzettliche Spreite mit einer Länge von 8 bis 15 mm. Die von 1 bis 3 cm langen Stielen getragenen Blüten stehen einzeln in den Blattachseln der oberen Blätter. Der Kelch besteht aus 5 lanzettlich zugespitzten Kelchzipfeln von 3 mm Länge; die drehrunde Krone setzt sich aus einer sehr kurzen Röhre und 5 übereinandergreifenden, bis zu 6 mm breiten Kronblättern zusammen, die am Ende ganzrandig oder schwach gekerbt und mit Drüsenhaaren versehen sind. Sie sind meist miniumrot mit purpurrotem Schlund, können aber auch bläulich gefärbt sein. Die Frucht ist eine kugelige Kapsel. Blütezeit: Juni bis Oktober.

Habitat: Hackfrucht- und Getreideäcker, Gärten, Schuttplätze, Straßenränder; bis 1200 m Seehöhe.
Ursprung und Verbreitung: Der weltweit verbreitete Ackergauchheil stammt ursprünglich aus Südeuropa.
Synonym: *Anagallis phoenicea* Scop.
Ähnliche Arten: Der Blaue Gauchheil (***Anagallis foemina*** Miller; ***Anagallis coerulea*** L.) unterscheidet sich vom Ackergauchheil durch immer blau gefärbte, nicht übereinander greifende Kronblätter.

Visitenkarte

Deutscher Name
Ackergauchheil

Wuchsform
krautig, niederliegend

Höhe
5 bis 20 cm

Blüten
miniumrot, selten bläulich, einzeln

Blütezeit
Juni bis Oktober

Habitat
Äcker, Gärten, Schuttplätze, Straßenränder

Gentiana pneumonanthe

Visitenkarte

Deutscher Name
Lungenenzian

Wuchsform
krautig, aufrecht

Höhe
15 bis 50 cm

Blüten
blau, einzeln

Blütezeit
Juli bis September

Habitat
Feuchtwiesen, Flachmoore, torfige, saure Böden

Morphologie: Krautige, ausdauernde, 15 bis 50 cm hohe Pflanze mit verholzten Wurzeln und aufrechten oder aufsteigenden, gelegentlich geflügelten Stängeln, die einfach oder wenig verzweigt sind. Die gegenständigen, 3 bis 4,5 cm langen sitzenden Blätter sind halb stängelumfassend linealisch lanzettlich geformt, einnervig eben oder am Rand umgerollt und enden stumpf. Die nicht sehr zahlreichen sitzenden oder kurz gestielten Blüten stehen an der Spitze des Blütenschaftes und in den Blattachseln der oberen Blätter. Der röhrig glockenförmige Kelch weist linealische Zähnchen auf, die etwa so lang oder etwas länger als die Kronröhre sind. Die intensiv azurblaue Krone besteht aus einer engen glockenförmigen Kronröhre von 2,5 bis 4 cm, die sich am Ende in 5 spitze Kronlappen teilt. Im Inneren der Kronröhre lassen sich 5 grün punktierte Streifen erkennen. Die Frucht ist eine Kapsel, die ungeflügelte Samen enthält. Blütezeit: Juli bis September.

Habitat: Feuchtwiesen, Flachmoore, meist auf torfigen, leicht kalkhaltigen und sauren Böden; bis 1200 m Seehöhe.

Ursprung und Verbreitung: Der Lungenenzian ist in Europa ziemlich selten.

Gentiana cruciata

Visitenkarte

Deutscher Name
Kreuzenzian

Wuchsform
krautig, aufrecht

Höhe
15 bis 50 cm

Blüten
blau, in Büscheln

Blütezeit
Juli und August

Habitat
Gebüsche, Kalkmagerrasen, Waldränder, bevorzugt auf Kalkböden

Morphologie: Krautige, ausdauernde, glatte 15 bis 50 cm hohe Pflanze mit robustem, faserigem Rhizom und unverzweigten, aufrechten oder aufsteigenden Stängeln. Die gegenständigen, lanzettlichen, am Ende rundlichen oder abgestumpften Blätter weisen 3 parallele Nerven auf und sind scheidig, halb stängelumfassend. Sie erreichen eine Länge von 3 bis 8 cm und werden nach oben hin allmählich kleiner. Die ungestielten Blüten sitzen in Büscheln in den oberen Blattachseln und am Stängelende. Der röhrig glockige Kelch weist am Ende 4 dreieckige Zipfel auf. Die blaue Krone setzt sich aus einer glockigen Röhre und 4 eiförmig dreieckigen Lappen zusammen. Blütezeit: Juli und August.

Habitat: Gebüsche, Kalkmagerrasen, Waldränder, besonders auf kalkhältigem Substrat; von 200 bis 1600 m Seehöhe.

Ursprung und Verbreitung: Den eurasiatischen Kreuzenzian findet man vorwiegend in Mitteleuropa, im Süden nur in den Gebirgen.

Vinca minor

Morphologie: Diese krautige, ausdauernde, 10 bis 20 cm hohe Pflanze entwickelt kriechende, an den Knoten wurzelnde Stängel, die bis zu 1 m lang werden. Die kurz gestielten, immergrünen Blätter sind lederig und zeigen auf der Blattunterseite eine deutliche netzartige Nervatur. Die Spreite ist lanzettlich oder elliptisch geformt, stumpf endend sowie glattrandig und wird 2 bis 3,5 cm lang. Die auf 9 bis 15 mm langen Stielen stehenden Blüten entspringen einzeln in den Blattachseln. Der etwa 3 mm lange Kelch ist in 5 dreieckig lanzettliche Zipfel geteilt; die 2,5 bis 3 cm breite Krone ist blauviolett gefärbt, seltener rosa oder weiß. Sie besteht aus einer ca. 1 cm langen Kronröhre und 5 spateligen, stumpfwinkelig endenden Lappen. Die Frucht ist eine zweiteilige zylindrische Balgfrucht, die zahlreiche längliche Samen enthält. Blütezeit: April und Mai.
Habitat: Laub- und Mischwälder, lockere, lehmige Böden; bis 1300 m Seehöhe.
Ursprung und Verbreitung: Das Kleine Immergrün ist in großen Teilen Mittel- und Südeuropas sowie im Kaukasus und in Nordamerika zerstreut anzutreffen.
Ähnliche Arten: ***Vinca major*** L. (Großes Immergrün) ist von größerem Wuchs und entwickelt breitere eiförmige Blätter sowie eine 3 bis 5 cm breite Krone. Darüber hinaus sind die Kelchzipfel dieser Art randlich behaart.

Visitenkarte

Deutscher Name
Kleines Immergrün

Wuchsform
krautig, kriechend

Höhe
10 bis 20 cm

Blüten
blauviolett, einzeln

Blütezeit
April und Mai

Habitat
Laub- und Mischwälder

Das Kleine Immergrün ist nicht nur wild wachsend in Laubwäldern anzutreffen, sondern wird auch gerne in Gärten und auf Friedhöfen angepflanzt.

Cuscuta epithymum

Visitenkarte

Deutscher Name
Thymianseide, Quendelseide

Wuchsform
krautig, windend

Höhe
10 bis 60 cm

Blüten
weiß bis rötlich, in Knäueln

Blütezeit
Juli und August

Habitat
Unkrautfluren

Morphologie: Diese krautige, einjährige, 10 bis 60 cm hohe Vollschmarotzerpflanze entwickelt fadenartig dünne, rötliche, sich windende Stängel, mit denen sie die Wirtspflanze umschlingt und ihr mit speziellen Saugwurzeln (Haustorien) Nährstoffe entzieht. Die Blätter sind zu kleinen Schüppchen reduziert. Die etwa 3 bis 4 mm breiten Blüten sitzen in dichten, köpfchenförmigen Knäueln. Der glockenförmige Kelch mit ovalen Zähnchen umgibt teilweise die Kronröhre. Die meist weißrosa gefärbte Krone besteht aus einer kurzen Röhre und 5 spitzen Kronzipfeln. Die Frucht ist eine kugelige Kapsel. Blütezeit: Juli und August.
Habitat: Unkrautfluren (auf Thymian, Ginster und Heidekraut schmarotzend); bis 1500 m Seehöhe.
Ursprung und Verbreitung: Die aus Eurasien stammende Thymianseide ist in Europa verbreitet anzutreffen.

Die Thymianseide ist, wie übrigens alle Arten der Gattung Cuscutaceae (Seidengewächse) eine Vollschmarotzerpflanze (rechts). Oben: Die eher unauffälligen Blüten der Pflanze.

Calystegia sepium

Morphologie: Diese krautige, ausdauernde, rhizombildende Pflanze entwickelt sehr dünne, kahle, 1 bis 3 m lange, rechtswindende Stängel. Die an 1 bis 3 cm langen Stielen stehenden Blätter weisen eine pfeil- bzw. herzförmige, etwa 6 bis 9 cm lange Spreite auf und sind wechselständig. Die lang gestielten Blüten stehen einzeln in den Blattachseln. Der etwa 1 cm lange Kelch weist oval lanzettliche, vorne spitze Zipfel auf, die teilweise von zwei 1,5 bis 1,8 cm langen, herzförmig ovalen Hochblättern eingeschlossen sind. Die 5 bis 7 cm lange und ca. 4 cm breite, trichterförmige Krone ist weiß, seltener rosa gefärbt. Die Frucht ist eine kugelige Kapsel. Blütezeit: Juni bis September.
Habitat: Feuchte Gebüsche, Gartenzäune, Auwälder, Ufer; bis 1400 m Seehöhe.
Ursprung und Verbreitung: Die aus dem eurasischen Raum stammende Zaunwinde ist heute in Europa sehr häufig anzutreffen.

Synonym: *Convolvulus sepium* L.
Ähnliche Arten: ***Calystegia sylvatica*** (Kit.) Griseb. unterscheidet sich von der oben beschriebenen Art durch die den Kelch vollständig umhüllenden, 2 bis 3,5 cm langen Hochblätter. Diese Spezies ist aber eher im Mittelmeerraum beheimatet.

Visitenkarte

Deutscher Name
Zaunwinde, Uferzaunwinde

Wuchsform
krautig, windend

Höhe
1 bis 3 m

Blüten
weiß, einzeln

Blütezeit
Juni bis September

Habitat
feuchte Gebüsche, Auwälder, Ufer, Zäune

Convolvulus arvensis

Morphologie: Diese krautige, ausdauernde, rhizombildende Pflanze entwickelt kahle, linkswindende Stängel von 20 bis 80 cm Länge. Die unteren, von 2 bis 3 cm langen Stielen getragenen Blätter zeigen eine herz- bis pfeilförmige und etwa 3 bis 5 cm lange Spreite, während die Spreite der oberen Blätter zur Spitze hin eher lanzettlich geformt bzw. fast linealisch sind. Die lang gestielten Blüten stehen einzeln in den Achseln der medianen Blätter. Der glockenförmige, etwa 4 bis 5 mm lange Kelch weist ovale, vorne abgerundete Kelchzipfel auf. Die weit trichterförmige Krone ist 1,5 bis 2 cm lang, etwa 2,5 cm breit und weiß oder rosa gefärbt. Die Frucht ist eine kugelige Kapsel. Blütezeit: Juni bis Oktober.
Habitat: Äcker, Straßen- und Wegränder, Gärten, Brachen, Schuttplätze; bis 1500 m Seehöhe.
Ursprung und Verbreitung: Die Ackerwinde stammt aus dem eurasischen Raum und ist in ganz Europa verbreitet. Sie zählt zu den gefürchteten Unkräutern, die sich nur schwer von einem Standort vertreiben lassen.

Visitenkarte

Deutscher Name
Ackerwinde

Wuchsform
krautig, windend

Höhe
20 bis 80 cm

Blüten
rosa-weiß, einzeln

Blütezeit
Juni bis Oktober

Habitat
Äcker, Wege, Gärten, Schuttplätze, Brachen

Echium vulgare

Visitenkarte

Deutscher Name
Blauer Natternkopf, Gewöhnlicher Natternkopf

Wuchsform
krautig, aufrecht

Höhe
30 bis 80 cm

Blüten
azurblau, in Trauben

Blütezeit
Juni bis September

Habitat
trockene, sonnige Schuttplätze, Wege, Unkrautfluren

Morphologie: Diese zweijährige, seltener auch einjährige, 30 bis 80 cm hohe Pflanze entwickelt aufrechte oder aufsteigende Stängel, die einfach oder verzweigt sein können. Die gesamte Pflanze ist dicht mit borstigen, abstehenden Haaren und längeren, abstehenden Seidenhaaren besetzt. Die unteren, gestielten, 6 bis 10 cm langen Blätter sind linealisch spatelig geformt und stehen in einer dichten, dem Boden anliegenden, grundständigen Rosette, die Stängelblätter sind ähnlich geformt, werden jedoch zur Spitze hin allmählich kleiner.
Die azurblauen, seltener weiß gefärbten Blüten sitzen traubig in den Blattachseln der oberen Stängelhälfte. Der unregelmäßige Kelch ist in 5 Zipfel unterteilt. Die ebenfalls unregelmäßige Krone kann bis zu doppelt so lang wie der Kelch werden. Die Staubgefäße ragen fast immer über den Kronensaum hinaus. Blütezeit: Juni bis September.
Habitat: Steinige, sonnige Standorte wie Schuttplätze, Kiesgruben, Wege und trockene Unkrautfluren; bis 1700 m Seehöhe.
Ursprung und Verbreitung: Der Blaue Natternkopf ist in Europa und Westasien häufig anzutreffen.

Symphytum officinale

Visitenkarte

Deutscher Name
Gemeiner Beinwell, Beinwurz, Wallwurz

Wuchsform
krautig, buschig

Höhe
30 bis 100 cm

Blüten
blauviolett oder gelblich weiß, in Trugdolden

Blütezeit
Mai bis Juli

Habitat
feuchte und schattige Standorte

Morphologie: Krautige, ausdauernde, 30 bis 100 cm hohe Pflanze mit robustem Rhizom und aufrechten oder aufsteigenden, breit geflügelten Stängeln, die einfach oder verzweigt sind. Die gesamte Pflanze ist dicht mit borstigen, kurzen, zurückgebogenen Haaren bedeckt. Die unteren, gestielten Blätter haben eine schmal lanzettliche Form, sind am Rand gekerbt und am Ende zugespitzt. Die oberen Blätter sind herablaufend, d. h., die Ränder des Blattes laufen bis zum vorhergehenden Blatt am Stängel herab und bilden so charakteristische Flügel. Die nickenden Blüten stehen endständig in einer dichten Trugdolde an der Spitze der Stängel. Der röhrige Kelch zeigt 5 lanzenförmige Zähnchen; die schmalglockige Krone ist 1 bis 2 cm lang, rotviolett, seltener gelblich weiß gefärbt. Die Früchte sind oval dreieckige, glatte und glänzende Achänen. Blütezeit: Mai bis Juli.
Habitat: Feuchte und schattige Standorte wie Feuchtwiesen, Gräben, Ufer, Auwälder; bis 1300 m Seehöhe.
Ursprung und Verbreitung: Der in Europa und dem Kaukasus heimische Gemeine Beinwell ist in fast ganz Europa häufig anzutreffen.
Ähnliche Arten: Der Knotenbeinwell (***Symphytum tuberosum*** L.) unterscheidet sich vom Gemeinen Beinwell durch das knollig verdickte Rhizom, die immer gelb gefärbten Blüten und die oval länglichen, kaum herablaufenden, nur einseitig oder nicht beflügelten Blätter.

Pulmonaria officinalis

Morphologie: Buschige, krautige, ausdauernde, 10 bis 30 cm hohe, rhizombildende, drüsige, haarige Pflanze mit aufsteigenden oder aufgerichteten Stängeln. Die Grundblätter stehen auf 10 bis 15 cm langen, geflügelten Stielen. Die Spreite ist oval geformt und erreicht eine Länge von 7 bis 16 cm, darüber hinaus ist sie am Grund herz-eiförmig und endet zugespitzt. Alle Blätter sind an der Oberseite drüsig behaart und weiß gefleckt. Die oberen Blätter ähneln den unteren, sind im Gegensatz zu diesen jedoch stängelumfassend. Die Blüten stehen in lockeren Dolden, welche an der Basis von Hochblättern umgeben sind. Der 9 bis 11 mm lange röhrige Kelch weist 5 Zähnchen auf; die 13 bis 20 mm lange trichterförmige Krone ist am Schlund behaart und in 5 Kronzipfel gespalten. Sie ist zuerst rosa, am Ende der Blütezeit blau gefärbt. Die Frucht ist eine leicht zusammengedrückte ovale Achäne. Blütezeit: März bis Mai.
Habitat: Laubwälder, Waldränder, Gebüsche, Hecken; bis 1500 m Seehöhe.
Ursprung und Verbreitung: Das Echte Lungenkraut ist in fast ganz Europa und im Kaukasus häufig anzutreffen.

Visitenkarte

Deutscher Name
Echtes Lungenkraut, Lungenwurz

Wuchsform
krautig, buschig

Höhe
10 bis 30 cm

Blüten
zuerst rosa, später blau, in Dolden

Blütezeit
März bis Mai

Habitat
Laubwälder, Waldränder, Gebüsche

Das Echte Lungenkraut besitzt eine kräftigende und hustenlösende Wirkung und wird in der Volksmedizin bei verschiedenen Erkrankungen der Lunge eingesetzt.

Borago officinalis

Visitenkarte

Deutscher Name
Borretsch, Gurkenkraut

Wuchsform
krautig, aufrecht

Höhe
20 bis 60 cm

Blüten
azurblau, in Trauben

Blütezeit
Juni bis September

Habitat
Schuttplätze, Brachland, Wegränder, Gärten

Morphologie: Diese krautige, einjährige, 20 bis 60 cm hohe Pflanze hat einen sehr kurzen Entwicklungszyklus und bildet aufrechte oder aufsteigende, meist im oberen Teil verzweigte Stängel aus. Die gesamte Pflanze ist mit langen, abstehenden, leicht stacheligen Borstenhaaren bedeckt. Die unteren, gestielten Blätter haben eine eiförmig elliptische Spreite, sind 8 bis 15 cm lang und randlich leicht gewellt, während die oberen Blätter lanzettlich geformt sind und nach oben hin allmählich kleiner werden. Die leicht nickenden Blüten stehen traubig an der Spitze der Stängel. Der Kelch ist in 5 linealische Zipfel unterteilt; die intensiv azurblaue Krone, die 2 bis 3 cm breit wird, besteht aus einer sehr kurzen Kronröhre, die sich in 5 abstehende, am Ende zugespitzte Kronlappen verbreitert. Der Kronensaum hat einen Durchmesser von ca. 2 cm. Die Frucht ist eine länglich dreieckige Achäne. Blütezeit: Juni bis September.

Habitat: Schuttplätze, Brachland, Wegränder, Gärten; bis 1000 m Seehöhe.

Ursprung und Verbreitung: Der aus dem Mittelmeerraum stammende Borretsch ist vor allem in den gemäßigten Klimazonen anzutreffen und wird häufig als Gewürzpflanze angepflanzt.

Cynoglossum officinale

Visitenkarte

Deutscher Name
Echte Hundszunge, Gemeine Hundszunge

Wuchsform
krautig, aufrecht

Höhe
20 bis 80 cm

Blüten
violett bis braunrot, in Trauben

Blütezeit
Juni bis August

Habitat
Unkrautfluren, Hecken, Straßenränder

Morphologie: Zweijährige, 20 bis 80 cm hohe Pflanze mit aufrechten oder aufsteigenden Stängeln, die meist im oberen Teil verzweigt sind. Die gesamte Pflanze ist samtig bis graufilzig behaart und verströmt vor allem im Wurzelbereich einen eher unangenehmen Geruch. Die unteren, lang gestielten Blätter haben eine elliptisch bis lanzettlich geformte, vorne zugespitzte und etwa 9 bis 12 cm lange Spreite. Die oberen, stiellosen Blätter haben eine linealisch lanzettliche Form und sind stängelumfassend bzw. etwas herablaufend. Die violett bis rotbraun gefärbten Blüten stehen in einer langen endständigen Traube. Der Kelch weist 5 ovale Zähne auf; die trichterförmige Krone besteht aus einer kurzen Röhre, die in ausgebreitete, abgerundete Kronzipfel übergeht. Die Frucht besteht aus 4 flachen oder konvexen Achänen, die mit hakigen Stacheln besetzt sind. Blütezeit: Juni bis August.

Habitat: Unkrautfluren, Hecken, Straßenränder; bis 1300 m Seehöhe.

Ursprung und Verbreitung: Die Echte Hundszunge ist in ganz Europa sowie in Westasien anzutreffen.

Ähnliche Arten: Die Waldhundszunge (***Cynoglossum germanicum*** Jacq.) ist eine seltener vorkommende Spezies, die vor allem in Kahlschlägen und krautreichen Mischwäldern gedeiht. Sie unterscheidet sich von der Echten Hundszunge vor allem durch die oberseits kahlen, glänzenden Blätter.

Anchusa officinalis

Morphologie: Diese krautige, zwei- oder mehrjährige, 30 bis 80 cm hohe Pflanze entwickelt aufrechte oder aufsteigende, geflügelte Stängel, die oben locker verzweigt sind. Die gesamte Pflanze ist dicht mit weichen Haaren bedeckt. Die gestielten Grundblätter sind linealisch oder lanzettlich geformt und fallen früh ab. Die oberen, sitzenden oder halb stängelumfassenden Blätter werden 3 bis 6 cm lang, sind lanzettlich geformt und randlich gewellt-gezähnt. Die blauvioletten oder purpurnen Blüten stehen in dichten Trauben an der Spitze des Stängels. Der röhrige Kelch ist mit 5 spitz lanzenförmigen Zähnchen ausgestattet. Die 8 mm breite, röhrig glockige Kronröhre endet in 5 Kronlappen und ist von eiförmigen Schlundschuppen verschlossen. Die Früchte sind eiförmige, raue Achänen. Blütezeit: Mai bis September.

Habitat: Brachen, warme, sandige oder steinige Standorte wie Unkrautfluren, Dämme, Wege und Schuttplätze; bis 1500 m Seehöhe.

Ursprung und Verbreitung: Die aus Osteuropa und Kleinasien stammende Gewöhnliche Ochsenzunge ist heute in fast ganz Europa verbreitet.

Visitenkarte

Deutscher Name
Gewöhnliche Ochsenzunge

Wuchsform
krautig, aufrecht

Höhe
30 bis 80 cm

Blüten
blauviolett, in Trauben

Blütezeit
Mai bis September

Habitat
Brachen, Schuttplätze, Äcker an warmen, trockenen Standorten

Anchusa italica

Morphologie: Diese krautige, ausdauernde, 20 bis 70 cm hohe Pflanze entwickelt aufrechte oder aufsteigende Stängel, die einfach oder verzweigt sind. Die gesamte Pflanze ist dicht mit abstehenden, steifen Haaren bedeckt. Die unteren, gestielten Blätter haben eine oval lanzettliche oder spatelig geformte und vorne zugespitzte Spreite. Die oberen, sitzenden Blätter werden 8 bis 15 cm lang und haben eine linealisch lanzettliche Form. Die hellblau bis violett gefärbten Blüten stehen in dichten Trauben am Ende der Stängel. Der röhrige Kelch weist 5 lanzettlich linealische Zipfel auf; die 9 bis 15 mm breite Krone setzt sich aus einer 0,5 bis 1 cm langen Kronröhre sowie 5 Kronzipfeln zusammen und ist mit behaarten Schlundschuppen versehen. Die Früchte sind aufrechte, längliche Achänen mit rauer, netzartiger Oberfläche. Blütezeit: April bis Juli.

Habitat: Brachen, Schuttplätze, Unkrautfluren, Bahndämme; bis 1200 m Seehöhe.

Ursprung und Verbreitung: Die im Mittelmeerraum beheimatete Italienische Ochsenzunge ist vor allem in Südeuropa, gelegentlich aber auch in Mitteleuropa, anzutreffen.

Visitenkarte

Deutscher Name
Italienische Ochsenzunge

Wuchsform
krautig, aufrecht

Höhe
20 bis 70 cm

Blüten
hellblau bis violett, in Trauben

Blütezeit
April bis Juli

Habitat
Schuttplätze, Unkrautfluren, Bahndämme

Myosotis arvensis

Visitenkarte

Deutscher Name
Ackervergissmeinnicht

Wuchsform
krautig, aufrecht oder aufsteigend

Höhe
10 bis 40 cm

Blüten
himmelblau, endständig

Blütezeit
April bis September

Habitat
Äcker, trockene Wiesen, Waldschläge, Wege

Morphologie: Diese einjährige, selten zweijährige, krautige Pflanze ist dicht mit kurzen, grauen anliegenden Härchen bedeckt und entwickelt aufrechte oder aufsteigende, reich verzweigte Stängel von 10 bis 40 cm Höhe. Die unteren, fast sitzenden Blätter werden 2 bis 6 cm lang und sind oval lanzettlich geformt, während die oberen Blätter zwar ähnlich geformt sind, jedoch stiellos am Stängel sitzen und nach oben hin allmählich kleiner werden. Die gestielten himmelblauen Blüten, mit gelbem Schlund, stehen in hochblattlosen Trauben an der Spitze der Stängel. Der röhrig glockige Kelch ist 2 bis 3 mm lang; die ca. 3 mm breite Krone besteht aus einer kurzen Kronröhre und einem leicht konkaven Kronensaum mit 5 ovalen oder abgerundeten Kelchzipfeln. Blütezeit: April bis September.
Habitat: Äcker, trockene Wiesen, Waldschläge, Wege; bis 1400 m Seehöhe.
Ursprung und Verbreitung: Das Ackervergissmeinnicht ist in ganz Europa und Westasien häufig anzutreffen.
Synonym: *Myosotis intermedia* Link.
Ähnliche Arten: ***Myosotis scorpioides*** L. (Sumpfvergissmeinnicht, im Bild rechts) ist eine mehrjährige Spezies, die bevorzugt auf Nass- und Sumpfwiesen gedeiht. Sie unterscheidet sich vom Ackervergissmeinnicht durch den größeren Wuchs, die größere Krone (4 bis 8 mm) und den nicht konkaven, sondern ebenen Kronensaum.

Verbena officinalis

Visitenkarte

Deutscher Name
Gewöhnliches Eisenkraut, Echtes Eisenkraut

Wuchsform
krautig, aufsteigend

Höhe
20 bis 60 cm

Blüten
blasslila bis rötlich violett, in Ähren

Blütezeit
Juni bis September

Habitat
Wege, Dämme, Mauern

Morphologie: Krautige, mehrjährige, 20 bis 60 cm hohe Pflanze mit niederliegenden oder aufsteigenden, vierkantigen Stängeln, die an der Basis verholzt und im oberen Teil reich verzweigt sind. Die unteren Blätter sind 3 bis 6 cm lang und spitz eiförmig oder lanzettlich, wobei die mittleren Blätter dreispaltig und mit einem großen Endblättchen erscheinen. Die oberen Blätter sind gegenständig, glattrandig und werden zur Spitze hin allmählich kleiner. Die sitzenden Blüten bilden lange endständige Ähren. Der röhrige Kelch weist 4 bis 6 zugespitzte Zähnchen auf; die Krone ist doppelt so lang wie der Kelch, blasslila bis rötlich violett gefärbt und besteht aus einer kurzen, gekrümmten Kronröhre, die sich zu einen 4 bis 5 mm breiten Kronensaum mit 5 abgerundeten Lappen verbreitert. Die Frucht ist eine kleine, gestreifte Achäne. Blütezeit: Juni bis September.
Habitat: Brachen, Ruderalflächen, Wege, Bahndämme, Mauern; bis 1200 m Seehöhe.
Ursprung und Verbreitung: Das aus dem eurasischen Raum stammende Gewöhnliche Eisenkraut ist heute weltweit häufig anzutreffen.
Ähnliche Arten: ***Verbena supina*** L. tritt viel seltener auf und ist eine einjährige Art. Sie unterscheidet sich vom Gewöhnlichen Eisenkraut dadurch, dass sie kleiner ist, nur eine einzige, viel kürzere Blütenähre aufweist und dass Kelch und Krone gleich lang sind.

Ajuga reptans

Morphologie: Diese krautige, mehrjährige, 15 bis 30 cm hohe Pflanze entwickelt kriechende, an den Knoten wurzelnde Ausläufer sowie viereckige, aufrechte Blütenstängel, die flaumig behaart sind. Die lang gestielten unteren Blätter sind 8 bis 10 cm lang und stehen in einer dichten Grundrosette. Die Blattspreite ist länglich spatelförmig und leicht gekerbt. Die gegenständigen Stängelblätter sind fast sitzend, ähnlich geformt wie die Grundblätter und werden zur Spitze hin allmählich kleiner.

Die in dichten, endständigen Scheinquirlen in den Blattachseln stehenden Blüten sind mit ovalen, manchmal violett gefärbten Deckblättern versehen. Die Röhre des 4 bis 6 mm langen, filzigen Kelches ist etwa gleich lang wie die Kelchzähnchen. Die blauviolette, weißlich überlaufende Krone ist 1 bis 1,5 cm lang und besteht aus einer behaarten Röhre und einer dreilappigen Unterlippe, wobei der mittlere Lappen größer und verkehrt herzförmig ist. Die Oberlippe fehlt. Die blauen Staubgefäße ragen ganz aus dem Kronenschlund heraus. Die Frucht ist eine Achäne mit netzartig rauer Oberfläche. Blütezeit: Mai bis Juli.

Habitat: Wiesen, Wege, Lichtungen; bis 1500 m Seehöhe.

Ursprung und Verbreitung: Der in Europa und dem Kaukasus beheimatete Kriechende Günsel ist in fast ganz Europa häufig anzutreffen.

Ähnliche Arten: ***Ajuga genevensis*** L., der Heidegünsel, unterscheidet sich vom Kriechenden Günsel durch die fehlenden Ausläufer und durch eine sehr kurze Oberlippe.

Visitenkarte

Deutscher Name
Kriechender Günsel

Wuchsform
krautig, rasenbildend

Höhe
15 bis 30 cm

Blüten
blauviolett, in Scheinquirlen

Blütezeit
Mai bis Juli

Habitat
Wiesen, Wege, Waldränder

Teucrium chamaedrys

Morphologie: Dieser 15 bis 30 cm hohe, rhizombildende, buschige Halbstrauch entwickelt aufsteigende oder aufrechte, behaarte Stängel, die im unteren Teil verholzt sind. Die ebenfalls behaarten, kurz gestielten Blätter sind keil- bis spatelförmig, 13 bis 25 mm lang und auf der Oberseite glänzend dunkelgrün und randlich gekerbt. Die zu zweit bis sechst in Quirlen vereinten Blüten sitzen in den oberen Achseln von Hochblättern, die kleinen Laubblättern ähneln. Der manchmal rötlich getönte Kelch weist eine 4 bis 5 mm lange Kelchröhre mit unterschiedlich langen, zugespitzten, auseinander strebenden Zähnchen auf. Die zygomorphe, 1 bis 1,5 cm lange, rosafarbene Krone besteht aus einer leicht zurückgebogenen Kronröhre, aus der die fünflappige Unterlippe hervorgeht. Dabei ist der mittlere Lappen größer, verkehrt eiförmig und wellig bis gekerbt. Die Oberlippe fehlt. Blütezeit: Juli bis September.

Habitat: Trockenrasen, Gebüsche, Waldlichtungen, steinige, sonnige Hänge; bis 1700 m Seehöhe.

Ursprung und Verbreitung: Der Edelgamander kommt vor allem in Mittel- und Südeuropa vor.

Visitenkarte

Deutscher Name
Edelgamander

Wuchsform
Halbstrauch, buschig

Höhe
15 bis 30 cm

Blüten
rosa bis purpurrot, in Quirlen

Blütezeit
Juli bis September

Habitat
trockene Wiesen, Gebüsche, Waldlichtungen

Lamium purpureum

Visitenkarte

Deutscher Name
Rote Taubnessel, Purpurrote Taubnessel

Wuchsform
krautig, büschelig

Höhe
10 bis 30 cm

Blüten
rosa bis purpurrot, in Quirlen

Blütezeit
April bis Oktober

Habitat
Äcker, Gärten, Wiesen, Unkrautfluren

Morphologie: Diese krautige, einjährige, 10 bis 30 cm hohe buschige Pflanze entwickelt vierkantige, niederliegende oder aufsteigende bis aufrechte Stängel, die einfach oder verzweigt sind und bisweilen an den Knoten wurzeln. Die Spreite der kreuzgegenständigen, lang gestielten Blätter ist ei- bis herzförmig, 1 bis 4 cm lang und am Rand unregelmäßig gekerbt. Die in kurzen, endständigen Quirlen stehenden Blüten weisen herzförmige, violettfarbene Deckblätter auf und stehen in den oberen Blattachseln. Der 5 bis 6 mm lange, behaarte Kelch weist 5 schmale Zähnchen auf. Die rosa bis purpurfarbene Krone besteht aus einer schmalen Kronröhre, die etwa gleich lang ist wie der Kelch, sowie einer konkaven Oberlippe und aus einer dreilappigen Unterlippe, wobei deren Mittellappen größer und verkehrt herzförmig ist. Die Frucht ist eine kleine Achäne. Blütezeit: April bis Oktober.
Habitat: Äcker, Gärten, Wiesen, Unkrautfluren; bis 1500 m Seehöhe.
Ursprung und Verbreitung: Die Rote Taubnessel ist in fast ganz Europa und Westasien häufig anzutreffen.
Ähnliche Arten: ***Lamium hybridum*** Vill., die Bastardtaubnessel, deren geographische Verbreitung sehr eingeschränkt ist, unterscheidet sich von der Roten Taubnessel durch die gelblich grün gefärbten Blüten und die eiförmigen Deckblätter. Die Weiße Taubnessel (***Lamium album*** L.) wiederum hat, wie der Name schon sagt, weiße Blüten und eine helmartige Oberlippe.

Ballota nigra

Visitenkarte

Deutscher Name
Schwarznessel, Schwarzer Gottvergess

Wuchsform
krautig, aufrecht

Höhe
30 bis 100 cm

Blüten
rosaviolett, in Scheinquirlen

Blütezeit
Juni bis September

Habitat
Wege, Schuttplätze, Hecken, Mauern

Morphologie: Diese krautige, mehrjährige, 30 bis 100 cm hohe Pflanze verströmt einen typischen, unangenehmen Geruch und entwickelt aufrechte oder aufsteigende, vierkantige Stängel, die leicht behaart und am Grund verholzt sind. Die kreuzgegenständigen, gestielten Blätter sind 2 bis 5 cm lang, weichhaarig, an der Basis herz-eiförmig und am Rand unregelmäßig gesägt bis gekerbt. Der Blütenstand setzt sich aus 15 bis 30 Blüten zusammen, die in Scheinquirlen in den Achseln der oberen und mittleren Blätter sitzen. Der drüsenhaarige, trichterförmige Kelch wird ca. 1 cm lang und ist je nach Varietät mit 5 unterschiedlich geformten Zähnchen ausgestattet. Die rosaviolette zweilippige Krone besteht aus einer helmartigen Oberlippe und einer dreilappigen, weiß gesprenkelten Unterlippe. Die Früchte sind kleine, glatte Achänen. Blütezeit: Juni bis September.
Habitat: Brachen, Wege, Schuttplätze, Hecken, Mauern, bevorzugt stickstoffreiche Böden; bis 1300 m Seehöhe.
Ursprung und Verbreitung: Die Schwarznessel ist eine in Europa und Westasien häufig anzutreffende Spezies.

Stachys officinalis

Morphologie: Krautige, mehrjährige, 20 bis 70 cm hohe Pflanze mit aufrechten oder aufsteigenden Stängeln, die einfach oder verzweigt sind, im oberen Teil leicht behaart und an der Basis verholzt. Die kreuzgegenständigen, lang gestielten unteren Blätter sind 6 bis 7 cm lang, oberseits rau behaart und dunkelgrün gefärbt. Die Blattspreite ist lanzettlich eiförmig, wobei deren Rand unregelmäßig gezähntgekerbt ist. Die oberen Blätter sind ähnlich geformt, aber sitzend und werden nach oben hin allmählich kleiner und zarter. Die Blüten, die in einer quirlartigen, endständigen Scheinähre vereint sind, weisen ovale Deckblätter und lanzettlich linealische Vorblättchen auf. Der 4 bis 5 mm lange Kelch hat eine röhrig glockige Form und ist mit 5 borstigen Zähnchen ausgestattet; die rotviolette, 10 bis 12 mm lange Krone besteht aus einer Kronröhre ohne Haarring und einer geraden, zweizähnigen Oberlippe. Die Staubgefäße sind viel kürzer als die Kronlippe. Blütezeit: Juni bis August.
Habitat: Magerwiesen, Weiden, lichte Wälder, Rodungen, krautreiches Gelände; bis 1800 m Seehöhe.
Ursprung und Verbreitung: Die Gemeine Betonie ist in Europa und dem Kaukasus heimisch und dort fast überall häufig anzutreffen.
Synonyme: *Betonica officinalis* L.; *Stachys betonica* Bentham.

Visitenkarte

Deutscher Name
Heilziest,
Gemeine Betonie,
Heilbatunge

Wuchsform
krautig, aufrecht

Höhe
20 bis 70 cm

Blüten
rosa bis violett,
in Ähren

Blütezeit
Juni bis August

Habitat
Magerwiesen,
lichte Wälder,
krautreiches
Gelände

Die Gemeine Betonie, im Volksmund auch als Heilziest bekannt, enthält Gerbstoffe und wird seit dem Altertum als Arzneipflanze verwendet.

Stachys sylvatica

Visitenkarte

Deutscher Name
Waldziest

Wuchsform
krautig, aufrecht

Höhe
30 bis 100 cm

Blüten
purpurrot,
in Ähren

Blütezeit
Juni bis September

Habitat
Laubwälder,
Lichtungen,
Waldränder

Morphologie: Diese krautige, mehrjährige, rhizombildende, 30 bis 100 cm hohe Pflanze verströmt einen eher unangenehmen Geruch und entwickelt aufrechte oder aufsteigende, leicht behaarte und im oberen Teil verzweigte Stängel. Die gegenständigen, lang gestielten unteren Blätter sind 7 bis 10 cm lang und oberseits flaumig behaart. Die Blattspreite ist oval herzförmig und am Rand grob und spitz gezähnt. Die Stängelblätter sind ähnlich geformt, fast sitzend und werden zur Spitze hin nach und nach kleiner, wobei sie allmählich eine lanzettliche Form annehmen. Die in einer quirlartigen, endständigen Ähre stehenden purpurroten Blüten weisen schmal lanzettliche oder linealische Deckblätter und Vorblätter auf. Der röhrige Kelch ist mit lanzettlichen Zähnchen ausgestattet. Die purpurrote, manchmal weiß gesprenkelte Krone wird 14 bis 16 mm lang und ist mit drüsigen Haaren besetzt. Ihre Unterlippe ist fast doppelt so lang wie die Oberlippe. Blütezeit: Juni bis September.
Habitat: Laub- und Mischwälder, schattige Lichtungen und Waldränder; bis auf 1700 m Seehöhe.
Ursprung und Verbreitung: Der Waldziest ist in Mittel- und Nordeuropa recht häufig anzutreffen, gegen Süden hin kommt er jedoch nur mehr im Gebirge vor.

Prunella vulgaris

Visitenkarte

Deutscher Name
Gewöhnliche Brunelle,
Kleine Brunelle,
Kleine Braunelle

Wuchsform
krautig,
aufsteigend

Höhe
10 bis 25 cm

Blüten
violett,
in Ähren

Blütezeit
Juni bis September

Habitat
Wiesen,
Rodungen,
Weiden

Morphologie: Diese mehrjährige, 10 bis 25 cm hohe Pflanze mit kriechend wachsendem Rhizom entwickelt aufsteigende, einfache oder verzweigte Stängel. Die gestielten, gegenständigen Blätter sind 3 bis 6 cm lang, die Spreite ist lanzettlich geformt, der Blattrand unregelmäßig gekerbt. Die violetten oder purpurfarbenen Blüten stehen endständig in einem dichten, ährenartigen Blütenstand, der 4 bis 5 cm lang wird. An der Basis sind sie von zwei normalen Stängelblättern und von herzförmigen Deckblättern umgeben. Der Kelch ist langzähnig und rau-flaumig behaart; die Oberlippe der 12 bis 15 mm langen Krone ist helmartig geformt und mit 3 kurzen Zähnchen ausgestattet, während die Unterlippe aus 3 Lappen besteht. Die Früchte sind gerippte, glatte Achänen. Blütezeit: Juni bis September.
Habitat: Wiesen, Rodungen, Weiden; bis 2000 m Seehöhe.
Ursprung und Verbreitung: Die Gewöhnliche Brunelle ist in ganz Europa und in vielen Teilen der Welt häufig anzutreffen.
Ähnliche Arten: Die Große Brunelle (***Prunella grandiflora*** (L.) Scholl), auch unter dem Namen Großblütige Braunelle bekannt, ist hauptsächlich im mitteleuropäischen Raum verbreitet.

Hyssopus officinalis

Morphologie: Dieser ausdauernde, 30 bis 50 cm hohe, buschige Halbstrauch verströmt einen äußerst intensiven aromatischen Geruch und entwickelt aufrechte oder aufsteigende, leicht behaarte Stängel, die an der Basis verholzt und nach oben verzweigt sind. Die kurz gestielten, gegenständigen, 2 bis 3 cm langen Blätter sind fast kahl, die Spreite ist linealisch lanzettlich geformt, ganzrandig und am Rand nach unten umgerollt. Der Blütenstand ist eine achselständige, quirlartige Ähre aus 4 bis 6 Blüten. Der 5 bis 6 mm lange röhrige Kelch ist behaart und weist 5 lanzenförmige Zähnchen auf. Die 7 bis 9 mm lange Krone ist blauviolett, purpurrot, oder seltener auch rosaweiß gefärbt und besteht aus einer zweilappigen, ausgerandeten Oberlippe und einer dreilappigen, deutlich längeren Unterlippe. Die Staubblätter ragen weit heraus. Blütezeit: Juli bis September.
Habitat: Steinige, trockene Orte, Wiesen, warme, trockene Kalkböden; von 200 bis 1300 m Seehöhe.
Ursprung und Verbreitung: Der Echte Ysop ist vor allem in Südeuropa und Westasien zu finden, wenn auch eher selten.

Visitenkarte

Deutscher Name
Echter Ysop

Wuchsform
halbstrauchartig, buschig

Höhe
30 bis 50 cm

Blüten
blauviolett, in quirlartigen Ähren

Blütezeit
Juli bis September

Habitat
steinige Wiesen, trockene, felsige Standorte

Der Ysop ist schon seit dem Mittelalter in Europa als Heilpflanze bekannt. In der Volksmedizin gilt er noch immer als beliebte Arzneipflanze, die bei Erkrankungen der Atemwege eingesetzt wird.

Origanum vulgare

Visitenkarte

Deutscher Name
Wilder Majoran, Gewöhnlicher Dost, Wilder Dost, Oregano, Dorant

Wuchsform
krautig, aufrecht

Höhe
30 bis 60 cm

Blüten
rosa bis purpurrot, in Rispen

Blütezeit
Juli bis Oktober

Habitat
Trockenwiesen und trockene Waldränder, Böschungen, Hecken

Morphologie: Diese krautige, mehrjährige, 30 bis 60 cm hohe Pflanze verströmt einen typischen, stark aromatischen Duft. Aus dem Wurzelapparat entwickeln sich aufrechte oder aufsteigende, behaarte, häufig rot überlaufene Stängel, die reich verzweigt sind. Die Spreite der kreuzgegenständigen, kurz gestielten Blätter ist 2,5 bis 4 cm lang, oval lanzettlich geformt, randlich fein gezähnt und auf der Blattunterseite drüsig behaart. Die in kugeligen, dichten Rispen stehenden Blüten werden von violetten Deckblättern umhüllt und stehen an der Spitze des Stängels. Der 2 bis 3 mm lange, röhrig glockenförmige Kelch weist oval lanzettliche Zähnchen und einen behaarten Schlund auf. Die Oberlippe der 5 bis 6 mm langen, rosa bis purpurrot gefärbten Krone ist ausgerandet, die Unterlippe ist dreilappig. Blütezeit: Juli bis Oktober.
Habitat: Trockenwiesen und trockene Waldränder, Böschungen, Hecken; bis 1300 m Seehöhe.
Ursprung und Verbreitung: Der Wilde Majoran ist in Europa und Westasien beheimatet und kommt beinahe in ganz Europa häufig vor.
Ähnliche Arten: ***Origanum heracleoticum*** L. ist vor allem im Mittelmeeraum anzutreffen und unterscheidet sich vom Wilden Majoran durch die drüsigen, meist grünen Deckblätter und den noch stärkeren aromatischen Duft. Die Blätter und Blüten dieser Spezies sind in getrockneter Form als weithin beliebtes Gewürz im Handel erhältlich.

Der Wilde Majoran ist nicht nur ein beliebtes Küchengewürz, die Pflanze wird auch in der Volksmedizin, vor allem bei Husten, Durchfall und Entzündungen, eingesetzt.

Thymus vulgaris

Morphologie: Dieser buschige, 10 bis 40 cm hohe Halbstrauch verströmt ein sehr charakteristisches, würziges Aroma. Er entwickelt aufrechte oder bogig aufsteigende, behaarte, am Grund verholzte Stängel, die reich verzweigt sind. Die gegenständigen, sitzenden Blätter sind 7 bis 9 mm lang, unterseits drüsig behaart und weisen eine linealisch oder schmal lanzettlich geformte Spreite auf, deren Rand nach unten eingerollt ist. Der Blütenstand ist eine kugelige Dolde, die in den Achseln von lanzettlichen Tragblättern sitzt. Der 3 bis 4 mm lange, behaarte Kelch ist an der Basis leicht kropfig und weist eine Oberlippe mit 3 kurzen sowie eine Unterlippe mit 2 kurzen, schmalen Zähnchen auf. Die 5 bis 6 mm lange Krone kann weißlich, lila oder hellrosa gefärbt sein. Die Staubgefäße ragen aus der Krone hervor. Blütezeit: Mai bis Juli.

Habitat: Trockenrasen, Zwergstrauchheiden; wärmeliebend; bevorzugt kalkhaltige Böden; bis 900 m Seehöhe.

Ursprung und Verbreitung: Der Gewöhnliche Thymian kommt wild wachsend vor allem im westlichen Mittelmeerraum vor. Er wird aber auch gerne im Garten angepflanzt.

Ähnliche Arten: ***Thymus striatus*** Vahl unterscheidet sich vom Gewöhnlichen Thymian durch niederliegende, kriechende Stängel und größere, randlich nicht umgerollte Blätter.

Visitenkarte

Deutscher Name
Gewöhnlicher Thymian, Gartenthymian, Römischer Quendel, Kudelkraut

Wuchsform
Halbstrauch, buschig

Höhe
10 bis 40 cm

Blüten
weiß bis hellrosa, in Dolden

Blütezeit
Mai bis Juli

Habitat
Trockenrasen, Zwergstrauchheiden

Lycopus europaeus

Morphologie: Krautige, mehrjährige, 20 bis 80 cm hohe Pflanze mit langen, rhizomatösen Wurzeln und Ausläufern. Die aufrechten oder aufsteigenden Stängel sind borstig und reich verzweigt. Die kreuzgegenständigen unteren Blätter sind kurz gestielt, 5 bis 10 cm lang und weisen eine oval lanzettlich geformte sowie tief gelappte und gezähnte Spreite auf, während die oberen Blätter kleiner und nur grob gezähnt sind. Die sitzenden Blüten sind zu dichten Knäueln quirlartig in den Achseln der oberen Blätter vereint und sind von kleinen Deckblättern umgeben. Der 1,5 bis 3 mm lange Kelch ist glockenförmig und zeigt eiförmig lanzettliche Zähne. Die 2,5 bis 3 mm lange weiße oder rosafarbene Krone ist glocken- bis trichterförmig und weist 4 rundliche Lappen auf. Blütezeit: Juli und August.

Habitat: Feuchte Orte, wie Gräben, Ufer, Auengebüsch; bis 1000 m Seehöhe.

Ursprung und Verbreitung: Der aus den gemäßigten Klimazonen Europas und Asiens stammende Uferwolfstrapp ist nicht nur in Europa, sondern fast weltweit ziemlich häufig anzutreffen.

Ähnliche Arten: ***Lycopus exaltatus*** L. f. ist eine viel seltener vorkommende Spezies, die sich vom Uferwolfstrapp durch den größeren Wuchs (80 bis 150 cm) und die durchgehend fiederteiligen Blätter unterscheidet.

Visitenkarte

Deutscher Name
Uferwolfstrapp, Wolfsfuß

Wuchsform
krautig, aufrecht

Höhe
20 bis 80 cm

Blüten
weiß oder rosa, in Scheinquirlen

Blütezeit
Juli und August

Habitat
Gräben, Ufer, Auengebüsch

Mentha aquatica

Visitenkarte

Deutscher Name
Wasserminze

Wuchsform
krautig, buschig

Höhe
20 bis 80 cm

Blüten
rosa oder lila,
in Scheinquirlen

Blütezeit
Juli bis September

Habitat
nasse Wiesen
und Äcker,
Ufer, Gräben

Morphologie: Krautige, mehrjährige, kräftige, 20 bis 80 cm hohe Pflanze, die einen intensiven aromatischen Duft verströmt. Die aufrechten oder aufsteigenden Stängel entwickeln Ausläufer und sind leicht behaart sowie im oberen Teil verzweigt. Die gegenständigen, gestielten Blätter erreichen eine Länge von 2 bis 6 cm und weisen eine oval lanzettlich oder elliptisch geformte Spreite auf, deren Rand gezähnt oder gesägt ist. Die rosa bis lila gefärbten Blüten bilden achsel- und endständige Blütenstände in Form von kugeligen Scheinquirlen. Der 3 bis 4 mm lange Kelch ist röhrig und weist 5 lanzettliche Zähnchen auf. Die 4 bis 6 mm lange Krone ist trichterförmig und in 4 oval rundliche Lappen geteilt. Blütezeit: Juli bis September.

Habitat: Nasse Wiesen und Äcker, Ufer und Gräben; bis 1200 m Seehöhe.

Ursprung und Verbreitung: Die aus dem eurasischen Raum stammende Wasserminze ist nicht nur in Europa, sondern fast weltweit häufig anzutreffen.

Hybriden: Aus der Kreuzung zwischen ***Mentha aquatica*** L. und M. spicata L. (Ährenminze) entstand die so genannte Pfefferminze ***(Mentha x piperita),*** die einen ährenartigen Blütenstand aufweist und welche in verschiedenen Formen, die allesamt reich an ätherischen Ölen sind, im Garten angepflanzt wird.

Mentha longifolia

Visitenkarte

Deutscher Name
Rossminze
Langblättrige
Minze

Wuchsform
krautig, buschig

Höhe
30 bis 80 cm

Blüten
rosa bis
rötlich
violett,
ährig,
in Scheinquirlen

Blütezeit
Juli bis September

Habitat
nasse Wiesen
und Weiden,
Ufer

Morphologie: Diese krautige, buschige, mehrjährige, graugrüne, 20 bis 80 cm hohe Pflanze verströmt einen leicht unangenehmen Geruch und entwickelt aufrechte oder aufsteigende und Ausläufer bildende Stängel, die weißfilzig behaart und oben verzweigt sind. Die gegenständigen, sitzenden, 5 bis 9 cm langen Blätter zeigen eine lanzettlich geformte Spreite, die vorne zugespitzt und am Rand gesägt ist. Die rosa bis rötlich violett gefärbten Blüten stehen in Scheinquirlen in einer langen, endständigen Ähre. Der 1 bis 2 mm lange Kelch ist kegelförmig, behaart und weist 5 dreieckige Zähnchen auf. Die trichterförmige Krone besitzt 4 oval längliche Lappen. Blütezeit: Juli bis September.

Habitat: Gräben, nasse Wiesen und Weiden, Ufer; bis 2000 m Seehöhe.

Ursprung und Verbreitung: Die Rossminze stammt aus dem eurasischen Raum und ist von Mittel- und Südeuropa bis nach Großbritannien ziemlich häufig anzutreffen.

Synonym: *Mentha sylvestris* L.

Ähnliche Arten: Nach Meinung einiger Autoren zählt diese sehr variable Art zur Gruppe der ***Mentha spicata*** L. (Ährenminze), die zahlreiche Arten, Unterarten und Hybriden umfasst, welche sehr ähnliche Merkmale aufweisen und daher nur schwer zu klassifizieren sind.

Salvia pratensis

Visitenkarte

Deutscher Name
Wiesensalbei

Wuchsform
krautig, aufrecht

Höhe
30 bis 60 cm

Blüten
blauviolett bis dunkelblau, in Scheinquirlen

Blütezeit
Juni bis September

Habitat
Trockenrasen, Wegränder, sonnige Wiesen

Mehrere Arten des Salbeis finden auch als beliebte Zierpflanzen in Sommerbeeten Verwendung.

Morphologie: Diese krautige, ausdauernde, 30 bis 60 cm hohe Pflanze entwickelt aufrechte oder aufsteigende, behaarte Stängel, die im oberen Teil verzweigt sind. Die Grundblätter stehen an 3 bis 4 cm langen Stielen und sind breit oval bis lanzettlich geformt. Die Spreite ist 8 bis 13 cm lang und am Rand unregelmäßig gekerbt. Die Stängelblätter sind kleiner, sitzend und am Grund abgerundet oder halb stängelumfassend. Der einfache oder verzweigte Blütenstand setzt sich aus jeweils 4 bis 8 in engen Scheinquirlen stehenden Blüten zusammen, die von grünlichen Deckblättern umhüllt sind. Der 7 bis 10 mm lange Kelch ist filzig und zweilippig. Die 2 bis 3 cm lange blauviolette Krone ist ebenfalls zweilippig, wobei die Oberlippe hoch aufgewölbt ist. Blütezeit: Juni bis September.
Habitat: Trockenrasen, trockene Wegränder, sonnige Wiesen; bis 1600 m Seehöhe.
Ursprung und Verbreitung: Der Wiesensalbei ist hauptsächlich in Mittel- und Südeuropa anzutreffen, gedeiht aber bisweilen auch in Nordeuropa.

Salvia glutinosa

Visitenkarte

Deutscher Name
Klebriger Salbei

Wuchsform
aufrecht, krautig

Höhe
40 bis 60 cm

Blüten
gelb,
in Scheinquirlen

Blütezeit
Juni bis August

Habitat
Laubwälder

Morphologie: Ausdauernde, intensiv aromatisch duftende, 40 bis 60 cm hohe Pflanze mit robustem, verholztem Rhizom und einfachen, aufrechten oder aufsteigenden, im unteren Teil behaarten und im oberen Teil drüsig behaarten, klebrigen Stängeln. Die Grundblätter stehen an 6 bis 8 cm langen Stielen und sind beiderseits drüsig behaart. Die Blattspreite ist 10 bis 13 cm lang und am Grund spieß- oder herzförmig mit gesägtem Rand. Die Blüten stehen in Scheinquirlen zu 2 bis 4 mit ovalen, abwärts gebogenen Deckblättern. Der Kelch ist 12 bis 16 mm lang und dicht drüsig behaart, die zweilippige Krone besteht aus einer weißlich gelben, 1,5 bis 2 cm langen Kronröhre und 2 gelben Lippenblättern, die mit bräunlichen Punkten und Streifen versehen sind und etwa gleich lang sind wie die Kronröhren. Blütezeit: Juni bis August.
Habitat: Laubwälder, schattige Standorte; von 100 bis 1700 m Seehöhe.
Ursprung und Verbreitung: Im Großteil der Bergregionen Eurasiens vertreten, in den Alpen verbreitet, häufig.

Hyoscyamus niger

Visitenkarte

Deutscher Name
Schwarzes
Bilsenkraut

Wuchsform
krautig, buschig

Höhe
30 bis 60 cm

Blüten
schmutzig gelb,
in Ähren

Blütezeit
Juni bis Oktober

Habitat
Wege,
Schuttplätze,
Mauern

Morphologie: Diese krautige, buschige, ein-, zwei- oder mehrjährige, stämmige, 30 bis 60 cm hohe, dicht behaarte Pflanze verströmt einen unangenehmen Geruch und ist giftig. Sie entwickelt aufrechte oder aufsteigende, knollig drüsig behaarte, klebrige Stängel. Die wechselständigen, 6 bis 8 cm langen Blätter sind oval lanzettlich geformt und am Rand tief gelappt oder gezähnt. Die unteren Blätter stehen an 2 bis 6 cm langen Stielen, die oberen Blätter sind sitzend und fast stängelumfassend. Die sitzenden oder kurz gestielten Blüten sind zu dichten, belaubten Blütenständen vereint, die sich in Form von Ähren an den Spitzen der Stängel erheben. Der krugförmige, dicht mit Drüsenhaaren besetzte Kelch weist 5 oval lanzettliche Kelchzipfel auf. Die 1,5 bis 2,5 cm lange, trichterförmige Krone endet in 5 abgerundeten Kronlappen und ist schmutzig gelb gefärbt mit violetter netzartiger Aderung. Die Frucht ist eine krugförmige Kapsel. Blütezeit: Juni bis Oktober.
Habitat: Wege, Schuttplätze, Mauern; bis 1200 m Seehöhe.
Ursprung und Verbreitung: Das Schwarze Bilsenkraut ist in Europa und Zentralasien beheimatet, heute jedoch in Europa nur noch selten anzutreffen.
Ähnliche Arten: *Hyoscyamus albus* L., das Helle Bilsenkraut, gedeiht an den gleichen Standorten und unterscheidet sich vom Schwarzen Bilsenkraut durch seine durchgehend gestielten Blätter, die hellgelbe Krone mit violettem Schlund sowie durch seinen intensiven Geruch.

Atropa belladonna

Morphologie: Krautige, ausdauernde, buschige, 50 bis 150 cm hohe, sehr giftige Pflanze mit kräftigen, kahlen, klebrigen Stängeln, die reich verzweigt sind. Die wechselständigen, gestielten Blätter sind 10 bis 15 cm lang und weisen eine oval lanzettlich geformte und vorne zugespitzte Spreite auf, deren Rand glatt ist. Die leicht nickenden Blüten stehen an 1 bis 2 cm langen Stielen in den oberen Blattachseln. Der etwa 1 cm lange Kelch ist glockenförmig und weist 5 oval lanzettliche Kelchlappen auf. Die 1,5 bis 2,5 cm lange, braunrot bis braunviolett getönte Krone ist röhrig glockig geformt und zeigt 5 abgerundete Kronlappen. Die Innenseite der Blüte ist gelb überlaufen. Die Frucht ist eine kugelige große Beere von 1,5 bis 2 cm Durchmesser, die zur Reifezeit glänzend schwarz wird. Blütezeit: Juni bis September.
Habitat: Waldlichtungen, Kahlschläge, Waldränder; bis 1400 m Seehöhe.
Ursprung und Verbreitung: Die Tollkirsche ist in Mittel- und Südeuropa häufig anzutreffen.

Visitenkarte

Deutscher Name
Tollkirsche, Schwarze Tollkirsche

Wuchsform
krautig, buschig

Höhe
50 bis 150 cm

Blüten
braunrot bis braunviolett, einzeln

Blütezeit
Juni bis September

Habitat
Waldlichtungen, Kahlschläge, Waldränder

Die Tollkirsche enthält Hyoscyamin sowie in geringeren Mengen Atropin, beides sehr giftige Alkaloide.

Physalis alkekengi

Visitenkarte

Deutscher Name
Judenkirsche, Wilde Blasenkirsche

Wuchsform
krautig, aufsteigend

Höhe
25 bis 60 cm

Blüten
grünlich weiß, einzeln

Blütezeit
Juni bis September

Habitat
feuchte, schattige Wälder, Hecken

Morphologie: Diese krautige, ausdauernde, kahle oder schwach behaarte, 25 bis 60 cm hohe Pflanze entwickelt robuste kriechende Wurzeln und niederliegende oder aufsteigende, kantige Stängel, die einfach oder verzweigt sind. Die lang gestielten, 5 bis 10 cm langen Blätter sind oval lanzettlich geformt, am Ende zugespitzt und am Rand glatt oder aber grob gezähnt. Die lang gestielten Blüten stehen einzeln in den oberen Blattachseln. Der zur Blütezeit 6 bis 8 mm lange Kelch weist 5 lanzettlich geformte Zipfel auf. Die drehrunde 1,5 bis 2 cm breite Krone ist grünlich weiß und weist keine Fleckung auf. Die Antheren (Staubbeutel) sind gelb gefärbt. Die Frucht ist eine ca. 1 cm große, orangerote Beere, die vom leuchtend orangeroten, lampionartig aufgeblähten überdauernden Kelch umhüllt ist. Blütezeit: Juni bis September.
Habitat: Feuchte, schattige Wälder, Hecken; bis 1000 m Seehöhe.
Ursprung und Verbreitung: Die Judenkirsche ist in Mittel- und Südeuropa sowie in Westasien anzutreffen, wenn auch nicht allzu häufig.
Ähnliche Arten: ***Physalis peruviana*** L. ist eine Spezies, die wegen ihrer schmackhaften Beeren kultiviert wird, aber auch verwildert vorkommt. Sie unterscheidet sich von der Judenkirsche durch ihre größeren, am Grund herzförmigen Blätter, die gelbe Krone mit 5 purpurroten Flecken sowie durch die violetten Staubbeutel und den gelblich grünen Kelch, der sich auch nach der Reife nicht orangerot verfärbt.

Die leuchtend orangeroten überdauernden Kelche der Judenkirsche hüllen die Frucht, eine nur 1 cm große Beere, vollkommen ein.

Solanum dulcamara

Morphologie: Dieser Halbstrauch entwickelt 30 bis 200 cm lange, kriechende oder kletternde Stängel, die reich verzweigt und nur an der Basis verholzt sind. Die lang gestielten, 5 bis 10 cm langen Blätter haben eine verlängert eiförmige oder dreieckig herzförmige Spreite, wobei die oberen Blätter am Grund zwei ovale oder lanzettliche Öhrchen aufweisen. Der Blütenstand ist eine gestielte, fast schirmförmige Dolde von 10 bis 20 Blüten, die gegenüber den Blättern und am Stängelende sitzen. Der 3 bis 4 mm lange Kelch ist glockenförmig mit 5 kurzen, ovalen Kelchzipfeln. Die 1 cm breite Krone ist drehrund und weist 5 zurückgeschlagene, lanzettlich zugespitzte Kronzipfel auf, die violett gefärbt sind und am Grund 2 weiße oder gelbe Flecken aufweisen. Die Antheren (Staubbeutel) sind gelb. Die Frucht ist eine eiförmige, 7 bis 8 mm lange Beere, die zuerst grün, zur Reifezeit rot gefärbt ist. Blütezeit: Juni bis August.
Habitat: Feuchte Wälder, Ufer, Unkrautfluren; bis 1000 m Seehöhe.
Ursprung und Verbreitung: Der Bittersüße Nachtschatten ist in Mittel- und Südeuropa sowie in Westasien häufig anzutreffen.

Visitenkarte

Deutscher Name
Bittersüßer Nachtschatten

Wuchsform
Halbstrauch, kletternd, kriechend

Höhe
30 bis 200 cm

Blüten
violett, in Dolden

Blütezeit
Juni bis August

Habitat
feuchte Wälder, Ufer, Unkrautfluren

Datura stramonium

Morphologie: Diese krautige, buschige, einjährige, 20 bis 100 cm hohe Pflanze riecht ziemlich unangenehm und ist giftig. Sie entwickelt wollig behaarte, niederliegende oder aufsteigende Stängel, die vor allem im oberen Teil reich verzweigt sind. Die behaarten, wechselständigen, lang gestielten Blätter sind breit eiförmig, 10 bis 15 cm lang und asymmetrisch. Die kurz gestielten Blüten entspringen einzeln in den Blattachseln. Der 2,5 bis 3 cm lange, röhrig glockige Kelch ist an der Basis aufgebläht und weist 5 spitze Zähnchen auf. Die 6 bis 8 cm lange Krone besteht aus einer Röhre mit 5 spitzen, weißen, manchmal leicht lila überlaufenen Kronzipfeln. Die Frucht ist eine verholzte, eiförmige, stachelige, 3 bis 5 cm lange Kapsel, in deren 5 Kammern sich zahlreiche raue schwarze Samen befinden. Blütezeit: Juni bis Oktober.
Habitat: Wege, Schuttplätze, Mauern, Gärten; bis 1000 m Seehöhe.
Ursprung und Verbreitung: Der aus Südamerika stammende und weltweit verbreitete Stechapfel ist in Südeuropa überall, aber eher selten anzutreffen.
Ähnliche Arten: *Datura innoxia* Miller (Bild oben) ist eine noch seltener anzutreffende Spezies, die sich von der oben beschriebenen Art hauptsächlich durch den größeren Kelch und die größere Krone unterscheidet, außerdem durch die weichen, nicht stechenden Stacheln der Fruchtkapsel.

Visitenkarte

Deutscher Name
Stechapfel, Weißer Stechapfel

Wuchsform
krautig, buschig

Höhe
20 bis 100 cm

Blüten
weiß, einzeln

Blütezeit
Juni bis Oktober

Habitat
Wege, Schuttplätze, Mauern

Verbascum nigrum

Visitenkarte

Deutscher Name
Schwarze Königskerze

Wuchsform
krautig, aufrecht

Höhe
50 bis 100 cm

Blüten
gelb,
in Trauben

Blütezeit
Juni bis August

Habitat
Wegränder,
Kahlschläge,
Schuttplätze

Morphologie: Krautige, ausdauernde, kräftige, 50 bis 100 cm hohe Pflanze mit aufrechten, einfachen, rötlich überlaufenen Stängeln. Die lang gestielten unteren Blätter haben eine Spreite, die 15 bis 25 cm lang, dreieckig lanzettlich geformt, am Grund herzförmig und am Rand unregelmäßig gekerbt bzw. gezähnt ist. Die oberen Blätter werden zur Spitze hin allmählich kleiner, sind lanzettlich geformt und sitzend oder kurz gestielt. Der Blütenstand ist eine lange, endständige, zylindrische Traube, die einfach oder wenig verzweigt sein kann. Sie trägt zahlreiche kurz gestielte Blüten mit linealischen Deckblättern. Der dicht weißfilzige Kelch ist 3 bis 4 mm lang und weist 5 lanzettliche Zipfel auf. Die drehrunde, 1,5 bis 2 cm breite, gelbe, am Grund violett gefärbte Krone weist 5 abgerundete Kronlappen auf. Die Staubfäden sind auffällig violett gefärbt. Die ganze Pflanze ist mit Sternhaaren bedeckt. Die Frucht ist eine 4 bis 5 mm lange, ovale Kapsel. Blütezeit: Juni bis August.

Habitat: Brachen, Straßenränder, Kahlschläge, Schuttplätze; bis auf 1600 m Seehöhe.

Ursprung und Verbreitung: Die Schwarze Königskerze kommt in Europa, dem Kaukasus und in Sibirien vor.

Ähnliche Arten: ***Verbascum blattaria*** L. (Mottenkönigskerze) ist eine ziemlich selten vorkommende Art und unterscheidet sich von der Schwarzen Königskerze durch die länglich eiförmigen Blätter und die lang gestielten, hellgelben, vor dem Aufblühen rötlichen Blüten, die einzeln oder zu zweit in achselständigen Trauben stehen.

Verbascum thapsus

Morphologie: Diese krautige, zweijährige, 50 bis 120 cm hohe Pflanze entwickelt aufrechte, einfache Stängel, die dicht mit weißlich gelben, filzigen Haaren bedeckt sind. Die sitzenden oder kurz gestielten unteren Blätter sind 10 bis 15 cm lang und weisen eine oval lanzettlich geformte Spreite auf, wobei deren Rand grob gezähnt bzw. gekerbt ist. Die oberen, ähnlich geformten Blätter werden zur Spitze hin allmählich kleiner und laufen am Stängel herab, der dadurch breit geflügelt erscheint. Der Blütenstand ist eine lange, endständige, zylindrische Traube, die einfach oder nur wenig verzweigt ist und zahlreiche, fast sitzende Blüten mit lanzettlichen Deckblättern trägt. Der dicht weißfilzige Kelch ist 7 bis 10 mm lang und weist 5 lanzettliche Zipfel auf. Die 1 bis 3 cm breite drehrunde Krone weist 5 abgerundete Kronlappen auf und ist hellgelb gefärbt. Die Frucht ist eine ca. 1 cm lange Kapsel mit zwei Kammern. Blütezeit: Juli bis September.

Habitat: Wege, Schuttplätze, Dämme, Waldlichtungen, Heiden; bis 1700 m Seehöhe.

Ursprung und Verbreitung: Die aus Mittel- und Südeuropa sowie dem Kaukasus stammende Kleinblütige Königskerze ist eher selten anzutreffen.

Visitenkarte

Deutscher Name
Kleinblütige Königskerze, Frauenkerze, Wetterkerze

Wuchsform
krautig, aufrecht

Höhe
50 bis 120 cm

Blüten
hellgelb, in Trauben

Blütezeit
Juli bis September

Habitat
Wege, Schuttplätze, Dämme, Waldlichtungen

Linaria vulgaris

Morphologie: Krautige, mehrjährige, 20 bis 60 cm hohe Pflanze mit aufrechten, verzweigten Stängeln, die im oberen Teil leicht drüsig behaart sind. Die wechselständigen, sitzenden Blätter sind 3 bis 5 cm lang, graugrün und linealisch geformt und ganzrandig. Die gestielten gelben Blüten weisen linealische Tragblätter auf und stehen in einer endständigen Traube. Der 2 bis 3 mm lange Kelch ist fast vollständig in lanzettliche Zipfel geteilt. Die schwefelgelbe Krone ist 2,5 bis 3 cm lang mit orangefarbener, gewölbter Unterlippe, die einen langen, geraden Sporn aufweist, der bis zu 1 cm lang werden kann. Die Frucht ist eine eiförmige Kapsel, die zahlreiche abgeflachte, geflügelte Samen enthält. Blütezeit: Juni bis Oktober.

Habitat: Unkrautfluren, Wege, Mauern, Bahndämme, Kahlschläge sowie steinige Böden; bis 1500 m Seehöhe.

Ursprung und Verbreitung: Das in Eurasien beheimatete Gewöhnliche Leinkraut ist in Europa recht häufig anzutreffen.

Visitenkarte

Deutscher Name
Gewöhnliches Leinkraut, Gemeines Leinkraut, Kleines Löwenmaul, Frauenflachs, Froschmaul

Wuchsform
krautig, aufrecht

Höhe
20 bis 60 cm

Blüten
gelb, in Trauben

Blütezeit
Juni bis Oktober

Habitat
sonnige Unkrautfluren, Wege, Mauern, Bahndämme, Kahlschläge

Cymbalaria muralis

Visitenkarte

Deutscher Name
Zymbelkraut, Gemeines Zymbelkraut

Wuchsform
krautig, niederliegend

Höhe
30 bis 60 cm

Blüten
gelb und violett, einzeln

Blütezeit
Juni bis September

Habitat
Mauern, Felsen, Steinbrüche, steinige Rasen

Morphologie: Diese ausdauernde, krautige Pflanze entwickelt 30 bis 60 cm lange, niederliegende und sehr dünne Stängel, die an den Knoten wurzeln und stark verzweigt sind. Die wechselständigen, fleischigen Blätter stehen an 2 bis 4 cm langen Stielen und sind oberseits glänzend grün, unterseits meist rötlich überlaufen. Die 1 bis 3 cm breite Blattspreite ist herz- bis nierenförmig, am Rand handförmig in 5 bis 7 abgerundete Lappen geteilt. Die gestielten Blüten stehen einzeln in den Blattachseln. Der 2 bis 2,5 mm lange Kelch ist in 5 oval lanzettliche Zipfel geteilt. Die 8 bis 10 mm lange Krone ist zweilappig, wobei die Oberlippe violett, die Unterlippe hellgelb gefärbt ist. Die Kronröhre ist durch einen kurzen, stumpfen Sporn verlängert. Die Frucht ist eine kleine, kugelige Kapsel mit rauen Samen. Blütezeit: Juni bis September.

Habitat: Ritzen von Mauern, Felsen, Steinbrüche, steinige Rasen; bis 1500 m Seehöhe.

Ursprung und Verbreitung: Das ursprünglich aus den Südalpen stammende Zymbelkraut ist heute in fast ganz Europa und anderen Teilen der Welt verbreitet.

Synonym: *Linaria cymbalaria* (L.) Mill.

Ähnliche Arten: ***Cymbalaria pilosa*** (Jacq.) Bailey, das Weichhaarige Zymbelkraut (Bild oben), ist im Mittelmeergebiet endemisch und besitzt gegenständige Blätter und eine etwas größere, samtig behaarte Krone.

Pseudolysimachion spicatum

Visitenkarte

Deutscher Name
Ähriger Ehrenpreis

Wuchsform
krautig, aufrecht

Höhe
15 bis 45 cm

Blüten
blauviolett, in ährenförmigen Trauben

Blütezeit
Juni bis August

Habitat
sonnige Rasen, Weiden, Gebüsche

Morphologie: Ausdauernde, krautige, 15 bis 45 cm hohe Pflanze mit horizontalem, verholzendem Rhizom, aus dem sich einfache, aufrechte oder aufsteigende 10 bis 50 cm hohe Stängel entwickeln. Die gegenständigen, 2 bis 10 cm langen Grundblätter weisen eine ovale oder lanzettlich geformte, am Rand stumpf gezähnte Spreite auf und stehen an einem kurzen Stiel. Die sitzenden Stängelblätter sind ähnlich geformt, werden nach oben hin allmählich kleiner und sind gelegentlich wechselständig. Die kurz gestielten oder sitzenden Blüten stehen in ährigen Trauben, die einfach oder am Grund leicht verzweigt sind. Der behaarte, am Rand gewimperte Kelch ist in 4 lanzettliche Zipfel geteilt. Die 8 bis 12 mm breite, trichterförmige Krone weist 4 Zipfel von blauvioletter Farbe auf. Die Frucht ist eine behaarte Kapsel. Blütezeit: Juni bis August.

Habitat: Sonnige Rasen, Weiden, Gebüsche; bis 1200 m Seehöhe.

Ursprung und Verbreitung: Der in Eurasien beheimatete Ährige Ehrenpreis ist in Europa nur noch selten anzutreffen.

Synonym: *Veronica spicata* (L.) Opiz

Digitalis grandiflora

Morphologie: Ausdauernde, 50 bis 80 cm hohe Pflanze mit aufrechtem, einfachem, zart behaartem Stängel. Die Grundblätter sind 15 bis 25 cm lang, die lineal-isch spatelförmige, zugespitzte Spreite ist am Rand gezähnt und verjüngt sich zu einem schmalen Stiel. Die gleich geformten stiellosen, den Stängel fast ganz umfassenden Stängelblätter werden nach oben hin allmählich immer kleiner. Die gestielten, hängenden Blüten stehen in einer lichten, einseitswendigen Traube zusammen. Der Kelch ist drüsig behaart und in lanzettlich zugespitzte Kelchzipfel geteilt. Die 3 bis 4 cm lange blassgelbe Krone ist röhrig glockig, die Zipfel des Kronensaums an der Unterlippe sind schwach ausgebildet. Blütezeit: Juni bis August.
Habitat: Trockene Wiesen, Lichtungen und Laubwälder; bis 1800 m Seehöhe.
Ursprung und Verbreitung: In großen Teilen Südosteuropas verbreitet, in den Alpen zerstreut bis selten.
Synonym: *Digitalis ambigua* Murr.
Ähnliche Arten: ***Digitalis lutea*** L., der Gelbe Fingerhut, entwickelt kleinere Blätter und Blüten mit dünnerer Kronröhre.

Visitenkarte

Deutscher Name
Großblütiger Fingerhut, Großer gelber Fingerhut

Wuchsform
krautig, aufrecht

Höhe
50 bis 80 cm

Blüten
gelb, in Trauben

Blütezeit
Juni bis August

Habitat
Wiesen, Lichtungen und Wälder

Der Großblütige Fingerhut ist mit seinem hohen Wuchs und den gelben Blüten eine beeindruckende Erscheinung. Leider trifft man ihn nur mehr selten in seinen Lebensräumen auf Wiesen, Lichtungen und in Laubwäldern an.

Veronica persica

Visitenkarte

Deutscher Name
Persischer Ehrenpreis

Wuchsform
krautig, niederliegend

Höhe
10 bis 30 cm

Blüten
weiß-blau, einzeln

Blütezeit
ganze Vegetationsperiode

Habitat
Äcker, Gärten, Weinberge

Morphologie: Diese krautige, einjährige, 10 bis 30 cm hohe Pflanze entwickelt schlanke, niederliegende oder aufsteigende, behaarte Stängel, die verzweigt sind und häufig an den Knoten wurzeln. Die unteren, kurz gestielten Blätter sind 1 bis 2 cm lang, oval dreieckig, am Grund herzförmig und am Rand unregelmäßig gezähnt. Die oberen Blätter sehen ähnlich aus und werden nach oben hin allmählich kleiner. Die lang gestielten Blüten stehen in den Achseln von stängelblattähnlichen Tragblättern. Der schwach behaarte Kelch weist 5 lanzettlich spitze Zipfel auf. Die 1 bis 1,5 cm breite Krone ist blau gefärbt, weist eine weiße Unterlippe sowie einen rötlich gelben Schlund auf. Die Frucht ist eine Kapsel, viel breiter als lang und die stumpfwinkelig ausgerandet ist. Sie enthält 5 bis 8 raue Samen. Die Pflanze blüht während der ganzen Vegetationsperiode.
Habitat: Äcker, Gärten, Weinberge; bis 1600 m Seehöhe.
Ursprung und Verbreitung: Der aus Südwestasien stammende Persische Ehrenpreis ist heute weltweit verbreitet und in Europa häufig anzutreffen.
Synonyme: *Veronica tournefortii* Gmelin; *Veronica buxbaumii* Ten.
Ähnliche Arten: ***Veronica polita*** Fries (Glänzender Ehrenpreis) wächst an den gleichen Standorten wie der Persische Ehrenpreis und unterscheidet sich von diesem hauptsächlich durch die kleinere Krone (weniger als 8 mm breit) und die glänzenden Blätter. Nach Ansicht einiger Autoren gehören beide Spezies der Artengruppe *Veronica agrestis* an.

Veronica chamaedrys

Visitenkarte

Deutscher Name
Gamander-Ehrenpreis

Wuchsform
krautig, aufrecht

Höhe
10 bis 30 cm

Blüten
himmelblau, in Trauben

Blütezeit
Mai und Juni

Habitat
Wiesen, Weiden, Wegränder, lichte Wälder

Morphologie: Mehrjährige, 10 bis 30 cm hohe, krautige Pflanze mit aufrechten oder aufsteigenden Stängeln, die kahl oder mit 2 Haarreihen versehen sind. Die gegenständigen, sitzenden oder kurz gestielten Blätter haben eine Spreite, die 1,5 bis 4 cm lang, oval lanzettlich geformt und am Rand unregelmäßig gekerbt ist. Die Blüten stehen in lockeren, gegenständigen Trauben, die an langen Stielen in den Blattachseln stehen. Der drüsig behaarte Kelch ist in 4 lanzettliche Zipfel geteilt. Die 1 bis 1,5 cm breite himmelblaue Krone weist in der Mitte einen weißen Ring auf. Der untere Kelchzipfel ist deutlich kleiner als die anderen drei. Die Frucht ist eine dreieckige bis herzförmige, behaarte, oben ausgerandete Kapsel von 4 bis 5 mm Breite, die kürzer ist als der Kelch. Blütezeit: Mai und Juni.
Habitat: Fettwiesen, Weiden, Wegränder, lichte Wälder; bis 2000 m Seehöhe.
Ursprung und Verbreitung: Der in Europa und in Sibirien beheimatete Gamander-Ehrenpreis und ist heute auf der nördlichen Halbkugel weit verbreitet.
Ähnliche Arten: ***Veronica teucrium*** L., der Große Ehrenpreis, eine Art, die übrigens auch unter dem Synonym *V. austriaca* bekannt ist, unterscheidet sich von der oben beschriebenen Spezies vor allem durch seinen größeren Wuchs, die durchgehend behaarten Stängel und die ovale bis halbkugelige Fruchtkapsel, die etwa gleich lang oder nur wenig kürzer ist als der Kelch.

Veronica anagallis-aquatica

Morphologie: Diese krautige, ausdauernde, manchmal auch einjährige, 15 bis 60 cm hohe, sehr formenreiche Pflanze entwickelt niederliegende oder aufsteigende, annähernd vierkantige, hohle Stängel, die reich verzweigt sind. Die kurz gestielten Grundblätter haben Spreiten, die 4 bis 12 cm lang und oval oder lanzettlich geformt sind, wobei ihr Rand unregelmäßig gezähnt ist. Die Stängelblätter sehen ähnlich aus, nur sind sie sitzend und werden nach oben hin allmählich kleiner. Der Blütenstand ist eine aus 20 bis 60 blauvioletten Blüten bestehende achselständige Traube. Die 5 bis 10 mm breite Krone weist 4 oval rundliche Lappen auf. Die Frucht ist eine annähernd kugelige Kapsel. Blütezeit: Juni bis Oktober.

Habitat: Ufer, Röhricht, Wassergräben; bis 1000 m Seehöhe.

Ähnliche Arten: Nach Ansicht einiger Autoren gehört die beschriebene Spezies zur gleichnamigen Gruppe, die noch zwei ähnliche Arten umfasst, welche die gleichen Standorte bevorzugen, jedoch weniger verbreitet sind. Es sind dies ***Veronica catenata*** Penn und ***Veronica anagalloides*** Guss.

Visitenkarte

Deutscher Name
Wasserehrenpreis

Wuchsform
krautig,
aufsteigend

Höhe
15 bis 60 cm

Blüten
blauviolett,
in Trauben

Blütezeit
Juni bis Oktober

Habitat
Ufer, Röhricht,
Wassergräben

Veronica beccabunga

Morphologie: Ausdauernde, krautige, kahle, 20 bis 60 cm hohe Pflanze mit niederliegenden und kriechenden, hohlen, rundlichen Stängeln, die rötlich überlaufen und reich verzweigt sind. Die fleischigen, dunkelgrünen, kurz gestielten Blätter sind 2 bis 4 cm lang, die Spreite ist oval oder länglich geformt sowie am Rand unregelmäßig stumpf gesägt. Die mehr oder weniger azurblauen Blüten stehen zu 10 bis 20 in gegenständigen, achselständigen Trauben. Die 5 bis 8 mm breite Krone weist 4 eiförmig abgerundete Lappen auf. Die Frucht ist eine oberseits ausgerandete, fast kugelige Kapsel. Blütezeit: Mai bis September.

Habitat: Bäche, Quellen, Wassergräben, Ufer, Röhricht; bis 2500 m Seehöhe.

Ursprung und Verbreitung: Der aus dem eurasischen Raum stammende Bachehrenpreis ist auf der ganzen nördlichen Halbkugel weit verbreitet.

Visitenkarte

Deutscher Name
Bachehrenpreis,
Bachbunge,
Bachbungen-
Ehrenpreis

Wuchsform
krautig,
niederliegend,
kriechend

Höhe
20 bis 60 cm

Blüten
azurblau,
in Trauben

Blütezeit
Mai bis September

Habitat
Bäche,
Wassergräben,
Ufer,
Quellen

Melampyrum arvense

Visitenkarte

Deutscher Name
Acker-wachtelweizen

Wuchsform
krautig, aufrecht

Höhe
20 bis 40 cm

Blüten
gelb und violett; in Ähren

Blütezeit
Mai bis September

Habitat
Getreidefelder, Unkrautfluren, Wegränder

Morphologie: Diese krautige, einjährige, 20 bis 40 cm hohe, sehr formenreiche Pflanze entwickelt aufrechte oder aufsteigende Stängel, die einfach oder verzweigt sind. Die 3 bis 5 cm langen Blätter sind linealisch lanzettlich geformt, die oberen Blätter sind am Grund gezähnt bis fiederspaltig. Die in allseitswendigen, zylindrischen Ähren stehenden Blüten sind von linealischen rötlichen oder gelblichen Tragblättern umgeben. Der röhrige, 4 bis 6 mm lange Kelch besitzt dünne, 6 bis 12 mm lange Zähnchen, die am Rand gewimpert sind. Die 1 bis 2 cm lange, zweilippige Krone weist eine rötliche bis hellgelbe Kronröhre auf, deren Schlund meist violett ist. Die Frucht ist eine kahle Kapsel. Blütezeit: Mai bis September.

Habitat: Getreidefelder, Brachen, Unkrautfluren, Wegränder; bis 1700 m Seehöhe.
Ursprung und Verbreitung: Der Ackerwachtelweizen ist in fast ganz Europa und in Teilen Asiens verbreitet.
Ähnliche Arten: Nach Ansicht einiger Autoren zählt die beschriebene Spezies zur gleichnamigen botanischen Gruppe, die auch andere Arten und Unterarten umfasst, welche einander sehr ähnlich sind und die gleichen Standortbedingungen bevorzugen.

Melampyrum pratense

Visitenkarte

Deutscher Name
Wiesen-wachtelweizen

Wuchsform
krautig, aufrecht

Höhe
10 bis 50 cm

Blüten
gelblich weiß, in Trauben

Blütezeit
Juni bis September

Habitat
lichte Wälder, Heiden, Waldränder

Morphologie: Diese krautige, einjährige, 10 bis 50 cm hohe Pflanze entwickelt aufrechte oder aufsteigende, behaarte Stängel, die einfach oder verzweigt sein können. Die 2 bis 6 cm langen Blätter sind linealisch lanzettlich, ganz leicht gekrümmt und am Rand etwas gewellt. Die in endständigen Trauben stehenden Blüten sind von lanzenförmigen Tragblättern umgeben, die ganzrandig oder gezähnt sind. Der Kelch besteht aus einer 4 bis 8 mm langen Kelchröhre und 4 sichelförmigen Zähnchen, die gleich lang sind wie die Röhre. Die 11 bis 15 mm lange Krone kann weißlich oder gelblich gefärbt sein. Sie zeigt eine gerade Kronröhre und einen fast geschlossenen Schlund. Die Frucht ist eine elliptische Kapsel. Blütezeit: Juni bis September.
Habitat: Lichte Wälder, Heiden, Waldränder, bevorzugt auf sauren Böden; von 100 bis 1800 m Seehöhe.
Ursprung und Verbreitung: Der Wiesenwachtelweizen ist in fast ganz Europa und Sibirien häufig anzutreffen.
Ähnliche Arten: ***Melampyrum sylvaticum,*** der Waldwachtelweizen, gedeiht häufig an denselben Standorten und unterscheidet sich vom Wiesenwachtelweizen durch die geraden Kelchzähne und die schmäleren Blätter. Außerdem neigt der Wiesenwachtelweizen dazu, beim Trocknen mit der Zeit dunkler bis fast ganz schwarz zu werden, während der Waldwachtelweizen seine grüne Farbe behält.

Euphrasia salisburgensis

Morphologie: Krautige, einjährige, 5 bis 30 cm hohe, sehr formenreiche Pflanze mit aufrechten, reich verzweigten Stängeln. Die 3 bis 15 mm langen Blätter sind gegenständig, lanzettlich geformt, vorne zugespitzt und am Rand mit stumpfen, oft braunrötlichen Zähnchen versehen. Die Tragblätter sind stängelblattähnlich, nur viel breiter, und zeigen auf jeder Seite 3 bis 5 spitze Zähnchen. Die sitzenden Blüten sind in einer kurzen, ährenartigen Traube vereint. Der röhrig glockige Kelch ist 4 bis 6,5 mm lang und mit spitzen Zähnchen ausgestattet. Die 4 bis 7 mm lange, unregelmäßige Krone besteht aus einer helmartigen Oberlippe, die ausgerandet oder zweilappig ist, sowie einer Unterlippe, die 3 ausgerandete Lappen aufweist. Die Farbe der Krone variiert von Weiß bis zu einem mehr oder weniger kräftigen Violett, der Schlund ist gelb und violett gefleckt. Die Frucht ist eine ovale, kahle Kapsel, die ein wenig über den Kelch hinausragt und zahlreiche, geriefte Samen enthält. Blütezeit: Juni bis September.

Habitat: Trockenwiesen, Magerweiden, Geröll, bevorzugt auf kalkhaltigen Böden; von 600 bis 2600 m Seehöhe.

Ursprung und Verbreitung: Der Salzburger Augentrost ist vor allem in den südosteuropäischen Alpen zerstreut anzutreffen.

Visitenkarte

Deutscher Name
Salzburger Augentrost

Wuchsform
krautig, aufrecht

Höhe
5 bis 30 cm

Blüten
weiß bis violett, in ährenförmigen Trauben

Blütezeit
Juni bis September

Habitat
Magerwiesen, Weiden, Geröll

Orobanche ramosa

Morphologie: Ausdauernde, 10 bis 30 cm hohe Pflanze ohne Chlorophyll, die als Schmarotzerpflanze auf den Wurzeln anderer Pflanzen wächst. Der Stängel ist aufrecht, rundlich, an der Basis verdickt und im oberen Teil verzweigt. Die reduzierten, sehr kleinen, schuppigen Blätter sind oval lanzettlich geformt, 3 bis 8 mm lang und stehen weit voneinander entfernt. Die in einem ährigen, 6 bis 15 cm langen Blütenstand stehenden Blüten sind von ovalen Deckblättern und Vorblättern umgeben. Der reduzierte Kelch besteht aus 2 länglichen, tief zweiteiligen Zipfeln. Die drüsig behaarte, 1 bis 2 cm lange, blassgelbe Krone ist zweilippig mit einer weißen Kronröhre, die sich in Richtung des blau bis violett getönten Schlundes krümmt. Die Frucht ist eine ovale Kapsel. Blütezeit: Juli bis Oktober.

Habitat: Äcker, krautreiches Gelände, Waldränder; schmarotzt bevorzugt auf Schmetterlingsblütlern, Lippenblütlern und Korbblütlern und sogar auf einigen Kulturpflanzen wie Tabak, Mais, Kartoffel und Hanf; bis 1000 m Seehöhe.

Ursprung und Verbreitung: Die Ästige Sommerwurz ist in Europa und Sibirien beheimatet, aber eher selten anzutreffen. An ihren wenigen Standorten tritt sie zumeist gehäuft auf.

Synonyme: *Kopsia ramosa* Dumort.; *Phelypaea ramosa* C.A. Meyer.

Visitenkarte

Deutscher Name
Ästige Sommerwurz, Hanfwürger

Wuchsform
krautig, aufrecht

Höhe
10 bis 30 cm

Blüten
blassgelb bis violett, in Ähren

Blütezeit
Juli bis Oktober

Habitat
Äcker, krautreiches Gelände, Waldränder

Globularia cordifolia

Visitenkarte

Deutscher Name
Herzblättrige Kugelblume

Wuchsform
Halbstrauch, Polsterpflanze

Höhe
3 bis 12 cm

Blüten
hellblaulila, in Köpfchen

Blütezeit
April bis Juni

Habitat
Felsrasen, Felsschuttfluren, Geröll

Morphologie: Ausdauernder, 3 bis 12 cm hoher Halbstrauch mit verholzten, kriechenden, stark verzweigten Sprossen, die dichte Polster bilden. Die ledrigen, leuchtend grünen, spateligen, kurz gestielten Blätter stehen in dichten Rosetten zusammen. Die Spreite ist etwa 1 bis 2 cm lang, verkehrt eiförmig, ganzrandig oder an der Spitze herzförmig ausgerandet. Der kahle, kantige, mehr oder weniger aufgerichtete Blütenschaft trägt ein 1,5 bis 2 cm großes kugelförmiges Köpfchen aus zahlreichen Blüten mit dunklen, lanzettlichen, flaumigen, 3,5 bis 4,5 cm langen Hüllblättern. Der flaumige, glockige Kelch ist in lanzettlich zugespitzte Zipfel geteilt. Die 8 bis 11 mm lange Krone ist hellblaulila und zweilippig, die Oberlippe ist in 2, die Unterlippe in 3 Lappen gespalten. Blütezeit: April bis Juni.
Habitat: Steinige Böden, Geröllhalden und Schuttfluren, vorzugsweise auf kalkreichem Substrat; von 200 bis 2800 m Seehöhe.
Ursprung und Verbreitung: In den Alpen endemisch und dort verbreitet, im Alpenvorland seltener.

Die Herzblättrige Kugelblume bevorzugt steinige oder felsige Standorte mit kalkhaltigem Substrat. Sie ist vor allem in den Gebirgen Mittel- und Südeuropas bis 2800 m Seehöhe verbreitet.

Pinguicula vulgaris

Morphologie: Ausdauernde, Insekten verdauende, 6 bis 15 cm hohe Pflanze, deren grundständige Blätter in einer dicht an den Boden angelegten Rosette zusammenstehen. Sie sind stiellos, 2 bis 5 cm lang, verkehrt eiförmig oder verkehrt lanzettlich mit mehr oder weniger eingerolltem Rand. Die Blattoberseite ist glänzend und klebrig und dient dem Fang kleiner Insekten. Aus dem Zentrum der Rosette erhebt sich ein aufrechter rötlicher, an der Spitze etwas gebogener Schaft, der je eine einzelne Blüte trägt. Der Kelch ist zweilappig mit ungleichen Lappen, die 1,5 bis 2 cm lange azurviolette Krone mit weißen Flecken am Schlund ist unregelmäßig geformt und zu einem geraden, spitzen, nach hinten gestreckten Sporn verlängert. Die Oberlippe ist gezähnt, die Unterlippe dreigeteilt mit oft überlappenden Zipfeln. Die Frucht ist eine eiförmige Kapsel, die ein wenig über den Kelch herausragt. Blütezeit: Mai bis Juli.

Habitat: Feuchte Standorte, Sumpfwiesen, Flachmoore, Hochmoore, Quellmoore, vorzugsweise auf sauren Böden; von 400 bis 2400 m Seehöhe.

Ursprung und Verbreitung: Das Gemeine Fettkraut ist hauptsächlich in Nordeuropa und den Gebirgen Mitteleuropas zerstreut bis selten anzutreffen.

Visitenkarte

Deutscher Name
Gemeines Fettkraut

Wuchsform
krautig, Rosette

Höhe
6 bis 15 cm

Blüten
azurviolett, einzeln

Blütezeit
Mai bis Juli

Habitat
feuchte Stellen, Flachmoore, Hochmoore

Plantago media

Morphologie: Ausdauernde, krautige, 20 bis 40 cm hohe Pflanze, deren Blätter in einer dem Boden dicht anliegenden grundständigen Rosette vereint sind. Die samtig behaarte, 7 bis 12 cm lange Blattspreite ist elliptisch, vorne zugespitzt und an der Basis zu einem kurzen, breiten Stiel verschmälert. Aus der Mitte der Blattrosette erhebt sich zur Blütezeit ein aufrechter oder aufsteigender Blütenschaft, der eine 4 bis 6 cm lange, zylindrische Blütenähre trägt. Die silberweiße Krone hat aus 4 stumpfe, ca. 2 mm lange Kronlappen. Die rötlichen Staubfäden ragen weit über die Krone hinaus; die an deren Ende sitzenden Antheren (Staubbeutel) sind weiß bis lila. Die Frucht ist eine ovale Kapsel: Blütezeit: Mai bis Juli.

Habitat: Magere Wiesen und Weiden, Böschungen, Wege; bis 2000 m Seehöhe.

Ursprung und Verbreitung: Der im eurasischen Raum beheimatete Mittlere Wegerich ist in fast ganz Europa verbreitet, im Süden allerdings selten.

Synonym: *Plantago bertolonii* Godr.

Ähnliche Arten: ***Plantago major*** L., der Breitwegerich, gedeiht auf trockenen, stickstoffreichen Böden und unterscheidet sich vom Mittleren Wegerich durch die bis zur Basis zylindrische Ähre und die fast glatte, breit eiförmige, vom Blattstiel scharf abgesetzte Blattspreite.

Visitenkarte

Deutscher Name
Mittlerer Wegerich, Weidewegerich

Wuchsform
krautig, aufrecht

Höhe
20 bis 40 cm

Blüten
weißlich, in Ähren

Blütezeit
Mai bis Juli

Habitat
Wiesen und Weiden

Plantago lanceolata

Visitenkarte

Deutscher Name
Spitzwegerich, Schmalblättriger Wegerich, Lungenblatt

Wuchsform
krautig, aufrecht

Höhe
10 bis 40 cm

Blüten
weißlich; in Ähren

Blütezeit
Mai bis Oktober

Habitat
Wiesen, Weiden, Wege, Schuttplätze

Morphologie: Ausdauernde, krautige, 10 bis 40 cm hohe Pflanze mit dicken, verholzenden Wurzeln. Die in einer dichten Grundrosette stehenden Blätter bleiben auch über den Winter bestehen. Die Spreite ist 10 bis 15 cm lang, linealisch lanzettlich geformt, zeigt 5 bis 7 deutlich sichtbare parallele Nerven und endet in einem langen Stiel. Aus der Mitte der Blattrosette entwickelt sich zur Blütezeit der aufrechte oder aufsteigende Blütenschaft, an dessen Spitze eine zylindrische, kurze Blütenähre von 2 bis 5 cm Länge steht. Die unscheinbare weißliche Krone weist 4 lanzettliche Lappen von 2 mm Länge auf. Die weit aus der Krone herausragenden Staubfäden tragen gelbe Staubbeutel. Die Frucht ist eine längliche Kapsel. Blütezeit: Mai bis Oktober.

Habitat: Fettwiesen, Brachen, Weiden, Wege, Schuttplätze, Straßenränder; bis 2000 m Seehöhe.

Ursprung und Verbreitung: Der im eurasischen Raum beheimatete Spitzwegerich ist in fast ganz Europa häufig anzutreffen.

Ähnliche Arten: Nach Ansicht mancher Autoren zählt diese Spezies zu der gleichnamigen botanischen Gruppe, die zusammen mit noch zwei weiteren Spezies, welche sehr ähnliche morphologische Charakteristika aufweisen, jedoch verschiedene Standortansprüche stellen. Es sind dies ***Plantago altissima*** L., die feuchte, auch salzhaltige Böden bevorzugt, und ***P. argentea*** Chaix, die vorzugsweise auf steppenähnlichen Standorten mit kalkhaltigem Boden gedeiht.

Sambucus ebulus

Visitenkarte

Deutscher Name
Zwergholunder

Wuchsform
krautig, buschig

Höhe
50 bis 150 cm

Blüten
weißlich rosa, in Doldenrispen

Blütezeit
Juni und Juli

Habitat
Waldwege, Kahlschläge, Gebüsche

Morphologie: Buschige, ausdauernde, robuste, rhizombildende Pflanze mit charakteristischem, unangenehmem Geruch. Die 50 bis 150 cm hohen Stängel sind aufrecht, gerieft und einfach oder nur wenig verzweigt. Die gegenständigen, unpaarig gefiederten Blätter setzen sich aus 5 bis 9 lanzettlich zugespitzten, kurz gestielten Segmenten von 10 bis 15 cm Länge zusammen, die am Rand gesägt sind. Die in einer dichten, endständigen Doldenrispe stehenden Blüten verströmen einen Duft nach Bittermandeln. Der reduzierte Kelch besteht aus einer kurzen Röhre mit 5 Zähnchen; die weißlich rosa gefärbte Krone setzt sich aus einer kegelförmigen Röhre mit 5 zugespitzten Lappen zusammen. Die Frucht ist eine ungenießbare, kugelige, 4 bis 6 mm breite, zur Reifezeit schwarz glänzende Beere, die 3 bis 5 Samen enthält, welche in rotes Fruchtfleisch gebettet sind. Blütezeit: Juni und Juli.

Habitat: Waldwege, Kahlschläge, Gebüsche, Staudenfluren; bis 1300 m Seehöhe.

Ursprung und Verbreitung: Der Zwergholunder ist vor allem in Mittel- und Südeuropa weit verbreitet und nördlich bis Südschweden anzutreffen.

Valeriana officinalis

Morphologie: Krautige, ausdauernde, 30 bis 150 cm hohe Pflanze mit dicken, spindelförmigen, ein wenig unangenehm riechenden Wurzeln. Der aufrechte, kahle, hohle Stängel ist gefurcht und im oberen Teil einfach oder verzweigt. Die gestielten, mehr oder weniger lanzettlich geformten Blätter erreichen eine Länge von bis zu 25 cm und sind fiederteilig, mit 7 bis 23 gezähnten Segmenten, die unterseits behaart sind. Die in einer dichten, endständigen Doldenrispe stehenden Blüten sind weiß oder rosa gefärbt. Die duftende, röhrig trichterige Krone ist 3 bis 4 mm lang und endet in 5 abgerundeten Kronlappen. Blütezeit: Juni bis August.

Habitat: Feuchte, schattige Wiesen und Waldränder, Gräben, Hochstaudenfluren; bis 1400 m Seehöhe.

Ursprung und Verbreitung: Der Echte Baldrian ist in fast ganz Europa verbreitet.

Ähnliche Arten: Nach Meinung mancher Autoren zählt diese Spezies zur gleichnamigen botanischen Gruppe, welche auch andere, ähnliche Arten umfasst, die jedoch viel seltener anzutreffen sind. Eine davon ist ***Valeriana sambucifolia*** Mikan, eine Spezies, die sich vom Echten Baldrian durch die mit weniger Teilfiedern ausgestatteten Blätter und die an der Basis Ausläufer bildenden Stängel unterscheidet.

Visitenkarte

Deutscher Name
Echter Baldrian, Katzenkraut, Bertram

Wuchsform
krautig, aufrecht

Höhe
30 bis 150 cm

Blüten
weiß bis rosa, in Doldenrispen

Blütezeit
Juni bis August

Habitat
feuchte, schattige Wiesen und Wälder, Gräben

Der Echte Baldrian hat seinen Namen vom lateinischen valere, *was so viel wie »gesund sein« bedeutet. Er wird seit altersher gegen alle Arten von Beschwerden eingesetzt und heute vor allem als Beruhigungs- und Schlafmittel sowie gegen Epilepsie verwendet.*

Knautia arvensis

Visitenkarte

Deutscher Name
Wiesenknautie, Witwenblume, Ackerwitwenblume

Wuchsform
krautig, buschig

Höhe
30 bis 80 cm

Blüten
lila bis rosaviolett, in Köpfchen

Blütezeit
Juni bis September

Habitat
Fettwiesen, Halbtrockenrasen, Wald- und Wegränder

Morphologie: Diese krautige, zwei- oder mehrjährige, 30 bis 80 cm hohe Pflanze bildet Ausläufer und entwickelt aufrechte oder aufsteigende, leicht behaarte und im oberen Teil reich verzweigte Stängel. Die gestielten Grundblätter sind ganzrandig oder gelappt, während die Stängelblätter sitzend und meist fiederteilig sind und sich aus 4 bis 12 lanzettlichen, graugrünen Segmenten zusammensetzen. Der Blütenstand ist ein halbkugeliges, 3 bis 4 cm breites, lang gestieltes Köpfchen, das von ovalen oder lanzettlichen Tragblättern umhüllt ist. Die lila bis rosaviolette Krone ist trichterförmig mit einem in 4 ungleich lange Lappen geteilten Kronensaum. Die Frucht ist vollständig von einem filzig borstigen Hüllchen umgeben, welches die Samenverbreitung begünstigt. Blütezeit: Juni bis September.
Habitat: Fettwiesen, Weiden, Halbtrockenrasen, Wald- und Wegränder; bis auf 2000 m Seehöhe.
Ursprung und Verbreitung: Die im eurasischen Raum beheimatete Wiesenknautie ist heute in fast ganz Europa häufig anzutreffen.
Ähnliche Arten: Die Gattung *Knautia* umfasst zahlreiche Arten, die wegen ihres extremen Formenreichtums und der vielen, sehr ähnlichen Hybriden nur schwer zu bestimmen sind. Manche dieser Arten sind als Endemiten an ganz bestimmte, eng begrenzte Standorte gebunden.

Scabiosa columbaria

Visitenkarte

Deutscher Name
Taubenskabiose, Taubengrindkraut

Wuchsform
krautig, buschig

Höhe
20 bis 60 cm

Blüten
lila bis violett

Blütezeit
Juni bis Oktober

Habitat
trockene Wiesen, Weiden, Waldränder

Morphologie: Diese krautige, ausdauernde, 20 bis 60 cm hohe, sehr formenreiche Pflanze entwickelt kräftige Wurzeln und zylindrische, aufrechte, besonders im oberen Teil reich verzweigte Stängel. Die Grundblätter sind lyraförmig und am Rand gezähnt oder gekerbt. Die Stängelblätter sind ein- bis zweifach gefiedert mit schmal lanzettlichen oder linealischen Segmenten, die am Rand behaart sind. Der Blütenstand ist ein halbkugeliges, 2 bis 3 cm breites Köpfchen, das von lanzettlichen Tragblättern umgeben ist. Der Kelch weist 5 schwarze, stielrunde Borsten auf, die sich vom Hüllchen erheben. Die lila bis violett gefärbte Krone besteht aus einer kegelförmigen Röhre und einem in 5 ungleiche Lappen geteilten Kronensaum. Die Frucht ist gänzlich von einem charakteristischen Hüllchen umgeben, welches die Samenverbreitung begünstigt. Blütezeit: Juni bis Oktober.
Habitat: Trockene Wiesen, Weiden, Waldränder; bis 1500 m Seehöhe.
Ursprung und Verbreitung: Die eurasiatische Taubenskabiose ist in Mittel- und Südeuropa sowie in Südskandinavien verbreitet.
Ähnliche Arten: Nach Meinung mancher Autoren zählt diese Spezies zur gleichnamigen botanischen Gruppe, die zahlreiche verwandte Arten mit ähnlicher Morphologie und ganz ähnlichen Standortansprüchen umfasst. Sie sind wegen ihres Formenreichtums und der vielen, sehr ähnlichen Hybriden mit überschneidenden Merkmalen nur schwer zu klassifizieren.

Campanula persicifolia

Morphologie: Ausdauernde, krautige, 30 bis 80 cm hohe Pflanze mit kriechendem Rhizom entwickelt aufrechte, gerillte, meist im oberen Teil verzweigte Stängel. Die gestielten, kahlen Grundblätter sind eiförmig länglich, am Rand stumpf gezähnt, und stehen in einer lockeren Grundrosette. Die 3 bis 6 cm langen Stängelblätter sind lanzettlich oder dreieckig geformt. Die gestielten, blassblauen bis violettblauen Blüten stehen in lockeren Trauben. Der kahle oder leicht behaarte Kelch besteht aus einer kurzen Kelchröhre mit 5 linealischen Zähnchen. Die ausladend glockige, 2 bis 4 cm lange Krone weist 5 oval spitze Lappen auf. Blütezeit: Juni bis August.

Habitat: Sonnige Wälder, Rodungen, Wald- und Wegränder; bis 1500 m Seehöhe.

Ursprung und Verbreitung: Die Pfirsichblättrige Glockenblume ist in Europa und Asien weit verbreitet.

Visitenkarte

Deutscher Name
Pfirsichblättrige Glockenblume

Wuchsform
krautig, aufrecht

Höhe
30 bis 80 cm

Blüten
blassblau bis violett,
in Trauben

Blütezeit
Juni bis August

Habitat
Wälder, Unkrautfluren, Wald- und Wegränder

Die Pfirsichblütige Glockenblume bevorzugt nährstoffreiche, lehmige Böden und ist auch in höheren Lagen bis 1500 m anzutreffen.

Campanula rapunculus

Visitenkarte

Deutscher Name
Rapunzel-glockenblume

Wuchsform
krautig, aufrecht

Höhe
50 bis 80 cm

Blüten
blauviolett, in Rispen

Blütezeit
Juni bis August

Habitat
Wiesen, Brachen, Gebüsche

Morphologie: Diese zweijährige, 50 bis 80 cm hohe Pflanze mit fleischigen, essbaren Wurzeln entwickelt aufrechte oder aufsteigende, kantige Stängel, die im oberen Teil verzweigt sind. Die gestielten, 6 bis 12 cm langen Grundblätter sind verkehrt eiförmig länglich geformt und am Rand gezähnt. Die Stängelblätter sind lanzettlich oder linealisch geformt und werden zur Spitze hin allmählich kleiner. Die lilafarbenen bis blauvioletten Blüten stehen in einer schlanken Rispe. Der kahle Kelch besteht aus einer kurzen Kelchröhre und 5 linealisch lanzenförmigen Kelchzähnchen. Die röhrig glockige Krone wird 2 bis 2,5 cm lang und weist 5 leicht nach außen gebogene Kronzipfel auf. Blütezeit: Juni bis August.
Habitat: Wiesen, Brachen, Gebüsche, trockene, steinige, sonnige Standorte; bis 1500 m Seehöhe.
Ursprung und Verbreitung: Die Rapunzelglockenblume ist in Europa und Kleinasien heimisch und in fast ganz Europa zerstreut anzutreffen.

Die fleischigen, rübenförmigen Wurzeln und die jungen Triebe der Rapunzelglockenblume sind essbar.

Campanula glomerata

Morphologie: Diese krautige, mehrjährige, 20 bis 60 cm hohe Pflanze entwickelt dünne, rhizomatöse Wurzeln und aufrechte, unverzweigte, wenig behaarte Stängel. Die gestielten, lanzettlich spateligen, am Grund herzförmigen oder abgerundeten Grundblätter sind am Rand stumpf gezähnt und werden 10 bis 12 cm lang. Die 3 bis 5 cm langen, dreieckig ovalen Stängelblätter sind sitzend und fast stängelumfassend. Die blauvioletten Blüten stehen zumeist nur in dichten, endständigen Köpfchen, gelegentlich jedoch auch in Büscheln an den Blattachseln der oberen Blätter. Der behaarte Kelch besteht aus einer kurzen Röhre und 5 lanzettlich spitzen Zipfeln. Die glockige, bis zu 3 cm lange Krone zeigt einen Saum aus 5 weiten, leicht gebogenen Kronlappen. Blütezeit: Juni bis September.

Habitat: Trockene Wiesen, Wald- und Wegränder, Lichtungen; bis 1500 m Seehöhe.

Ursprung und Verbreitung: Die in Europa und in Kleinasien heimische Büschelglockenblume ist in Mitteleuropa recht häufig anzutreffen und dringt im Norden bis Südschweden und südlich bis Mittelitalien vor.

Ähnliche Arten: Die Borstige Glockenblume (***Campanula cervicaria*** L.) ist etwas seltener und unterscheidet sich von der Büschelglockenblume durch ihre steife Behaarung, die in einem Stiel auslaufenden unteren Blätter sowie die stumpfen Kelchzähne.

Visitenkarte

Deutscher Name
Büschel-glockenblume

Wuchsform
krautig, aufrecht

Höhe
20 bis 60 cm

Blüten
blauviolett, in Köpfchen

Blütezeit
Juni bis September

Habitat
trockene Wiesen, Rodungen, Wald- und Wegränder

Campanula latifolia

Morphologie: Diese krautige, ausdauernde, 50 bis 120 cm hohe Pflanze entwickelt aufrechte, stumpf kantige, unverzweigte, wenig behaarte Stängel. Die gestielten, 5 bis 12 cm langen Grundblätter sind zur Blütezeit meist bereits wieder abgefallen. Die Spreite ist länglich eiförmig, am Grund verschmälert oder abgerundet, am Ende spitz auslaufend und am Rand gesägt. Die Stängelblätter sind fast sitzend und werden zur Spitze hin allmählich kleiner. Die leicht nickenden, kurz gestielten Blüten stehen in einer unverzweigten, belaubten Traube. Der kahle oder leicht behaarte Kelch weist 5 lanzettlich zugespitzte Kelchzähne auf. Die blauviolette, glockige Krone wird 4 bis 8 cm lang und zeigt 5 ausladende, an der Spitze leicht zurückgebogene Kronlappen. Blütezeit: Juni bis August.

Habitat: Mischwälder, Lichtungen, krautreiches Gelände; von 500 bis 1500 m Seehöhe.

Ursprung und Verbreitung: Die in Europa und dem Kaukasus heimische Breitblättrige Glockenblume ist selten geworden und bevorzugt in den Alpen und im Alpenvorland anzutreffen.

Visitenkarte

Deutscher Name
Breitblättrige Glockenblume

Wuchsform
krautig, aufrecht

Höhe
50 bis 120 cm

Blüten
blauviolett, in Trauben

Blütezeit
Juni bis August

Habitat
Mischwälder, Lichtungen, krautreiches Gelände

Campanula trachelium

Visitenkarte

Deutscher Name
Nesselblättrige Glockenblume, Brennnesselblättrige Glockenblume

Wuchsform
krautig, aufrecht

Höhe
30 bis 100 cm

Blüten
blauviolett, in Trauben

Blütezeit
Juli und August

Habitat
Laub- und Mischwälder, Gebüsche, Lichtungen

Morphologie: Krautige, ausdauernde, 30 bis 100 cm hohe Pflanze mit robustem, verholzendem Rhizom und aufrechten, schwach behaarten, rötlich überlaufenen Stängeln, die besonders im oberen Teil scharfkantig sind. Die rauen Grundblätter stehen an 5 bis 15 cm langen Stielen, die Spreite ist oval herzförmig, am Ende spitz zulaufend, randlich grob gezähnt und 6 bis 9 cm lang. Die Stängelblätter sind oval oder lanzettlich, fast sitzend und werden nach oben hin allmählich kleiner. Die abstehenden oder aufrechten Blüten sind kurz gestielt und stehen in einer belaubten, einfachen oder verzweigten, allseitswendigen Traube. Der etwa 1 cm lange Kelch weist 5 oval lanzettliche, aufrechte Kelchzipfel auf. Die blauviolette, glockige Krone wird 2,5 bis 5 cm lang und zeigt 5 dreieckige Zipfel, die bewimpert sind. Die Frucht ist eine behaarte Kapsel. Blütezeit: Juli und August.
Habitat: Krautreiche Laub- und Mischwälder, Gebüsche, Lichtungen; bis 500 m Seehöhe.
Ursprung und Verbreitung: Die Nesselblättrige Glockenblume ist heute in fast ganz Europa und Asien verbreitet.

Campanula rapuncoloides

Visitenkarte

Deutscher Name
Ackerglockenblume

Wuchsform
krautig, aufrecht

Höhe
30 bis 100 cm

Blüten
blauviolett, in Trauben

Blütezeit
Juni bis August

Habitat
Wälder, Wegränder, Äcker, Unkrautfluren

Morphologie: Diese krautige, ausdauernde, rhizombildende, 30 bis 100 cm hohe Pflanze bildet kriechende Ausläufer und entwickelt aufrechte, rauhaarige, unverzweigte Stängel, die an der Basis leicht rötlich überlaufen sind. Die lang gestielten, 8 bis 12 cm langen Grundblätter haben eine Spreite, die dreieckig bis länglich geformt ist, der Grund ist herzförmig, der Rand unregelmäßig gezähnt. Die Stängelblätter sind länglich lanzettlich geformt, sitzend und werden zur Spitze hin allmählich kleiner. Die nickenden blauvioletten Blüten stehen in einer einseitswendigen, einfachen oder leicht verzweigten Traube. Der Kelch besteht aus einer kurzen Röhre und 5 lanzettlichen Zipfeln, die gegen Ende der Blütezeit zurückgebogen sind. Die röhrig glockige Krone ist 2 bis 3 cm lang und weist 5 am Rand gewimperte Kronzipfel auf. Blütezeit: Juni bis August.
Habitat: Wälder, Wegränder, Äcker, Unkrautfluren; bis 1500 m Seehöhe.
Ursprung und Verbreitung: Die in Europa und dem Kaukasus heimische Ackerglockenblume ist heute in fast ganz Europa anzutreffen.
Ähnliche Arten: ***Campanula bononiensis*** L., die Bologneserglockenblume, unterscheidet sich von der Ackerglockenblume hauptsächlich durch die auf der Unterseite dicht weißflaumig behaarten Blätter, die allseitswendige Blütentraube und die etwas kleinere Krone (1 bis 2 cm).

Campanula rotundifolia

Morphologie: Krautige, ausdauernde, 10 bis 40 cm hohe Pflanze mit kriechendem Rhizom und schlanken, niederliegenden oder aufsteigenden Stängeln, die leicht behaart sind. Die lang gestielten Grundblätter sind zur Blütezeit meist bereits wieder abgefallen. Die 1 bis 2 cm breite Blattspreite ist rundlich oder nierenförmig und am Rand gezähnt. Die Stängelblätter sind sehr variabel, meist linealisch lanzettlich geformt und 2 bis 5 cm lang. Der Blütenstand ist eine lockere Traube, die nur wenige Blüten trägt, welche vor dem Aufblühen aufrecht stehen, zur Blüte jedoch nickend sind. Der kahle oder leicht behaarte Kelch weist 5 lanzettlich zugespitzte Zipfel auf. Die glockige, hellblau bis violett gefärbte Krone ist 1 bis 2,5 cm lang und zeigt 5 ovale Zipfel. Die Frucht ist eine nickende Kapsel. Blütezeit: Juni bis September.
Habitat: Steinige Böden, trockene Wiesen, Heiden; von 100 bis 2000 m Seehöhe.
Ursprung und Verbreitung: Die Rundblättrige Glockenblume stammt aus Nord- und Mitteleuropa und ist heute auch im Süden, dort jedoch nur im Gebirge, anzutreffen.

Visitenkarte

Deutscher Name
Rundblättrige Glockenblume

Wuchsform
krautig, aufsteigend

Höhe
10 bis 40 cm

Blüten
hellblau bis violett, in Trauben

Blütezeit
Juni bis September

Habitat
steinige Böden, trockene Wiesen, Heiden

Phyteuma scheuchzeri

Morphologie: Diese krautige, ausdauernde, 30 bis 50 cm hohe Pflanze entwickelt aufrechte oder aufsteigende Stängel. Die Grundblätter sind lang gestielt, eiförmig lanzettlich geformt und 3 bis 4 cm lang, mit gezähntem Rand. Die Stängelblätter sind länger, zarter und fast linealisch. Die Blütenstände sind kugelige, ca. 4 cm breite Köpfchen, von denen jedes an der Basis von 2 bis 4 linealischen, abstehenden oder zurückgebogenen Tragblättern umgeben ist, welche viel länger als die jeweiligen Köpfchen sind. Die blauviolette, 1,5 bis 2 cm lange Krone, die von einem kahlen Kelch umgeben ist, besteht aus einer sehr kurzen Kronröhre und miteinander verwachsenen Kronzipfeln, die nur eine Öffnung für den Durchgang des Griffels freilassen. Blütezeit: Juni bis August.

Habitat: Steinige Böden, Felsen, feuchte und schattige Standorte; von 200 bis auf 2200 m Seehöhe.
Ursprung und Verbreitung: Scheuchzers Teufelskralle ist ein Endemit des Alpenbogens und tritt vor allem in den südlichen Ausläufern der Alpen auf.
Ähnliche Arten: ***Phyteuma charmelii*** Vill. unterscheidet sich von der oben beschriebenen Art durch die herzförmigen Grundblätter, die viel kürzeren Tragblätter (sie sind nicht länger als das Köpfchen), die gewimperten Kelchzipfel und der Anzahl der Narben (2 anstatt 3). Darüber hinaus ist diese Spezies auf ein viel kleineres Verbreitungsgebiet beschränkt.

Visitenkarte

Deutscher Name
Scheuchzers Teufelskralle

Wuchsform
krautig, aufrecht

Höhe
30 bis 50 cm

Blüten
blauviolett, in Köpfchen

Blütezeit
Juni bis August

Habitat
Felsen, feuchte und schattige Standorte

Eupatorium cannabinum

Visitenkarte

Deutscher Name
Gemeiner Wasserdost, Kunigundenkraut

Wuchsform
krautig, aufrecht

Höhe
50 bis 150 cm

Blüten
rosa bis purpurn, in Köpfchen

Blütezeit
Juli und August

Habitat
feuchte Standorte in Auwäldern, an Wassergräben, an Ufern usw.

Morphologie: Diese krautige, ausdauernde, 50 bis 150 cm hohe Pflanze entwickelt aufrechte, kräftige, oft rötliche und behaarte Stängel, die vor allem im oberen Teil reich verzweigt sind. Die gegenständigen, kurz gestielten unteren Blätter sind 7 bis 10 cm lang, die Spreite ist lanzettlich geformt, am Ende zugespitzt und am Rand leicht gezähnt. Die oberen Blätter sind handförmig in 3 bis 5 Segmente geteilt, die 4 bis 6 cm lang und elliptisch geformt sind. Die rosa bis purpurfarbenen Blütenköpfchen stehen in dichten Schirmrispen von 10 bis 15 cm Durchmesser. Jedes der Köpfchen ist von einer zylindrischen, 7 mm breiten Hülle aus 6 bis 10 kurzen, stumpfen Schuppenblättern umgeben. Die röhrigen, zwittrigen, etwa 1 cm langen Blüten verströmen einen angenehmen Duft. Die Frucht besteht aus kantigen, gestreiften Achänen, die von einem weißlichen Pappus bedeckt sind. Blütezeit: Juli und August.
Habitat: Feuchte bis sumpfige Standorte in Auwäldern, Lichtungen, Kahlschlägen sowie an Ufern und Gräben; bis 1300 m Seehöhe.
Ursprung und Verbreitung: Der Gemeine Wasserdost ist in Europa häufig anzutreffen.
Synonym: *Eupatoria cannabina* L.

Solidago virgaurea

Visitenkarte

Deutscher Name
Gemeine Goldrute, Gewöhnliche Goldrute, Güldenwundkraut

Wuchsform
aufrecht, krautig

Höhe
10 bis 80 cm

Blüten
gelb, in Köpfchen

Blütezeit
Juli bis Oktober

Habitat
Wälder, Wiesen und Weiden

Morphologie: Ausdauernde, 10 bis 80 cm hohe Pflanze mit schiefer bräunlicher Wurzel und steifen, streifigen, aufrechten oder aufsteigenden Stängeln. Die Grundblätter stehen mehr oder weniger rosettenartig zusammen und haben eine lanzettliche, 7 bis 9 cm lange, zugespitzte Spreite mit gezähntem Rand, die am Grund in einen 5 bis 8 cm langen, geflügelten Stiel ausläuft. Die Stängelblätter sind stiellos und werden nach oben hin allmählich immer kleiner. Die etwa 7 bis 10 mm langen Blütenköpfchen stehen in einer schmalen Rispe zusammen. Jedes der Köpfchen ist von einer zylindrischen Hülle aus linealisch lanzettlichen, häutigen, am Rand bewimperten Schuppenblättern umgeben. Die Blütenscheibe besteht aus gelben, 7 bis 9 mm langen Röhrenblüten und ist von strahlig angeordneten, 10 bis 16 mm langen, ebenfalls gelben Zungenblüten umgeben. Blütezeit: Juli bis Oktober.
Habitat: Laub- und Nadelwälder, trockene Wiesen und Weiden; bis 2000 m Seehöhe.
Ursprung und Verbreitung: Die Gemeine Goldrute ist in den kühlen und gemäßigt-kühlen Klimazonen Europas, Asiens und Nordamerikas recht häufig anzutreffen.

Solidago canadensis

Morphologie: Diese krautige, ausdauernde, 50 bis 250 cm hohe Pflanze entwickelt aufrechte, kräftige, samtig behaarte Stängel. Die 7 bis 15 cm langen Blätter haben eine linealisch lanzettlich geformte Spreite, die unterseits entlang der Nervatur gewimpert, am Ende zugespitzt und randlich leicht gesägt ist. Die 3 bis 4 mm breiten Köpfchen stehen in einer einseitswendigen, ausladenden Rispe, deren Zweige flaumig behaart sind. Jedes der Köpfchen ist mit einer zylindrischen Hülle aus linealisch länglichen, hautrandigen Schuppen umgeben. Die gelbe Blütenscheibe besteht aus 3 bis 4 mm langen Röhrenblüten und ist von strahlig angeordneten, etwa gleich langen Zungenblüten umgeben, die ebenfalls gelb gefärbt sind. Die Früchte sind zylindrische, gerippte Achänen mit weißem Pappus. Blütezeit: Juli bis Oktober.

Habitat: Ufer, Auwälder, schattige Schuttplätze, bevorzugt nährstoffreiche Lehmböden; bis 800 m Seehöhe.

Ursprung und Verbreitung: Die Kanadische Goldrute stammt aus Nordamerika und wurde nach Mittel- und Südeuropa eingeschleppt, wo sie sich rasch verbreitete und heute oft in Massen anzutreffen ist.

Ähnliche Arten: Die Riesengoldrute ***(Solidago gigantea)*** wächst mehr oder weniger auf den gleichen Standorten und unterscheidet sich von der Kanadischen Goldrute durch die kahlen, oft rot überlaufenen Stängel und die Zungenblüten, welche länger sind als die Röhrenblüten.

Visitenkarte

Deutscher Name
Kanadische Goldrute

Wuchsform
krautig, aufrecht

Höhe
50 bis 250 cm

Blüten
gelb, in Köpfchen

Blütezeit
Juli bis Oktober

Habitat
Auwälder, Ufer, Schuttplätze

Aster amellus

Morphologie: Krautige, ausdauernde, 20 bis 50 cm hohe, mit steifen Härchen bedeckte Pflanze mit schwarzem Rhizom und aufrechten, zylindrischen Stängeln, die im oberen Teil verzweigt sind. Die gestielten Grundblätter sind 2,5 bis 3 cm lang, oval elliptisch geformt und rauhaarig. Die Stängelblätter sind ähnlich lanzettlich geformt, aber stängellos und werden nach oben hin allmählich schmäler. Die ca. 3 bis 4 cm breiten Köpfchen stehen zu zweit bis sechst in einem doldigen Blütenstand an der Spitze des Stängels. Jedes der Köpfchen ist mit keilförmigen, oft rötlich überlaufenen, schuppigen Hüllblättern umgeben. Die Blütenscheibe besteht aus leuchtend gelben Röhrenblüten, die von ca. 20 strahlig angeordneten, lila bis violett gefärbten Zungenblüten umgeben sind. Die Frucht ist eine borstige Achäne mit weißlichem oder rötlichem Pappus. Blütezeit: August bis Oktober.

Habitat: Lichte Wälder, Waldränder, Gebüsche, Magerrasen, bevorzugt auf kalkhaltigen Böden; bis 800 m Seehöhe.

Ursprung und Verbreitung: Die seltene Kalkaster ist in Mitteleuropa und Sibirien beheimatet, kommt aber auch in Südosteuropa vor.

Visitenkarte

Deutscher Name
Kalkaster, Bergaster

Wuchsform
krautig, aufrecht

Höhe
20 bis 50 cm

Blüten
lila und gelb, in Köpfchen

Blütezeit
August bis Oktober

Habitat
lichte Wälder, Waldränder, Gebüsche

Erigeron annuus

Visitenkarte

Deutscher Name
Einjähriges Berufkraut

Wuchsform
krautig, aufrecht

Höhe
50 bis 100 cm

Blüten
weiß oder rosa und gelb, in Köpfchen

Blütezeit
Juli bis Oktober

Habitat
Wiesen, Brachen, Auwälder, Ufer, Wegränder

Morphologie: Krautige, einjährige, 50 bis 100 cm hohe Pflanze mit aufrechten, behaarten, reich verzweigten Stängeln. Die gestielten unteren Blätter sind 5 bis 7 cm lang, breit lanzettlich geformt und am Rand grob gezähnt. Die oberen Blätter sind ähnlich geformt, aber sitzend, und werden zur Spitze hin allmählich kleiner. Die ca. 1,5 cm breiten Köpfchen stehen in einer lockeren Schirmrispe, wobei die mittleren oft tiefer stehen als die randlichen Köpfchen. Jedes der Köpfchen ist von einem zwei- oder dreireihigen Hüllkelch aus lanzettlich spitzen, schuppigen Hüllblättern umgeben. Die Blütenscheibe besteht aus gelben, seltener rosafarbenen Röhrenblüten, die von weißen, 7 bis 9 mm langen, strahlig angeordneten Zungenblüten umgeben sind. Die Frucht ist eine Achäne mit zweireihigem Pappus. Blütezeit: Juli bis Oktober.
Habitat: Wiesen, Auwälder, Ufer, Dämme, Wegränder; bis 1200 m Seehöhe.
Ursprung und Verbreitung: Das Einjährige Berufkraut stammt ursprünglich aus Nordamerika und ist heute in Mittel- und Südeuropa eingebürgert, wo es fast allerorts häufig anzutreffen ist.
Synonym: *Stenactis annuus* Nees.

Bellis perennis

Visitenkarte

Deutscher Name
Gänseblümchen, Maßliebchen, Mehrjähriges Gänseblümchen, Tausendschönchen

Wuchsform
krautig, buschig

Höhe
5 bis 15 cm

Blüten
weiß und gelb, in Köpfchen

Blütezeit
Februar bis November

Habitat
Wiesen, Weiden, Parkanlagen, Wegränder

Morphologie: Diese krautige, buschige, ausdauernde, 5 bis 15 cm hohe Pflanze entwickelt einfache, blütenschaftähnliche Stängel, die behaart und blattlos sind. Die 3 bis 4 mm langen Blätter stehen in einer dichten Grundrosette, sind verkehrt eiförmig bis spatelig geformt, stumpf gezähnt und verschmälern sich an der Basis zu einem breiten, geflügelten Stiel. Die 2 bis 2,5 cm breiten Köpfchen stehen an der Spitze des Blütenschafts. Jedes der Köpfchen ist von schuppigen, stumpfen und vorne abgerundeten Hüllblättern umgeben. Die Blütenscheibe besteht aus 1,5 bis 1,7 mm langen, gelben Röhrenblüten, die von strahlig angeordneten, 8 bis 9 mm langen Zungenblüten umgeben sind, welche zumeist reinweiß, oft aber an der Spitze rötlich gefärbt sind. Die Früchte sind ovale, behaarte Achänen ohne Pappus. Blütezeit: Februar bis November.

Habitat: Wiesen, Weiden, Parkanlagen, Wegränder; bis auf 1800 m Seehöhe.
Ursprung und Verbreitung: Das Gänseblümchen ist in Europa und dem Kaukasus heimisch und ist in fast ganz Europa häufig anzutreffen.
Ähnliche Arten: ***Bellis margaritaefolia*** Huter unterscheidet sich vom Gänseblümchen durch den größeren Wuchs, den kahlen Stängel und das viel größere Köpfchen.

Inula salicina

Morphologie: Krautige, buschige, ausdauernde, 25 bis 80 cm hohe Pflanze mit kriechendem Rhizom und Ausläufern entwickelt aufsteigende, geriefte Stängel, die an der Basis verholzt und im oberen Teil einfach oder verzweigt sind. Die sitzenden, fast stängelumfassenden Blätter haben eine gekrümmte, 4 bis 7 cm lange, länglich lanzettlich geformte Spreite, die am Grund herzförmig und am Rand gewimpert ist. Die 2,5 bis 3,5 cm breiten Köpfchen stehen in einer Dolde an der Stängelspitze. Jedes der Köpfchen ist von einer glockig halbkugeligen Blütenhülle umgeben. Die Blütenscheibe besteht aus goldgelben Röhrenblüten und ist von 1 bis 1,5 cm langen, ebenfalls gelben und strahlig angeordneten Zungenblüten umgeben. Die Frucht ist eine meist kahle Achäne mit flaumigem Pappus. Blütezeit: Juni bis Oktober.

Habitat: Halbtrockenrasen, Waldränder, Feuchtwiesen, Gebüsche; bevorzugt auf kalkhältigen Böden; bis 1400 m Seehöhe.

Ursprung und Verbreitung: Der in Europa und dem Kaukasus heimische Weidenalant ist in Mittel- und Osteuropa zerstreut anzutreffen.

Ähnliche Arten: *Buphthalmum salicifolium* L., das Weidenblättrige Ochsenauge, unterscheidet sich vom Weidenalant durch die meist größeren Köpfchen und das Fehlen des Pappus bei den Früchten.

Visitenkarte

Deutscher Name
Weidenalant

Wuchsform
krautig, buschig

Höhe
25 bis 80 cm

Blüten
gelb,
in Köpfchen

Blütezeit
Juni bis Oktober

Habitat
Halbtrockenrasen,
Waldränder,
Feuchtwiesen,
Gebüsche

Buphthalmum salicifolium

Morphologie: Diese krautige, ausdauernde, 20 bis 60 cm hohe Pflanze entwickelt aufrechte, zylindrische, behaarte Stängel, die einfach oder verzweigt sind. Die 4 bis 7 cm langen Blätter haben eine oval lanzettlich geformte Spreite, die seidenhaarig und am Rand ganzrandig oder gesägt ist. Die Grundblätter verschmälern sich zu einem Stiel, die oberen sind sitzend und leicht herzförmig stängelumfassend. Die 3 bis 6 cm breiten Blütenköpfchen stehen an der Spitze der langen, unbelaubten Stiele. Jedes der Köpfchen ist von schuppigen, aufrechten, am Rand blassen Hüllblättern umgeben. Die Blütenscheibe besteht aus 7 bis 8 mm langen, goldgelben Röhrenblüten, die von strahlig angeordneten, etwa 1,5 bis 2 cm langen, ebenfalls goldgelben Zungenblüten umgeben sind. Bei den Früchten handelt es sich um geflügelte, dreikantige Achänen. Blütezeit: Juni bis September.

Habitat: Sonnige Kalkmagerrasen, Waldränder, Gebüsche, bevorzugt auf kalkhältigen Böden; von 100 bis 2000 m Seehöhe.

Ursprung und Verbreitung: Das Weidenblättrige Ochsenauge stammt aus dem südosteuropäischen Raum und ist heute in den Gebirgen Mittel- und Südeuropas verbreitet anzutreffen.

Ähnliche Arten: *Inula salicina* L., der Weidenalant, unterscheidet sich durch die im Oberteil gerieften bis kannelierten Stängel, die meist kleineren Köpfchen und die längeren, schmäleren Zungenblüten sowie durch die mit einem flaumigen Pappus bedeckten Achänen.

Visitenkarte

Deutscher Name
Weidenblättriges Ochsenauge,
Gemeines Rindsauge

Wuchsform
krautig, aufrecht

Höhe
20 bis 60 cm

Blüten
gelb,
in Köpfchen

Blütezeit
Juni bis September

Habitat
sonnige Kalkmagerrasen,
Waldränder,
Gebüsche

Achillea millefolium

Visitenkarte

Deutscher Name
Wiesenschafgarbe, Gemeine Schafgarbe, Feldgarbe

Wuchsform
krautig, aufrecht

Höhe
15 bis 50 cm

Blüten
weiß, in Köpfchen

Blütezeit
Juni bis Oktober

Habitat
Halbtrockenrasen, Wiesen, Äcker, Wege, Weiden

Morphologie: Diese krautige, ausdauernde, leicht aromatisch duftende, 15 bis 50 cm hohe Pflanze mit Ausläufer bildendem, horizontalem Rhizom entwickelt aufrechte, geriefte, leicht behaarte Stängel. Die länglich lanzettlich geformten Blätter sind zwei- oder dreifach gefiedert, mit schmalen, ganzrandigen oder gezähnten Teilblättchen. Die 10 bis 20 cm langen Grundblätter sind gestielt, die Stängelblätter jedoch sitzend und nach oben hin allmählich kleiner werdend. Die 4 bis 5 mm breiten Köpfchen stehen in einer dichten Dolde, wobei jedes der Köpfchen von eiförmigen, häufig schuppigen Hüllblättern umgeben ist. Die Blütenscheibe besteht aus ca. 2 mm langen, weißen oder rosafarbenen Röhrenblüten, die von 4 oder 5 strahlig angeordneten, ebenfalls weiß oder rosafarben gefärbten dreizähnigen Zungenblüten umgeben sind. Die Früchte sind ca. 2 mm lange, am Rand leicht geflügelte Achänen ohne Pappus. Blütezeit: Juni bis Oktober.

Habitat: Halbtrockenrasen, Wiesen, Weiden, Wege, Äcker; bis 2000 m Seehöhe.

Ursprung und Verbreitung: Die Wiesenschafgarbe ist in Europa und Sibirien weit verbreitet.

Ähnliche Arten: Nach Meinung einiger Autoren gehört diese sehr formenreiche Art zur gleichnamigen Artengruppe, die 6 weitere, sehr ähnliche Spezies umfasst, welche mehr oder weniger an den gleichen Standorten gedeihen.

Matricaria chamomilla

Visitenkarte

Deutscher Name
Echte Kamille, Mägdeblume, Mutterkraut, Ganille

Wuchsform
krautig, aufrecht

Höhe
15 bis 40 cm

Blüten
gelb und weiß, in Köpfchen

Blütezeit
Mai bis August

Habitat
Äcker, Getreidefelder, Wege, Schuttplätze

Morphologie: Krautige, einjährige, sehr aromatisch duftende, 15 bis 40 cm hohe Pflanze mit kahlen, aufrechten oder aufsteigenden, häufig verzweigten Stängeln. Die sitzenden, 3 bis 5 cm langen Blätter sind im Umriss lanzettlich geformt und zwei- oder dreifach fiederteilig mit schmalen, auseinander strebenden, fast fadenförmigen und spitz endenden Fiederblättchen. Die 1,5 bis 2 cm breiten Köpfchen stehen an langen, kahlen Stielen und bilden lockere Dolden. Jedes der Köpfchen ist von einem becherförmigen Hüllkelch mit randlich häutigen Schuppen umgeben. Der Blütenboden ist kegelförmig und hohl. Die Blütenscheibe besteht aus gelben Röhrenblüten, die von strahlig angeordneten, weißen Zungenblüten umgeben sind, welche gegen Ende der Blütezeit nach hinten zurückgebogen sind. Die Früchte sind 1 bis 2 mm lange, gerippte Achänen ohne Pappus. Blütezeit: Mai bis August.

Habitat: Äcker, Getreidefelder, Wege, Schuttplätze; bis 800 m Seehöhe.

Ursprung und Verbreitung: Die aus Asien stammende Echte Kamille kommt heute fast überall auf der Welt vor und wird in der Volksmedizin vor allem bei Entzündungen sowie Magen- und Darmstörungen verwendet.

Synonym: *Chamomilla recutita* (L.) Rauschert.

Ähnliche Arten: ***Matricaria inodora*** L., die Geruchlose Strandkamille, auch unter dem Namen »Falsche Kamille« bekannt, gedeiht mehr oder weniger an den gleichen Standorten (nicht duftend).

Leucanthemum vulgare

Morphologie: Diese krautige, ausdauernde, 20 bis 50 cm hohe Pflanze entwickelt aufrechte oder aufsteigende, einfache oder verzweigte Stängel, die an der Basis leicht behaart sind. Die gestielten unteren Blätter sind länglich lanzettlich oder spatelig geformt und am Rand eingeschnitten oder gezähnt. Die oberen Blätter sind sitzend oder halbstängelumfassend, am Rand gesägt und werden zur Spitze hin allmählich kleiner. Die 4 bis 6 cm breiten Blütenköpfchen sind von lanzettlichen, braun oder schwarz umrandeten Hüllblättern umgeben. Die Blütenscheibe besteht aus gelben Röhrenblüten und ist außen von strahlig angeordneten, gerieften und am Ende dreispaltigen, weißen Zungenblüten umgeben sind. Die Früchte sind braune Achänen. Blütezeit: Juni bis Oktober.
Habitat: Wiesen, Felder, Ödland, Gebüsche; bis 2000 m Seehöhe.

Ursprung und Verbreitung: Die Margerite ist eine in Europa und Sibirien häufig anzutreffende Spezies.
Synonym: *Chrysanthemum leucanthemum* L.
Ähnliche Arten: Einige Autoren definieren mit *Leucanthemum vulgare* eine Gruppe von Spezies mit zahlreichen Unterarten und Varietäten, deren Morphologie überaus variabel ist, was eine exakte Klassifizierung sehr schwierig macht. Manche dieser Arten sind auf eng begrenzte Standorte beschränkt.

Visitenkarte

Deutscher Name
Margerite, Gewöhnliche Wucherblume, Weiße Wucherblume, Orakelblume

Wuchsform
krautig, aufrecht

Höhe
20 bis 50 cm

Blüten
gelb und weiß, in Köpfchen

Blütezeit
Juni bis Oktober

Habitat
Wiesen, Felder, Ödland, Gebüsche

Tanacetum vulgare

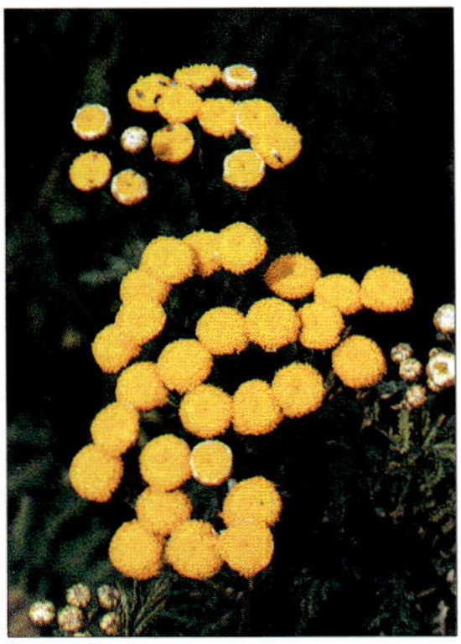

Morphologie: Diese krautige, ausdauernde, aromatisch duftende, 60 bis 120 cm hohe Pflanze entwickelt aufrechte, kantige, kahle oder leicht behaarte Stängel. Die gestielten unteren Blätter sind 9 bis 15 cm lang und fiederspaltig in 15 bis 23 linealisch lanzettliche Segmente unterteilt, die ihrerseits tief eingeschnitten und am Rand gesägt sind. Die oberen Blätter sehen ähnlich aus, sind ungestielt und werden nach oben hin allmählich kleiner. Die in dichten Schirmrispen stehenden Köpfchen sind 8 bis 9 mm breit und von hellgrünen, hautrandigen Hüllblättern umgeben. Die nur aus Röhrenblüten bestehende Blüte ist goldgelb gefärbt, wobei die Blüten im Zentrum zweigeschlechtig, die äußeren weiblichen Geschlechts sind. Die Früchte sind gerippte Achänen. Blütezeit: Juli bis September.
Habitat: Wege, Schuttplätze, Gebüsche, Ufer; bis 1600 m Seehöhe.
Ursprung und Verbreitung: Der Gemeine Rainfarn ist in Europa und Kleinasien häufig anzutreffen.
Synonyme: *Chrysanthemum vulgare* (L.), *Chrysanthemum vulgare* Bernh.; *Pyrethrum tanacetum* Bernh.
Ähnliche Arten: Nach Ansicht einiger Autoren gehört diese Spezies zur gleichnamigen Artengruppe, die zwei weitere, sehr ähnliche Arten umfasst, welche jedoch auf sehr begrenzte Verbreitungsgebiete beschränkt sind. Es handelt sich dabei um ***Tanacetum siculum*** (Guss.) Strobl, die in Sizilien endemisch ist, sowie ***T. audiberti*** (Req.) DC., welche nur auf Sardinien vorkommt.

Visitenkarte

Deutscher Name
Gemeiner Rainfarn, Rainfarn, Wurmkraut

Wuchsform
krautig, aufrecht

Höhe
60 bis 120 cm

Blüten
gelb, in Köpfchen

Blütezeit
Juli bis September

Habitat
Wege, Schuttplätze, Gebüsche, Ufer

Artemisia vulgaris

Visitenkarte

Deutscher Name
Gewöhnlicher Beifuß, Gemeiner Beifuß

Wuchsform
krautig, aufrecht

Höhe
60 bis 150 cm

Blüten
rötlich braun, in Köpfchen

Blütezeit
Juli bis September

Habitat
Wege, Schuttplätze, Mauern, Ufer

Morphologie: Diese krautige, buschige, ausdauernde, leicht bitter-aromatisch riechende, 60 bis 150 cm hohe Pflanze entwickelt aufrechte, eckig geriefte, oft rötlich überlaufene, reich verzweigte Stängel. Die 9 bis 12 cm langen unteren Blätter sind fiederspaltig in 2 bis 4 lanzettliche, unregelmäßig leierförmige und eingeschnittengezähnte Segmente unterteilt. Die oberen Blätter werden zur Spitze hin allmählich kleiner und sind fast linealisch geformt. Alle Blätter sind kahl, oberseits dunkelgrün, unterseits weißfilzig und am Grund geöhrt. Der Blütenstand ist eine reich verzweigte, belaubte Rispe aus kleinen, eiförmigen, ca. 3 mm breiten Köpfchen, die von schuppigen, graufilzigen, breit hautrandigen Hüllblättern umgeben sind. Die Blüte besteht aus drüsigen, etwa 2 mm langen, gelbbraunen Röhrenblüten. Die Früchte sind kahle Achänen. Blütezeit: Juli bis September.

Habitat: Wege, Schuttplätze, Mauern, Ufer, Dämme; bis 1000 m Seehöhe.

Ursprung und Verbreitung: Der Gewöhnliche Beifuß ist auf allen Kontinenten der Erde, vor allem aber auf der nördlichen Halbkugel, häufig anzutreffen.

Ähnliche Arten: *Artemisia verlotiorum,* der Ostasiatische Beifuß, unterscheidet sich vom Gewöhnlichen Beifuß durch die langen Ausläufer an der Stängelbasis, die ganzrandigen oberen Stängelblätter und die rötlichen, nicht drüsigen Blüten.

Artemisia absinthium

Visitenkarte

Deutscher Name
Wermut, Absinth, Magenkraut, Bitterer Beifuß

Wuchsform
halbstrauchartig, buschig

Höhe
30 bis 120 cm

Blüten
gelb, in Köpfchen

Blütezeit
Juni bis September

Habitat
Brachen, Wege, Gärten, Schuttplätze, Mauern

Morphologie: Diese sehr aromatisch riechende, bitter schmeckende, 30 bis 120 cm hohe, halbstrauchartige Pflanze entwickelt aufrechte oder aufsteigende, weißgrau filzige Stängel, der an der Basis leicht verholzt und im oberen Teil verzweigt sind. Die lang gestielten unteren Blätter sind zwei- bis dreifach gefiedert, mit linealisch länglichen, 3 bis 4 mm breiten, oben stumpfen Teilfiedern. Die oberen Blätter sind fast sitzend und werden zur Spitze hin allmählich kleiner. Der Blütenstand ist eine fast einseitswendige, vielblütige, belaubte Rispe aus 30 bis 60 kugeligen, 3 bis 5 mm breiten Köpfchen, die jeweils von schuppigen, hautrandigen Hüllblättern umgeben sind. Die hellgelben bis gelbbraunen Blüten, alles Röhrenblüten, sind ca. 2 mm lang und nickend. Die Früchte sind winzige Achänen ohne Drüsen. Blütezeit: Juni bis September.

Habitat: Wege, Gärten, Schuttplätze, Mauern; bevorzugt trockene Böden; bis 1200 m Seehöhe.

Ursprung und Verbreitung: Der als Gewürz- und Arzneipflanze bekannte Wermut ist hauptsächlich in Mittel- und Südeuropa sowie in Westasien zerstreut anzutreffen.

Ähnliche Arten: *Artemisia aborescens* L. ist vor allem im Mittelmeergebiet verbreitet und unterscheidet sich von der oben beschriebenen Art durch die auch im etwas höheren Bereich verholzten Stängel, die größeren Köpfchen (5 bis 8 mm) und die schmäleren Teilfiedern (0,5 bis 2 mm breit).

Tussilago farfara

Morphologie: Ausdauernde, 10 bis 30 cm hohe Pflanze mit horizontalem, kriechendem Wurzelstock. Die Blätter entwickeln sich erst nach der Blüte. Die Grundblätter stehen an 4 bis 7 cm langen Stielen und sind herzförmig, rund oder mehr oder weniger sechseckig, 5 bis 7 cm breit, unterseits flaumig weiß behaart und am Rand grob gezähnt. Die rötlichen Stängelblätter sind lanzettlich oder schuppenförmig, 1,5 bis 2 cm lang und sind stängelumfassend. Die 2 bis 3 cm breiten Blütenköpfchen stehen gewöhnlich einzeln an den Enden der aufrechten, vor der Blüte oft bogigen Stängel. Jedes Köpfchen ist von einer zylindrischen Hülle aus linealischen, schuppigen Hüllblättern umgeben. Die mittleren Blüten sind röhrig und männlichen Geschlechts, die schmalzüngigen Randblüten sind 12 bis 18 mm lang und weiblichen Geschlechts. Die Frucht ist eine 3 bis 5 mm lange Achäne mit weißem Pappus. Blütezeit: Februar bis April.

Habitat: Feuchte, schattige Orte in devastiertem Gelände, Äcker- und Wegränder, Schuttplätze, erodierte Flächen an Bächen, Hangrutschungen; von der Ebene bis auf 2400 m Seehöhe.
Ursprung und Verbreitung: Bergregionen Eurasiens, in den Alpen häufig.

Visitenkarte

Deutscher Name
Gewöhnlicher Huflattich, Brustlattich, Eselshut, Sandblume

Wuchsform
krautig, Staude

Höhe
10 bis 30 cm

Blüten
gelb, in Köpfchen

Blütezeit
Februar bis April

Habitat
feuchte Böden, Schuttplätze, Weg- und Ackerränder

Petasites hybridus

Morphologie: Krautige, ausdauernde, 10 bis 40 cm hohe Pflanze mit kräftigem, knolligem Rhizom, aus dem sich erst nach der Blütezeit die auffallend großen Blätter entwickeln. Die unteren Blätter, deren Durchmesser im Sommer bis zu 60 oder 70 cm im Durchmesser erreichen, stehen an langen, kannelierten Stielen. Die Blattspreite ist oval nierenförmig, am Rand grob gezähnt, oberseits grün und unterseits graufilzig. Die oberen Blätter sind kleiner, schuppenförmig und rötlich gefärbt. Die zahlreichen, in einer dichten, verlängerten Traube stehenden Köpfchen bestehen aus weißlich rötlichen Röhrenblüten, die entweder geruchlos sind oder leicht duften. Blütezeit: März bis Mai.

Habitat: Nasswiesen, Ufer, Gräben, Flussauen, Waldränder; bis 1600 m Seehöhe.
Ursprung und Verbreitung: Die Gewöhnliche Pestwurz ist in Nord- und Mitteleuropa sowie in den Gebirgen Südeuropas verbreitet anzutreffen.
Synonym: *Petasites officinalis* Moench.
Ähnliche Arten: Die Weiße Pestwurz (***Petasites albus*** (L.) Gaertn.) unterscheidet sich von der Gewöhnlichen Pestwurz vor allem durch ihre dünneren Wurzeln, die kleineren, unterseits weißfilzigen Blätter (30 bis 40 cm im Durchmesser) und die gelblich weißen Blüten.

Visitenkarte

Deutscher Name
Gewöhnliche Pestwurz, Rote Pestwurz, Echte Pestwurz, Großer Huflattich

Wuchsform
krautig, aufrecht

Höhe
10 bis 40 cm

Blüten
rötlich, in Köpfchen

Blütezeit
März bis Mai

Habitat
Nasswiesen, Ufer, Gräben, Flussauen

Senecio jacobaea

Visitenkarte

Deutscher Name
Jakobsgreiskraut,
Jakobskreuzkraut

Wuchsform
krautig, aufrecht

Höhe
30 bis 90 cm

Blüten
gelb,
in Köpfchen

Blütezeit
Juli bis Oktober

Habitat
Trockenwiesen,
Hochstaudenfluren,
Wegränder

Das Jakobsgreiskraut erhielt seinen Namen, weil es meist am 25. Juli, am Tag des hl. Jakob, in voller Blüte steht und weil die weiß behaarten Früchte nach der Blüte die Körbchen wie ein »Greisenhaupt« erscheinen lassen.

Morphologie: Diese krautige, zwei- oder mehrjährige, 30 bis 90 cm hohe Pflanze entwickelt aufrechte, gerillte, im oberen Teil reich verzweigte Stängel. Die gestielten Grundblätter sind leierförmig oder fiederteilig, die oberen Blätter sind auf jeder Seite in 5 bis 7 paarweise Segmente unterteilt, das Endsegment ist etwas größer als die seitlichen. Die goldgelben Köpfchen stehen in einer doldenartigen Rispe. Jedes der Köpfchen ist 1,5 bis 2 cm breit und von einer halbkugeligen Hülle aus 2 Reihen von schuppigen, sehr kurzen Hüllblättchen umgeben. Die Blütenscheibe besteht im Zentrum aus Röhrenblüten und ist außen von 12 bis 15 strahlig angeordneten, ca. 1 cm langen Zungenblüten umgeben. Die Achänen der Körbchenblüten sind kurz behaart. Blütezeit: Juli bis Oktober.
Habitat: Trockenwiesen, trockene Hochstaudenfluren, Wegränder; bevorzugt kalkhaltiges Substrat; bis 1500 m Seehöhe.
Ursprung und Verbreitung: Das Jakobsgreiskraut ist in Europa und Westasien verbreitet.
Ähnliche Arten: Das Spreizblättrige Greiskraut (***Senecio erraticus*** Bertol.) gedeiht vor allem auf feuchten Wald- und Wegrändern und unterscheidet sich vom Jakobsgreiskraut hauptsächlich durch die 2 bis 4 paarweisen Segmente der Stängelblätter, deren sehr große Endlappen und die etwas kürzeren Zungenblüten.

Senecio vulgaris

Morphologie: Diese krautige, einjährige, sehr kurzlebige, 10 bis 30 cm hohe Pflanze entwickelt aufrechte oder aufsteigende, kahle oder schwach behaarte Stängel, die im oberen Teil unregelmäßig verzweigt sind. Die 6 bis 7 cm langen unteren Blätter sind länglich spatelig geformt und tief in gezähnte Lappen geteilt oder gefiedert. Die oberen Blätter sind kleiner, fiederteilig und fast stängelumfassend. Die zylindrischen, 4 bis 5 mm breiten und etwa 1 cm langen Köpfchen stehen in einer Rispe. Jedes der Köpfchen ist von einem zylindrischen Hüllkelch mit schwarzen, hautrandigen Schuppen umgeben. Alle Blüten sind goldgelbe Röhrenblüten, Zungenblüten fehlen. Die Früchte sind 1 bis 2 mm lange Achänen mit weißem, borstigem Pappus. Blütezeit: Februar bis November.

Habitat: Schuttplätze, Kahlschläge, Gärten, Äcker, Straßenränder; bis 1800 m Seehöhe.
Ursprung und Verbreitung: Das Gemeine Greiskraut ist in Europa und Asien sehr häufig anzutreffen.
Ähnliche Arten: ***Senecio sylvaticus,*** das Waldgreiskraut, ist eine etwas seltenere Spezies und unterscheidet sich vom Gemeinen Greiskraut durch seinen buschigen Habitus, den stärker verästelten Stängel und das Vorhandensein von wenn auch kurzen, kaum sichtbaren Zungenblüten.

Visitenkarte

Deutscher Name
Gemeines Greiskraut, Gemeines Kreuzkraut

Wuchsform
krautig, aufrecht

Höhe
10 bis 30 cm

Blüten
gelb, in Köpfchen

Blütezeit
Februar bis November

Habitat
Schuttplätze, Kahlschläge, Gärten, Äcker

Carduus defloratus

Morphologie: Ausdauernde, 30 bis 50 cm hohe Pflanze mit Wurzelstock und aufrechten oder bogig aufsteigenden, einfachen oder verzweigten, spinnwebenartig behaarten und stacheligen Stängeln. Die Grundblätter sind derb, meist kahl und graugrün, 8 bis 12 cm lang, länglich lanzettlich und mehr oder weniger tief fiederspaltig. Der Rand ist gezähnt und stachelig. Die Stängelblätter sehen ähnlich aus, werden jedoch nach oben hin allmählich immer kleiner. Die fast halbkugelförmigen, 2 bis 3 cm breiten Blütenköpfchen sind vor der Blüte geneigt bis nickend, später aufgerichtet. Die Blüten sind alle röhrig, rotviolett und von schuppigen, dachziegelig angeordneten, anliegenden oder aufgebogenen Hüllblättern umgeben. Blütezeit: Juni bis August.

Habitat: Felsrasen, Felsspaltengesellschaften und trockene Weiden; von der Ebene bis 2000 m Seehöhe.
Ursprung und Verbreitung: Im Großteil Mittel- und Südeuropas verbreitet.
Ähnliche Arten: Nach der aktuellen systematischen Klassifizierung gehört diese Art zu einer gleichnamigen eng verwandten Gruppe, in der mehrere Spezies mit ähnlichen morphologischen Charakteristika und Standortansprüchen zusammengefasst sind. Oft ist es schwierig, diese Arten genau zu bestimmen, da es sich um äußerst variable Spezies handelt und häufig auch Hybridformen anzutreffen sind.

Visitenkarte

Deutscher Name
Alpendistel, Bergdistel

Wuchsform
aufrecht, krautig

Höhe
30 bis 50 cm

Blüten
rotviolett, in Köpfchen

Blütezeit
Juni bis August

Habitat
felsige Standorte, trockene Weiden

Arctium lappa

Visitenkarte

Deutscher Name
Große Klette

Wuchsform
krautig, buschig, aufrecht

Höhe
80 bis 150 cm

Blüten
purpurrot, in Köpfchen

Blütezeit
Juli bis September

Habitat
Wege, Schuttplätze, Unkrautfluren

Morphologie: Diese zweijährige, robuste, 80 bis 150 cm hohe Pflanze mit großen spindelförmigen Wurzeln entwickelt aufrechte und behaarte, manchmal rötlich überlaufene Stängel, die reich verzweigt sind. Die lang gestielten Grundblätter sind oval oder herzförmig, 30 bis 50 cm breit, oberseits dunkelgrün und unterseits weißlich spinnwebig wollig behaart. Die oberen, lanzettlich geformten Blätter sind wechselständig, sitzend und werden zur Spitze hin allmählich kleiner. Die kugeligen, 3 bis 4 cm breiten Köpfchen stehen in unregelmäßigen, doldenartigen Rispen. Jedes der Köpfchen ist von zahlreichen grünen, linealischen Hüllblättern mit typischen hakenförmig gebogenen Spitzen umgeben (Kletten). Die ca. 15 mm langen, zwittrigen Blüten, alles Röhrenblüten, sind rosapurpurn gefärbt, selten weiß. Die Frucht ist eine 6 bis 7 mm lange Achäne mit kurzem Haarkranz. Blütezeit: Juli und August.

Habitat: Brachen, Wege, Schuttplätze, Unkrautfluren, Wegränder; bis 1100 m Seehöhe.

Ursprung und Verbreitung: Die Große Klette ist in weiten Teilen der gemäßigten Klimazonen Europas und Asiens verbreitet.

Synonyme: *Arctium majus* Bernh.; *Lappa officinalis* All.; *Lappa major* Gaert.; *Lappa vulgaris* Hill.

Ähnliche Arten: ***Arctium nemorosum*** Lej. et Court, die Hainklette, unterscheidet sich von der Großen Klette vor allem durch die fast waagrecht ausgebreiteten Äste (was der Pflanze ein fast pyramidenförmiges Aussehen verleiht), die unterseits fast kahlen Blätter und die an der Spitze roten, nicht grünen Hüllblätter.

Die Hüllblätter an den Fruchtständen der Großen Klette besitzen hakenförmige Spitzen, die leicht an Kleidern und im Fell von Tieren haften bleiben, was der Verbreitung der Samen dient.

Cirsium eriophorum

Morphologie: Diese zweijährige, 80 bis 150 cm hohe Pflanze mit kräftigem Wurzelstock entwickelt aufrechte, zylindrische, behaarte, gerillte Stängel, die einfach oder verzweigt sein können. Die bis zu 30 cm langen unteren Blätter sind wechselständig, sitzend, fast stängelumfassend und fiederteilig in lanzettlich lineallische Zipfel geteilt, die an der Spitze stachelig sind. Die Blattspreite ist oberseits grün und steifborstig behaart, unterseits weißfilzig. Die kugeligen, meist einzeln stehenden Köpfchen sind 5 bis 7 cm breit und von einer eiförmigen Hülle aus spinnwebig wolligen Hüllblättern mit kurzen, endständigen Stacheln umgeben. Alle Blüten sind röhrig, intensiv rosa bis violett gefärbt und 3 bis 4,5 cm lang. Die Frucht ist eine Achäne mit kurzem Pappus. Blütezeit: Juli bis September.
Habitat: Weiden, Wege, Ruderalfluren, auf steinigen Böden; von 100 bis 1800 m Seehöhe.
Ursprung und Verbreitung: Die Wollkopf-Kratzdistel ist in großen Teilen Mittel- und Südeuropas anzutreffen.
Ähnliche Arten: Entsprechend der aktuellen systematischen Klassifizierung gehört diese Spezies zu einer gleichnamigen Gruppe, die auch einige andere Arten mit ähnlichen morphologischen Charakteristika und Standortansprüchen umfasst.

Visitenkarte

Deutscher Name
Wollkopf-Kratzdistel

Wuchsform
krautig, aufrecht

Höhe
80 bis 150 cm

Blüten
rosa bis violett, in Köpfchen

Blütezeit
Juli bis September

Habitat
Weiden, Wege, Ruderalfluren

Die Wollkopf-Kratzdistel verdankt ihren Namen ihrem spinnwebig wolligen Hüllkelch.

Cirsium arvense

Visitenkarte

Deutscher Name
Ackerkratzdistel

Wuchsform
krautig, aufrecht

Höhe
60 bis 150 cm

Blüten
lila bis violett, in Köpfchen

Blütezeit
Juli bis September

Habitat
Äcker, Gärten, Schuttplätze, Wege

Morphologie: Krautige, ausdauernde, 60 bis 150 cm hohe Pflanze mit kräftigen, gefurchten Wurzeln und aufrechten kantigen rötlich überlaufenen Stängeln, die am Ende rispig verzweigt sind. Die unteren, 8 bis 15 cm langen Blätter sind fiederteilig in endständige und randlich stachelige Lappen geteilt und in Bodennähe am Stängel herablaufend. Die Blattspreite ist gelblich grün. Die oberen Blätter sind sitzend. Die ca. 2 cm breiten Köpfchen sind vor der Blütezeit kugelig und von dachziegelartig übereinanderliegenden, schuppigen und am Ende stacheligen Hüllblättern umgeben. Die Blüte besteht aus eingeschlechtigen, intensiv lila oder violetten Röhrenblüten von 1,5 cm Länge. Die Früchte sind Achänen mit flaumigem Pappus. Blütezeit: Juli bis September.
Habitat: Brachen, Äcker, Gärten, Weinberge, Schuttplätze, Wege, Kahlschläge; bis 1700 m Seehöhe.
Ursprung und Verbreitung: Die aus dem eurasischen Raum stammende Ackerkratzdistel ist in Europa häufig anzutreffen.

Cirsium acaule

Visitenkarte

Deutscher Name
Stängellose Kratzdistel

Wuchsform
krautig, Rosette

Höhe
10 bis 30 cm

Blüten
rotviolett, in Köpfchen

Blütezeit
Mai bis August

Habitat
Wiesen und trockene Weiden, Felsrasen

Morphologie: Ausdauernde, fast stammlose, 10 bis 30 cm hohe Pflanze mit dicht am Boden anliegender Blattrosette. Die 8 bis 15 cm langen Blätter sind stark buchtig gelappt bis fiederspaltig mit dreispaltigen Segmenten. An der Spitze jedes Blättchens steht ein robuster, 2 bis 3 mm langer goldgelber Stachel. Die stiellosen Blütenköpfchen sitzen gewöhnlich einzeln in der Mitte der Rosette, sind 2 bis 3 cm groß und von einer eiförmigen Hülle aus lanzettlichen, an der Spitze grünen Hüllblättern mit kurzem, stacheligem Sporn umgeben. Alle Blüten sind röhrig, violett oder rotviolett gefärbt und bis zu 2,5 cm lang. Die Frucht ist eine Achäne mit 2 bis 2,5 cm langem Pappus. Blütezeit: Mai bis August.
Habitat: Trockene Weiden, Trockenrasen, steiniges Brachland; von 500 bis 1800 m Seehöhe.
Ursprung und Verbreitung: Europa und Westasien, in den Alpen verbreitet bis zerstreut.

Centaurea cyanus

Morphologie: Diese einjährige, weißfilzig behaarte, 30 bis 80 cm hohe Pflanze entwickelt aufrechte oder aufsteigende, im oberen Teil rispig verzweigte, kantige Stängel. Die bis zu 7 cm langen unteren Blätter sind verkehrt eiförmig bis lanzettlich oder leierförmig und weisen 2 Zipfel auf. Die Stängelblätter sind linealisch und glattrandig. Die 2 bis 3 cm breiten Blütenköpfchen stehen meist einzeln an langen Stielen und sind von einem birnenförmigen Hüllkelch aus rötlich grünen, schuppigen Hüllblättern umgeben. Die Korbblüte setzt sich aus azurblauen bis violetten, 1,5 cm langen zweilippigen Randblüten und aus violetten, viel kürzeren Scheibenblüten zusammen. Die Früchte sind Achänen mit rötlichem Pappus. Blütezeit: Juni bis Oktober.
Habitat: Getreidefelder, Schuttplätze; bis 1500 m Seehöhe.
Ursprung und Verbreitung: Die aus Südosteuropa stammende Kornblume ist heute in Europa wegen des Herbizideinsatzes auf Äckern und Feldern selten geworden, wird aber wegen ihrer schönen leuchtend blauen Blüten häufig in Gärten kultiviert.

Visitenkarte

Deutscher Name
Kornblume

Wuchsform
krautig, aufrecht

Höhe
30 bis 80 cm

Blüten
azurblau bis violett, in Köpfchen

Blütezeit
Juni bis Oktober

Habitat
Getreidefelder, Schuttplätze

Früher war die Kornblume ein häufiges Wildkraut auf den Getreidefeldern Europas. Wegen der chemischen Unkrautbekämpfung ist sie dort heute jedoch sehr selten geworden.

Carlina vulgaris

Visitenkarte

Deutscher Name
Golddistel,
Kleine Eberwurz

Wuchsform
krautig, aufrecht

Höhe
15 bis 50 cm

Blüten
strohgelb,
in Köpfchen

Blütezeit
Juli bis September

Habitat
Magerrasen,
Wälder, Heiden,
Wege

Morphologie: Ausdauernde, manchmal zweijährige, 15 bis 50 cm hohe Pflanze mit aufrechten, rötlichen, spinnwebig behaarten Stängeln, die im oberen Teil rispig verzweigt sind. Die gestielten unteren Blätter sind 15 cm lang, knorpelig, verkehrt eiförmig lanzettlich geformt und randlich mit stechenden Dornen versehen. Die Stängelblätter sind sitzend, stängelumfassend, 3 bis 5 cm lang und abstehend oder zurückgebogen. Die 3 bis 5 cm breiten Blütenköpfchen stehen meist einzeln an der Stängelspitze und sind von lanzettlich lanzenförmigen, am Rand stacheligen Hüllblättern umgeben. Die Blüte besteht ausschließlich aus zwittrigen, strohgelben Röhrenblüten. Die Frucht ist eine Achäne mit borstigem Pappus. Blütezeit: Juli bis September.
Habitat: Magerrasen, trockene Wälder, Heiden, Weg- und Waldränder; bis auf 1800 m Seehöhe.
Ursprung und Verbreitung: Die Golddistel ist in weiten Teilen Europas und Sibiriens verbreitet anzutreffen.

Carlina vulgaris, *die Golddistel, wurde nach Karl dem Großen benannt, der angeblich durch diese Pflanze von der Pest geheilt wurde.*

Echinops sphaerocephalus

Morphologie: Diese krautige, ausdauernde, kräftige, 50 bis 150 cm hohe Pflanze entwickelt aufrechte, zylindrische, weißfilzig behaarte Stängel, die nur im oberen Teil verzweigt sind. Die 10 bis 40 cm langen Blätter sind oberseits grün und rau, unterseits weißfilzig. Die Spreite der gestielten Grundblätter ist variabel, von gelappt bis fiederspaltig, der Blattrand ist stachelig. Die sitzenden Stängelblätter sind stängelumfassend und werden zur Spitze hin allmählich kleiner. Die zahlreichen blauen Köpfchen stehen in einem kugeligen Blütenstand von 5 bis 8 cm Durchmesser. Jedes der Köpfchen besteht aus einer einzigen zwittrigen Blüte, die von 16 bis 20 linealischen, schuppigen Hüllblättern von blaugrüner Farbe umgeben sind. Die Frucht ist eine Achäne mit schuppigem Pappus. Blütezeit: Juli und August.

Habitat: Kiesbette, Ruderalfluren, Schuttplätze, Dämme, trockene, steinige Böden; bis 500 m Seehöhe.

Ursprung und Verbreitung: Die ursprünglich aus Südeuropa und Asien stammende Bienenkugeldistel ist inzwischen in weiten Teilen Mittel- und Nordeuropas eingebürgert.

Ähnliche Arten: ***Echinops siculus*** Strobl ist vor allem in Südeuropa beheimatet und unterscheidet sich von der oben beschriebenen Art hauptsächlich durch die tiefer eingeschnittenen, unterseits wollig weißen Blätter und den etwas kleineren Blütenstand.

Visitenkarte

Deutscher Name
Bienenkugeldistel, Kugeldistel

Wuchsform
krautig, aufrecht

Höhe
50 bis 150 cm

Blüten
blau;
in Köpfchen

Blütezeit
Juli und August

Habitat
Kiesbette, Ruderalfluren, Schuttplätze, Dämme

Cichorium intybus

Morphologie: Ein-, zwei- oder mehrjährige, 30 bis 120 cm hohe Pflanze mit steifem, aufrechtem oder aufsteigendem, unten behaartem Stängel, der im oberen Teil reich verzweigt ist. Die in einer Grundrosette stehenden, 10 bis 25 cm langen Basalblätter sind grob fiederteilig und schrotsägeförmig in annähernd dreieckige Fiedern gespalten. Die Hochblätter sind lanzettlich, sitzend und werden nach oben hin allmählich kleiner. Die achselständigen, 2 bis 3 cm breiten Blütenköpfchen sind von einem zylindrischen Hüllkelch aus 8 bis 10 aufrechten inneren Schuppenblättchen und 5 kürzeren, oval lanzettlichen äußeren Schuppenblättchen umgeben. Die ca. 1 cm langen Blüten bestehen aus zweigeschlechtigen, blauen Zungenblüten. Die Frucht ist eine kegelförmige Achäne mit einem kurzen Pappus. Blütezeit: Juli bis Oktober.

Habitat: Wegränder, Trockenrasen, Schuttplätze; bis 1200 m Seehöhe.

Ursprung und Verbreitung: Die Gewöhnliche Wegwarte stammt ursprünglich aus Südeuropa und ist heute auch in unseren Breiten wild wachsend sowie als Kulturpflanze anzutreffen.

Ähnliche Arten: ***Cichorium pumilum*** Jacq. ist eine einjährige Pflanze, die vor allem im Mittelmeerraum auftritt und sich durch den kleineren Wuchs, die eher borstige Behaarung des Stängels und den längeren Pappus unterscheidet.

Visitenkarte

Deutscher Name
Gewöhnliche Wegwarte, Zichorie, Kaffeekraut, Wegleuchte

Wuchsform
krautig, aufrecht

Höhe
30 bis 120 cm

Blüten
blau,
in Köpfchen

Blütezeit
Juli bis Oktober

Habitat
Wegränder, Trockenrasen, Schuttplätze

Lapsana communis

Visitenkarte

Deutscher Name
Gemeiner Rainkohl, Rainkohl

Wuchsform
krautig, aufrecht

Höhe
30 bis 120 cm

Blüten
gelb, in Köpfchen

Blütezeit
Juni bis September

Habitat
Äcker, Gärten, Schuttplätze, Wälder

Morphologie: Diese einjährige, 30 bis 120 cm hohe Pflanze entwickelt aufrechte, zylindrische, leicht behaarte Stängel, die im oberen Teil rispig verzweigt sind. Die gestielten, 5 bis 7 cm langen unteren Blätter sind eiförmig bis leierförmig, buchtig gezähnt und mit einer großen Endfieder versehen. Die oberen Blätter sind fast sitzend, oval lanzettlich, glattrandig oder gezähnt. Die kleinen, sehr zahlreichen Köpfchen bestehen aus je 8 bis 12 gelben Blüten. Jedes Köpfchen ist von einem konischen Hüllkelch aus 2 Reihen von Schuppenblättern umgeben, wobei die innere aus linealischen, die äußere aus kürzeren, ovalen Blättchen besteht. Alle Blüten sind ausschließlich zwittrige, 6 bis 7 mm lange Zungenblüten. Die Frucht ist eine längliche Achäne mit 20 Längsrippen. Der Pappus fehlt. Blütezeit: Juni bis September.

Habitat: Äcker, Gärten, Schuttplätze, lichte Wälder (meist Laubwälder); bis 1400 m Seehöhe.

Ursprung und Verbreitung: Der Gemeine Rainkohl ist in weiten Teilen Europas, Asiens und Nordafrikas verbreitet.

Synonym: *Lampsana communis* Juss.

Tragopogon pratensis

Visitenkarte

Deutscher Name
Wiesenbocksbart

Wuchsform
krautig, aufrecht

Höhe
30 bis 70 cm

Blüten
gelb, in Köpfchen

Blütezeit
Mai bis Juli

Habitat
Fettwiesen, Weiden, Wege

Morphologie: Krautige, ausdauernde, kahle oder leicht behaarte, 30 bis 70 cm hohe Pflanze mit verdickten Wurzeln und einem aufrechten, gefurchten, einfachen oder leicht verzweigten, milchsafthältigen Stängel. Die 5 bis 20 cm langen, stängelumfassenden Blätter sind linealisch lanzettlich geformt, lang zugespitzt, ganzrandig und am Ende zurückgebogen. Die endständigen Köpfchen sind 3 bis 6 cm breit und von ca. 8 spitzen, am Ende der Blütezeit zurückgebogenen, schuppigen Hüllblättern umgeben. Die 2 bis 3 cm langen Blüten bestehen ausschließlich aus leuchtend gelb gefärbten Zungenblüten. Die Frucht ist eine geschnäbelte Achäne mit federigen, ineinander verwebten, gelblich weißen Pappushaaren. Blütezeit: Mai bis Juli.

Habitat: Fettwiesen, Weiden, Wege, bevorzugt nährstoffreiche Böden; bis 2000 m Seehöhe.

Ursprung und Verbreitung: Der Wiesenbocksbart ist in Europa, dem Kaukasus und Sibirien verbreitet.

Hypochoeris radicata

Morphologie: Diese ausdauernde, krautige, 20 bis 60 cm hohe Pflanze mit robustem Rhizom entwickelt blütenschaftähnliche, aufrechte, kahle Stängel, die blaugrün gefärbt und leicht verzweigt sind. Die kahlen oder leicht behaarten Blätter sind 5 bis 10 cm lang und stehen in einer grundständigen Rosette. Sie sind spatelig geformt und am Rand buchtig, schrotsägeartig gezähnt. Die endständigen, 2 bis 4 cm breiten Köpfchen sind von einem zylindrischen Hüllkelch aus 30 bis 35 Schuppenblättchen umgeben. Die ca. 1 cm langen Blüten bestehen ausschließlich aus Zungenblüten, die leuchtend gelb, bisweilen auf der Unterseite auch rötlich gefärbt sind. Die Frucht ist eine geschnäbelte Achäne mit einem gelblich weißen, federig behaarten Pappus. Blütezeit: Mai bis August.

Habitat: Trockenrasen, sonnige Heiden, magere Weiden, sandige Böden; bis 1500 m Seehöhe.

Ursprung und Verbreitung: Das Gewöhnliche Ferkelkraut ist in fast ganz Europa und dem Kaukasus verbreitet anzutreffen.

Ähnliche Arten: Der Herbstlöwenzahn (***Leontodon autumnalis*** L.) unterscheidet sich vom Gewöhnlichen Ferkelkraut hauptsächlich durch die schmäler zugespitzten Blätter und die grünen Stängel.

Visitenkarte

Deutscher Name
Gewöhnliches Ferkelkraut, Gemeines Ferkelkraut

Wuchsform
krautig, aufrecht

Höhe
20 bis 60 cm

Blüten
gelb, in Köpfchen

Blütezeit
Mai bis August

Habitat
Trockenrasen, sonnige Heiden, magere Weiden

Hypochoeris maculata

Morphologie: Diese krautige, ausdauernde, 30 bis 60 cm hohe Pflanze entwickelt blütenschaftähnliche, aufrechte, röhrige Stängel, die einfach oder im oberen Teil leicht verzweigt sein können. Die behaarten, 8 bis 12 cm langen Blätter stehen in einer dichten, dem Boden dicht anliegenden grundständigen Rosette. Sie sind grün gefärbt und weisen rotbraune Flecken auf. Die Spreite ist eiförmig elliptisch, am Rand grob gesägt oder schrotsägeartig gezähnt. Die endständigen, 4 bis 5 cm breiten Köpfchen sind von einem zylindrischen Hüllkelch aus stumpfen, am Ende schwarzen Schuppenblättern umgeben. Alle Blüten sind Zungenblüten, die leuchtend gelb gefärbt sind. Die Frucht ist eine geschnäbelte Achäne mit einreihigem Pappus. Blütezeit: Juni bis August.

Habitat: Trockene Weiden und Magerwiesen, Wegränder, bevorzugt auf sauren Substraten; bis 1500 m Seehöhe.

Ursprung und Verbreitung: Das Gefleckte Ferkelkraut ist in Europa und Sibirien zerstreut anzutreffen.

Visitenkarte

Deutscher Name
Geflecktes Ferkelkraut

Wuchsform
krautig, aufrecht

Höhe
30 bis 60 cm

Blüten
gelb, in Köpfchen

Blütezeit
Juni bis August

Habitat
Magerwiesen, Weiden, Wegränder

Leontodon hispidus

Visitenkarte

Deutscher Name
Rauer Löwenzahn

Wuchsform
krautig, aufrecht

Höhe
10 bis 40 cm

Blüten
gelb,
in Köpfchen

Blütezeit
Juni bis Oktober

Habitat
Fettwiesen,
Weiden,
Straßenränder

Morphologie: Diese ausdauernde, krautige, 10 bis 40 cm hohe Pflanze mit dickem Rhizom entwickelt blütenschaftähnliche, aufrechte, kräftige Stängel, die meist im oberen Teil verzweigt sind. Die rauen oder leicht behaarten, 5 bis 15 cm langen Blätter stehen in einer dichten, grundständigen Rosette. Die Spreite ist linealisch spatelig und kann variabel buchtig gezähnt bis fiederförmig geteilt sein. Die endständigen, 2 bis 3 cm breiten Köpfchen sind von einem zylindrischen, schwarzen Hüllkelch aus zahlreichen, dicht dachziegelartig übereinander liegenden, stumpf lanzettlichen Schuppen umgeben. Das Köpfchen besteht aus zwittrigen, leuchtend gelben, manchmal an der Spitze etwas dunkleren Zungenblüten. Die Frucht ist eine Achäne mit schmutzig weißem oder bräunlichem Pappus. Blütezeit: Juni bis Oktober.

Habitat: Fettwiesen, Weiden, Straßenränder, Moor- und Nasswiesen; bis 2500 m Seehöhe.
Ursprung und Verbreitung: Der Raue Löwenzahn ist in fast ganz Europa und im Kaukasus häufig anzutreffen.
Synonym: *Leontodon proteiformis* Vill.
Ähnliche Arten: ***Hypochoeris radicata*** L., das Gewöhnliche Ferkelkraut, gedeiht mehr oder weniger an den gleichen Standorten, unterscheidet sich aber vom Rauen Löwenzahn vor allem durch seinen blaugrünen Blütenschaft, die kahlen, buchtig gezähnten Blätter und die etwas spätere Blütezeit vom Sommer bis in den Herbst hinein.

Taraxacum officinale

Visitenkarte

Deutscher Name
Gemeiner Löwenzahn, Wiesenlöwenzahn, Gemeine Kuhblume, Butterblume, Maiblume

Wuchsform
krautig, buschig

Höhe
10 bis 40 cm

Blüten
gelb,
in Köpfchen

Blütezeit
April bis Juli

Habitat
Fettwiesen und -weiden,
Wegränder,
Äcker

Morphologie: Diese krautige, ausdauernde, 10 bis 40 cm hohe, kahle oder leicht behaarte Pflanze entwickelt lange, verdickte Pfahlwurzeln. Die dunkelgrünen, glänzenden Blätter stehen in einer dichten, dem Boden anliegenden Grundrosette. Die Blattspreite ist länglich lanzettlich, wobei der Rand schrotsägeartig gezähnt oder stark gelappt sein kann. Die ca. 2,5 bis 4 cm breiten Köpfchen stehen meist einzeln am Ende eines hohlen Blütenschaftes, der aufrecht oder aufsteigend sein kann. Jedes der Köpfchen ist von hellgrünen, kahlen, linealisch spitzen Hüllblättern umgeben, die nach unten zurückgeschlagen sind. Die leuchtend gelben Köpfchen bestehen nur aus Zungenblüten, die außen gelegentlich purpurn gestreift sein können. Die Frucht ist eine längliche, geschnäbelte Achäne mit weißem Pappus. Blütezeit: April bis Juli. Bei Mahd bis in den Herbst.
Habitat: Fettwiesen und -weiden, Brachen, Wegränder, Äcker, Schuttplätze; bis 1700 m Seehöhe.
Ursprung und Verbreitung: Der Gemeine Löwenzahn ist in weiten Teilen Europas, Asiens, Nordafrikas und Nordamerikas sehr häufig anzutreffen.

Sonchus oleraceus

Morphologie: Einjährige, krautige, manchmal auch zweijährige, 30 bis 100 cm hohe Pflanze mit aufsteigenden oder aufrechten, hohlen, kahlen Stängeln, die im oberen Teil verzweigt sind. Die gestielten, 15 bis 18 cm langen unteren Blätter sind länglich spatelig geformt und unregelmäßig in 2 bis 5 Zipfel eingeschnitten bzw. gelappt. Die Stängelblätter sind kleiner, spatelig und gezähnt sowie fast immer sitzend und mit abstehenden, spitzen Öhrchen versehen. Alle Blätter sind eher schlaff, matt und ohne Stacheln. Die 2 bis 3 cm breiten Köpfchen stehen in einer dichten Doldentraube, wobei jedes der Köpfchen von dachziegelartig angeordneten Hüllblättern umgeben ist. Die Köpfchen bestehen ausschließlich aus 1,5 cm langen goldgelben Zungenblüten, die zwittrig sind. Die Frucht ist eine runzelige Achäne mit 3 stacheligen Längsrippen. Blütezeit: Juni bis Oktober.

Habitat: Äcker, Schutt- und Kiesplätze, Wege; bevorzugt nicht zu trockene, stickstoffreiche Böden; bis 1700 m Seehöhe.

Ursprung und Verbreitung: Die Kohlgänsedistel stammt ursprünglich aus Südeuropa und ist heute in fast ganz Europa anzutreffen.

Ähnliche Arten: *Sonchus asper* (L.) Hill, die Raue Gänsedistel, unterscheidet sich von der Kohlgänsedistel durch die glänzenden, stachelig gezähnten Blätter und die abgerundeten, dem Stängel angedrückten Blattöhrchen.

Visitenkarte

Deutscher Name
Kohlgänsedistel

Wuchsform
krautig, aufrecht

Höhe
30 bis 100 cm

Blüten
gelb,
in Köpfchen

Blütezeit
Juni bis Oktober

Habitat
Äcker,
Schutt- und
Kiesplätze,
Wege

Hieracium pilosella

Morphologie: Diese krautige, ausdauernde, 5 bis 25 cm hohe, rhizombildende Pflanze entwickelt Ausläufer bildende, kriechende oder aufsteigende, belaubte lange Stängel. Die unteren, 4 bis 5 cm langen Blätter stehen in einer grundständigen Rosette und sind lanzettlich spatelig geformt, mit glattem oder leicht gezähntem Rand, wobei sie oberseits dunkelgrün und unterseits weißfilzig sind. Aus der Mitte der Rosette erheben sich die einfachen oder seltener gegabelten Blütenschäfte, die jeweils ein einziges Köpfchen tragen. Jedes der Köpfchen ist etwa 2 cm breit und von einem eiförmigen oder aber kugeligen Hüllkelch aus linealischen Schuppenblättchen umgeben. Die Köpfchen bestehen ausschließlich aus Zungenblüten, die zwittrig, schwefelgelb und bisweilen am Rand rötlich überlaufen sind. Die Frucht ist eine 1 bis 2,5 mm lange Achäne mit weißem Pappus. Blütezeit: Mai bis Oktober.

Habitat: Magerrasen, Heiden, lichte Wälder, Böschungen; bis 2000 m Seehöhe.

Ursprung und Verbreitung: Das Kleine Habichtskraut ist in fast ganz Europa und dem Kaukasus verbreitet.

Visitenkarte

Deutscher Name
Kleines
Habichtskraut,
Mausohr

Wuchsform
krautig,
in Büscheln

Höhe
5 bis 25 cm

Blüten
gelb,
in Köpfchen

Blütezeit
Mai bis Oktober

Habitat
Magerrasen,
Heiden,
lichte Wälder,
Böschungen

Anthericum liliago

Visitenkarte

Deutscher Name
Astlose Graslilie, Traubige Graslilie

Wuchsform
krautig, aufrecht

Höhe
30 bis 60 cm

Blüten
weiß, in Trauben

Blütezeit
Mai und Juni

Habitat
trockene Wiesen

Morphologie: Diese Rhizome bildende, mehrjährige Spezies entwickelt einen aufrechten, glatten, unverzweigten, etwa 30 bis 60 cm hohen Blütenschaft, auf dem etwa 10 bis 20 lilienähnliche Blüten mit 15 bis 30 mm langen Tepalen einen lockeren, traubigen Blütenstand bilden. Die Blätter sind bis zu 40 cm lang, linealisch, grundständig und rosettenartig angeordnet. Die Frucht ist eine ovale, zugespitze Kapsel. Blütezeit: Mai und Juni.

Habitat: Trockene Wiesen in sonniger Lage von 300 bis 1800 m Seehöhe, vorzugsweise auf Silikatgestein.

Ursprung und Verbreitung: Diese Spezies ist über ganz Europa verbreitet.

Ähnliche Arten: ***Anthericum ramosum,*** die Ästige Graslilie, unterscheidet sich von der Traubigen Graslilie durch die kürzeren Kronblätter (8 bis 13 mm) und den rispig verzweigten Blütenstand.

Colchicum autumnale

Visitenkarte

Deutscher Name
Herbstzeitlose

Wuchsform
krautig, aufrecht

Höhe
10 bis 40 cm

Blüten
rosa, einzeln

Blütezeit
August bis November

Habitat
feuchte Wiesen, Lichtungen

Morphologie: Diese kräftige, mehrjährige Pflanze mit braunschuppigen, eiförmigen Zwiebelknollen entwickelt nach der Blüte im Herbst erst im folgenden Frühling 4 bis 5 linealisch lanzettliche bis breit lanzettliche, 14 bis 3 cm lange und 5 bis 7 cm breite Blätter. Sie bildet 1 bis 3 Blüten mit kelchförmigem Perigonium, dessen unteres Ende einen bis zu 20 cm langen farblosen Schlauch formt, der an der Basis von einer durchsichtigen, pergamentartigen Scheide umgeben ist. Die Blütenblätter sind lanzettlich elliptisch, rosa, 4 bis 6 cm lang und umschließen 6 Staubgefäße mit gelben Antheren und 3 breite Griffel mit gekrümmten Narben. Die Frucht, eine große, dreifächerige ovale Kapsel, reift erst im darauf folgenden Frühjahr. Blütezeit: August bis November.

Habitat: Feuchte Wiesen und Waldlichtungen; bis 2200 m Seehöhe.

Ursprung und Verbreitung: In allen Ländern Mitteleuropas verbreitet, in den Alpen häufig.

Ähnliche Arten: ***Colchicum bivonae*** Guss. ist eine sehr seltene Art, die nur im Süden Italiens vorkommt. Sie unterscheidet sich durch die größere Anzahl von Blättern (6 bis 9) mit schmälerer Blattspreite und durch die orange- oder purpurfarbenen Staubgefäße von der beschriebenen Spezies.

Erythronium dens-canis

Morphologie: Aus der ovalen Zwiebel der Hundszahnlilie entwickeln sich gewöhnlich 2 charakteristische Blätter mit lanzettförmig elliptischer, 10 bis 15 cm langer und 3 bis 4 cm breiter graugrüner Spreite, deren Oberseite oft purpurfarben gefleckt ist. Die nickenden, einzeln stehenden Blüten bestehen aus 6 lanzettförmigen weißen, rosa oder lilafarbenen, etwa 3 bis 4 cm langen, charakteristisch nach oben gebogenen Tepalen, aus deren Mitte die 6 langen Staubgefäße mit den dunklen linealischen Staubbeuteln und weißen Stempeln weit herausragen. Die Frucht ist eine ovale Kapsel mit zahlreichen braunen Samen. Blütezeit: März und April.
Habitat: Laubwälder bis 700 m Seehöhe.
Ursprung und Verbreitung: Die Hundszahnlilie ist heute vor allem in den Gebirgen Südeuropas, in den Südalpen und im Kaukasus anzutreffen.

Visitenkarte

Deutscher Name
Hundszahnlilie

Wuchsform
krautig, aufrecht

Höhe
10 bis 20 cm

Blüten
rosa und/oder weiß, einzeln

Blütezeit
März und April

Habitat
Laubwälder

Scilla bifolia

Morphologie: Kleinwüchsige, ausdauernde Zwiebelpflanze mit meist nur einem, 5 bis 20 cm hohen, zylindrischen Blütenstängel. Die beiden Laubblätter umgreifen mit ihrer Basis den Stängel bis zu dessen Mitte und stehen dann weit ab. Die Blattspreite ist lanzettlich, etwa 10 bis 12 cm lang und 1 bis 1,5 cm breit mit trichterartig geformter Spitze und oft eingerolltem Rand. Die Blüten stehen in lockeren, kurzen, 6- bis 10-blütigen Trauben. Sie bestehen aus 6 länglich elliptischen, mehr oder weniger intensiv azur- bis violettblauen, etwa 1 cm langen Tepalen an einem Stiel ohne Tragblätter. Die Frucht ist eine kleine, rundliche, zugespitzte Kapsel. Blütezeit: März bis Mai.
Habitat: Feuchte Laubwälder (besonders Buchenwälder) von 500 bis 2000 m Seehöhe.
Ursprung und Verbreitung: Diese Spezies ist in den Gebirgsregionen Mitteleuropas bis in den Kaukasus verbreitet. Häufig in den Alpen.

Visitenkarte

Deutscher Name
Zweiblättrige Meerzwiebel (Blaustern), Zweiblättriger Blaustern, Sternhyazinthe

Wuchsform
krautig, aufrecht

Höhe
5 bis 20 cm

Blüten
blau, in Trauben

Blütezeit
März bis Mai

Habitat
Laubwälder

Ornithogalum umbellatum

Visitenkarte

Deutscher Name
Doldenmilchstern, Doldiger Milchstern

Wuchsform
krautig, aufrecht

Höhe
10 bis 30 cm

Blüten
weiß, in Trauben

Blütezeit
April und Mai

Habitat
Wiesen, Weinberge, Wege, Gebüsche

Morphologie: Diese krautige, ausdauernde, 10 bis 30 cm hohe Pflanze entwickelt eine kugelige Zwiebel, die von zahlreichen kleineren Tochterzwiebeln umgeben ist. Die ausschließlich grundständigen, kannelierten Blätter sind linealisch geformt, 2 bis 5 mm breit, mit weißem Mittelstreifen und meist nur wenig länger als der Blütenstand. Dieser ist eine Doldentraube aus 10 bis 20 Blüten. Das Perigon besteht aus 6 weißen, sternförmig abstehenden, 1,5 bis 2,5 cm langen Tepalen, die lanzettlich geformt sind und unterseits je einen grünen Streifen aufweisen. Die Frucht ist eine eiförmige, gerippte Kapsel von 6 bis 8 mm Länge. Blütezeit: April und Mai.
Habitat: Wiesen, Weinberge, Hackfruchtäcker, Wege, Gebüsche; bis 1500 m Seehöhe.
Ursprung und Verbreitung: Der Doldenmilchstern ist in Mittel- und Südeuropa sowie in Westasien und Nordafrika zerstreut anzutreffen.
Ähnliche Arten: Nach Meinung mancher Autoren zählt diese Spezies zusammen mit einigen ähnlichen Arten, welche mehr oder weniger Standortansprüche stellen, zu einer gleichnamigen Artengruppe.

Ornithogalum pyrenaicum

Visitenkarte

Deutscher Name
Pyrenäenmilchstern

Wuchsform
krautig, aufrecht

Höhe
50 bis 60 cm

Blüten
gelblich, weiß, in Trauben

Blütezeit
Mai bis Juli

Habitat
Wiesen, Wälder, Waldränder

Morphologie: Diese ausdauernde, krautige, 30 bis 60 cm hohe Zwiebelpflanze ohne Tochterzwiebeln (Bulbilli) entwickelt linealisch kannelierte, 6 bis 8 mm breite und 20 bis 40 cm lange, ausschließlich grundständige Blätter, die gegen Ende der Blütezeit meistens bereits zurückgebildet sind. Der Blütenstand ist eine länglich pyramidenförmige Traube aus 20 bis 50 Blüten. Das Perigon besteht aus 6 bis 8 mm langen, linealisch länglichen, sternförmig abstehenden Tepalen, die gelblich oder grünlich gefärbt und unterseits grün gestreift sind. Die Frucht ist eine eiförmige, gerippte Kapsel von 8 bis 9 mm Länge. Blütezeit: Mai bis Juli.
Habitat: Wiesen, Wälder, Waldränder; bis 1500 m Seehöhe.
Ursprung und Verbreitung: Der in Mitteleuropa und Westasien heimische Pyrenäenmilchstern ist in West- und Südwesteuropa, vor allem in den Pyrenäen, aber auch zerstreut in den Alpen anzutreffen.
Synonym: *Ornithogalum flavescens* Lam.
Ähnliche Arten: ***Ornithogalum narbonense*** L. gedeiht mehr oder weniger an den gleichen Standorten und unterscheidet sich vom Pyrenäenmilchstern hauptsächlich durch die auch nach der Blütezeit noch vorhandenen Blätter und die reinweißen Blüten.

Allium ursinum

Morphologie: Der 25 bis 40 cm hohe Bärlauch bildet zierliche Zwiebeln aus, die in eine pergamentartige Haut eingehüllt sind. Die Basalblätter (meist nur zwei) weisen eine flache, elliptisch lanzettliche Spreite von 10 bis 20 cm Länge und 3 bis 4 cm Breite auf, die an einem langen Stiel steht. Der Blütenschaft ist stumpf dreikantig halbrund und trägt die charakteristische, fast flache schneeweiße Scheindolde, die an der Basis von einer pergamentartigen Blütenscheide umgeben ist. Die Tepalen sind lanzettlich und etwa 1 cm lang. Blütezeit: April bis Juni. Da die Pflanze oft größere Flächen einnimmt, ist der für die Gattung *Allium* typische Knoblauchgeruch, den auch der Bärlauch verströmt, oft schon in einiger Entfernung wahrnehmbar.
Habitat: Feuchte Laubwälder und schattige Orte; bis 1500 m Seehöhe.
Ursprung und Verbreitung: In allen temperierten Klimazonen von Europa und Asien verbreitet.

Visitenkarte

Deutscher Name
Bärlauch, Bärenlauch, Waldknoblauch, Zigeunerlauch

Wuchsform
krautig, aufrecht

Höhe
25 bis 40 cm

Blüten
weiß, in Scheindolden

Blütezeit
April bis Juni

Habitat
Wälder, feuchter Boden

Convallaria majalis

Morphologie: Das Maiglöckchen bildet horizontale, kriechend weiterwachsende Rhizome, aus welchen sich 2 oval lanzettliche bis elliptische, langscheidige, glatte, 4 bis 20 cm lange, 5 bis 6 cm breite, grundständige Blätter entwickeln. Die blattlosen Blütenschäfte tragen einseitig überhängende Trauben aus 6 bis 12 stark duftenden, hängenden, glöckchenförmigen Blüten mit wachsig weißem, gezähntem Perigon von 7 bis 10 mm Länge. Blütezeit: Mai und Juni.
Habitat: Laubwälder, Waldränder und Lichtungen; bis 1300 m Seehöhe.
Ursprung und Verbreitung: In allen kühlen und kühl-temperierten Klimazonen Europas, Asiens und Nordamerikas verbreitet. In den Alpen häufig, im Süden nur in den Gebirgen.

Visitenkarte

Deutscher Name
Maiglöckchen

Wuchsform
krautig, aufrecht

Höhe
15 bis 30 cm

Blüten
weiß, in Trauben

Blütezeit
Mai und Juni

Habitat
lichte Wälder, Waldränder, Lichtungen

Maianthemum bifolium

Visitenkarte

Deutscher Name
Zweiblättrige Schattenblume, Schattenblümchen

Wuchsform
krautig, aufrecht

Höhe
10 bis 20 cm

Blüten
weiß, in Trauben

Blütezeit
Juni und Juli

Habitat
Wälder

Morphologie: Diese kleine, ausdauernde Pflanze bildet weißliche, horizontale Rhizome, aus denen kantige, aufrechte, bis zu 20 cm hohe Stiele entspringen, an welchen immer 2 wechselständige Blätter mit spitz zulaufender, an der Basis herzförmiger, 3 bis 6 cm langer und 2 bis 3 cm breiter, kurz gestielter Spreite sitzen. Der Blütenstand, eine 10- bis 30-blütige Traube, besteht aus kleinen, zart duftenden, weißen Blüten mit 4 etwa 3 mm langen, aufgebogenen Tepalen. Die Früchte sind runde, zunächst graue, dann rote Beeren, die 1 bis 4 kugelförmige Samen enthalten. Blütezeit: Juni und Juli.
Habitat: Nadel- und Laubwälder, vorzugsweise auf sauren Böden; bis auf 2200 m Seehöhe.
Ursprung und Verbreitung: Alle Gebirgsregionen Mitteleuropas, besonders häufig im Alpenraum.

Polygonatum odoratum

Visitenkarte

Deutscher Name
Duftende Weißwurz, Salomonssiegel, Gemeine Weißwurz, Echte Weißwurz

Wuchsform
krautig, aufrecht

Höhe
15 bis 50 cm

Blüten
weiß, einzeln

Blütezeit
Mai und Juni

Habitat
Waldränder, Gebüsche, Hecken

Morphologie: Diese krautige, mehrjährige, 15 bis 50 cm hohe Pflanze mit horizontalem, weißem Rhizom entwickelt einen einfachen, kahlen, aufrechten und kantigen Stängel. Die wechselständigen, 6 bis 10 cm langen Blätter sind oval länglich oder elliptisch geformt, oberseits kahl und unterseits blaugrün. Die nickenden, gestielten, etwas bauchigen Blüten stehen einzeln oder zu zweit in den Blattachseln. Die röhrig zylindrische, weiße Blütenhülle ist bis zu 2 cm lang und weist am Ende 6 grünliche Zipfel auf. Die Staubfäden setzen in der Mitte des Perigons an. Die Frucht ist eine kugelige, schwarzblaue Beere. Blütezeit: Mai und Juni.
Habitat: Waldränder, Gebüsche, Hecken, bevorzugt kalkhaltige Standorte; von 200 bis 1500 m Seehöhe.
Ursprung und Verbreitung: Die Duftende Weißwurz ist in den kühlen und gemäßigten Klimazonen der nördlichen Halbkugel zerstreut anzutreffen.
Synonyme: *Convallaria polygonatum* L.; *Polygonatum officinale* All.
Ähnliche Arten: ***Polygonatum multiflorum*** (L.) All., die Vielblütige Weißwurz, unterscheidet sich von der Duftenden Weißwurz durch den etwas runderen Stängel, die zu je 3 bis 5 zusammenstehenden Blüten und die kürzere, schmälere, vorne trichterig erweiterte Blütenhülle.

Paris quadrifolia

Morphologie: Krautige, mehrjährige, 10 bis 40 cm hohe Pflanze mit kriechendem Rhizom und einem aufrechten, zylindrischen kahlen, unbelaubten Stängel, der an der Basis leicht violett überlaufen ist. Die 5 bis 10 cm langen Blätter sitzen zu viert (seltener zu dritt oder fünft) in einem Quirl an der Stängelspitze und sind oval lanzettlich oder elliptisch geformt. Je eine einzelne, gestielte Blüte erhebt sich im Zentrum jedes Blätterquirls. Das Perigon besteht aus 4 äußeren lanzettlich geformten, grünen Tepalen, die zuerst abstehend, später zurückgebogen sind, und 4 inneren Tepalen, die kürzer, schmal linealisch geformt und gelblich gefärbt sind. Die Frucht ist eine kugelige, blauschwarze, 1 cm breite Beere. Die gesamte Pflanze ist stark giftig. Blütezeit: Mai und Juni.
Habitat: Wälder, schattige Standorte, bevorzugt auf nährstoffreichen, feuchten Böden; von 200 bis 2000 m Seehöhe.
Ursprung und Verbreitung: Die Vierblättrige Einbeere ist in Europa und Asien zerstreut anzutreffen.

Visitenkarte

Deutscher Name
Vierblättrige Einbeere

Wuchsform
krautig, aufrecht

Höhe
10 bis 40 cm

Blüten
gelblich grün, einzeln

Blütezeit
Mai und Juni

Habitat
Wälder, schattige Standorte

Leucojum vernum

Morphologie: Ausdauernde Pflanze mit unterirdischen, rundlichen, weißlichen Zwiebeln und aufrechten, 20 bis 30 cm langen Stängeln. Die Blätter, alle grundständig, an der Basis stängelumfassend, sind schmal bandförmig, entlang der Längsachse etwas eingerollt und etwa 1 cm kürzer als die Blütenstängel. Die nickenden Blüten entspringen einzeln oder paarig an einem häutig durchscheinenden, 3 bis 4 cm langem Tragblatt. Sie bestehen aus 6 etwa 1,5 bis 2 cm langen weißen Tepalen mit einem leuchtend gelbgrünen Fleck an der Spitze. Die Frucht ist eine dreifächerige, fleischige Kapsel von etwa 1,5 cm Durchmesser. Blütezeit: Februar und März.
Habitat: Auwälder und feuchte Wiesen; bis 1200 m Seehöhe.
Ursprung und Verbreitung: Diese Spezies ist im Großteil Süd- und Mitteleuropas weit verbreitet und häufig.
Ähnliche Arten: ***Leucojum aestivum*** L., die Sommerknotenblume, kommt manchmal im selben Habitat vor, entwickelt jedoch längere Blätter und trägt 6 bis 8 Blüten mit kürzeren Hüllblättern auf einem Schaft.

Visitenkarte

Deutscher Name
Märzbecher, Märzenbecher, Frühlingsknotenblume

Wuchsform
aufrecht, krautig

Höhe
20 bis 30 cm

Blüten
weiß, einzeln, selten paarig

Blütezeit
Februar und März

Habitat
feuchte Auwälder

Galanthus nivalis

Visitenkarte

Deutscher Name
Schneeglöckchen

Wuchsform
krautig, aufrecht

Höhe
10 bis 30 cm

Blüten
weiß, einzeln

Blütezeit
Februar und März

Habitat
Auwälder, magere Wiesen

Morphologie: Ausdauernde Zwiebelpflanze mit ovalen schwarzbraunen Zwiebeln und 10 bis 30 cm langen Blütenstielen. Die unteren Blätter bilden häutige Blattscheiden, die Laubblätter sind linealisch, flach, bis zu 20 cm lang, an der Spitze abgerundet mit einer zentralen Hauptader und stehen in Paaren. Die nickenden Einzelblüten entspringen an einem 3 bis 4 cm langen Tragblatt und bestehen aus 3 größeren äußeren, etwa 2,5 bis 3,5 cm langen, radiär angeordneten und 3 kleineren inneren, geraden, etwa 1 cm langen und dicht zusammenstehenden, zweilappigen Tepalen mit je einem grünen Fleck am unteren Ende. Die Blüten sind meist weiß, es gibt aber auch Formen mit gelblichen oder grünlichen Tepalen. Die Frucht ist eine ovale, etwa 1 cm lange Kapsel. Blütezeit: Februar und März.
Habitat: Wälder (hauptsächlich Nadelwälder) und magere, feuchte Wiesen; bis etwa 2000 m Seehöhe.
Ursprung und Verbreitung: *Galanthus nivalis* ist im Großteil Europas und im Kaukasus weit verbreitet und sehr häufig.
Ähnliche Arten: Die nicht blühende Pflanze könnte mit ***Gagea lutea*** (L.) Ker-Gawl., dem Gelbstern, verwechselt werden, welcher dieselben Habitate bewohnt, sich jedoch durch die einzeln stehenden Blätter mit 3 Adern und durch deren spitz zulaufende Enden unterscheidet.

Das beliebte Schneeglöckchen verdankt seinen Namen dem Umstand, dass es bereits sehr früh im Jahr, selbst Schnee und Eis trotzend, seine anmutigen Glöckchen zeigt.

Narcissus poëticus

Morphologie: Ausdauernde Zwiebelpflanze mit ovaler, unterirdischer Zwiebel und aufrechtem, unverzweigtem Blütenschaft, der an der Basis in eine bräunliche, membranartige Scheide gehüllt ist. Die Blätter, meist nur 2 oder 3, sind linealisch, graugrün, zur Spitze hin heller werdend und etwa 5 bis 8 mm länger als der Blütenschaft. Die intensiv duftenden Einzelblüten haben 4 bis 5 cm Durchmesser und weisen ein häutiges weißliches Tragblatt auf. Die Tepalen des Perigoniums bilden an der Basis eine Röhre, welche aus 6 weißen bis grünlichen, überlappenden, etwa 2 cm langen Abschnitten besteht, die Tepalen selbst sind weiß, zentral erhebt sich eine kleine gelblich weiße und orangerot gerandete Nebenkrone (Paracorolla). Die Frucht ist eine eiförmige Kapsel. Blütezeit: April und Mai.
Habitat: Wiesen und Weiden von 600 bis auf 1600 m Seehöhe.
Ursprung und Verbreitung: Süd- und mitteleuropäische Gebirgsregionen, in den Ostalpen selten.
Ähnliche Arten: Die Spezies ***Narcissus radiiflorus*** bevorzugt ähnliche Standorte und könnte mit der beschriebenen Art verwechselt werden. Man erkennt sie an den schmäleren Blättern und den viel spitzeren, niemals überlappenden Perigonzipfeln.

Visitenkarte

Deutscher Name
Sternblütige Narzisse, Weiße Narzisse, Dichternarzisse, Schmalblättrige Narzisse

Wuchsform
krautig, aufrecht

Höhe
20 bis 30 cm

Blüten
weiß, einzeln

Blütezeit
April und Mai

Habitat
Wiesen und Weiden

Die Weiße Narzisse bevorzugt als Standort feuchte, schattige Wiesen und ist wegen ihrer typischen auffälligen Blüten mit weißem Perigon und becherförmiger gelber Nebenkrone kaum mit einer anderen Art zu verwechseln.

Narcissus pseudonarcissus

Visitenkarte

Deutscher Name
Gelbe Narzisse

Wuchsform
krautig, aufrecht

Höhe
15 bis 40 cm

Blüten
gelb,
einzeln

Blütezeit
März und April

Habitat
kalkarme Bergwiesen, Weiden

Morphologie: Diese mehrjährige Zwiebelpflanze mit ovalen, außen mit brauner Tunica bedeckten Zwiebeln entwickelt aufrechte, 15 bis 40 cm hohe Blütenschäfte. Die meist 2 oder 3 Blätter sind grundständig, linealisch bandförmig und ca. 1 cm breit sowie mehr oder weniger ebenso lang wie die Blütenschäfte. Die Blüten stehen einzeln, selten paarweise und weisen eine weiße, 4 bis 5 cm lange häutige Spatha (Blütenscheide) auf. Das Perigonium besteht aus einer 1,5 cm langen Röhre und 6 gelben, 3 bis 4 cm langen, leicht am Rand überlappenden Zipfeln, die oval geformt und vorne zugespitzt sind. Aus ihrer Mitte erhebt sich eine zumeist mehr als 4 cm lange und 3 bis 5 cm breite röhrig becherförmige Nebenkrone (Paracorolla), deren Rand unregelmäßig abgerundet und gekräuselt-gezähnt ist. Die Frucht ist eine eiförmige Kapsel. Blütezeit: März und April.

Habitat: Kalkarme Bergwiesen, Weiden; bis 1000 m Seehöhe.

Ursprung und Verbreitung: Die selten gewordene Gelbe Narzisse kann an ihren Standorten in einigen Gebirgsregionen Mittel- und Südwesteuropas noch immer bewundert werden, insbesondere in Frankreich (Pyrenäen) und in Italien. Im Osten erstreckt sich ihr Verbreitungsgebiet bis zu Eifel, Hunsrück und Bodensee.

Iris pseudacorus

Visitenkarte

Deutscher Name
Wasserschwertlilie, Sumpfschwertlilie, Gelbe Schwertlilie

Wuchsform
krautig, aufrecht

Höhe
50 bis 100 cm

Blüten
gelb,
einzeln

Blütezeit
Mai und Juni

Habitat
Sümpfe, Gräben, Fluss- und Seeufer

Morphologie: Krautige, mehrjährige, 50 bis 100 cm hohe Pflanze mit kräftigem, verdicktem Rhizom, aus dem sich die aufrechten, runden, seitlich zusammengedrückten und oben verzweigten Stängel entwickeln. Die schwertförmigen, aufrechten, zugespitzten Blätter sind 1 bis 3 cm breit und mehr oder weniger gleich lang wie die Stängel. Die einzeln oder in kleinen Trauben zu je 3 bis 5 zusammenstehenden Blüten sind gestielt, wobei der Blütenschaft von einer 3 bis 6 cm langen blattartigen grünen Spatha umgeben ist. Das gelbe, manchmal mit feiner violetter Zeichnung versehene Perigon riecht nach Veilchenduft und besteht aus einer kurzen Röhre und 3 äußeren Tepalen, die breit eiförmig und zurückgeschlagen sind, sowie 3 inneren, lanzettlich geformten Tepalen, die aufrecht stehen und viel kleiner sind. Die Frucht ist eine Kapsel von 5 bis 6 cm Länge mit stark hervortretenden Kanten und Furchen. Blütezeit: Mai und Juni.

Habitat: Sümpfe, Gräben, Fluss- und Seeufer; bis 500 m Seehöhe.

Ursprung und Verbreitung: Gemäßigte Zonen Europas und Vorderasiens.

Iris sibirica

Morphologie: Krautige, ausdauernde, 30 bis 80 cm hohe Pflanze mit waagrechtem, bräunlichem Rhizom und aufrechtem, zylindrischem, hohlem Stängel, der einfach oder oben verzweigt sein kann. Die aufrechten, im oberen Teil hängenden, linealisch sichelförmigen Blätter sind an der Basis weniger als 1 cm breit und meist kürzer als der Stängel. Die Stiele der 1 bis 3 Blüten sind mit einer 3 bis 6 cm langen, weißen häutigen Spatha umgeben, die sich später rötlich braun verfärbt. Das Perigon besteht aus einer kurzen Röhre und verkehrt eiförmigen äußeren Tepalen, die blau bis violett gefärbt, am Grund eine gelb-violette Äderung zeigen und nach unten zurückgeschlagen sind. Die inneren Blütenblätter stehen aufrecht und sind länglich spatelig und dunkelviolett gefärbt. Die Frucht ist eine dreieckige, gefurchte Kapsel von 3 bis 4 cm Länge. Blütezeit: Mai und Juni.
Habitat: Wechselfeuchte Wiesen, Gräben, feuchte Mulden; bevorzugt kalkreiche Böden; bis 1200 m Seehöhe.
Ursprung und Verbreitung: Die Sibirische Schwertlilie ist heute in fast ganz Europa verbreitet, jedoch eher selten anzutreffen.

Visitenkarte

Deutscher Name
Sibirische Schwertlilie

Wuchsform
krautig, aufrecht

Höhe
30 bis 80 cm

Blüten
blauviolett, einzeln

Blütezeit
Mai und Juni

Habitat
Nasswiesen, Gräben, feuchte Senken

Iris graminea

Morphologie: Rhizombildende, ausdauernde, 40 bis 60 cm hohe Pflanze mit unverzweigtem, aufrechtem, leicht abgeflachtem Blütenstiel. Die etwa 1 cm breiten, grasartig linealischen Blätter sind etwa gleich lang wie der Stiel. Die Blüten, generell eine oder zwei, sind gestielt und von einem krautigen Hüllblatt umgeben, das länger ist als die Blüte selbst. Aus ihm entspringen die Tepalen des Perigons, die an der Basis zu einer kurzen Röhre verwachsen sind. Die äußeren sind oval, zurückgebogen, violett mit weißer und gelber Zeichnung, die inneren einfärbig violett, aufgerichtet und spatelförmig. Die Frucht ist eine ovale, sechsfach gerippte Kapsel. Blütezeit: Mai und Juni.

Habitat: Waldränder, Hochstaudenfluren und Waldlichtungen; bis 900 m Seehöhe.
Ursprung und Verbreitung: In Südosteuropa, besonders an der Südseite der Ostalpen, häufig, seltener in den Westalpen und im nördlichen Apennin.
Ähnliche Arten: *Iris collina* Terr. entwickelt einen zylindrischen Stiel und ein Perigonium mit längeren Tepalen, die Fruchtkapsel weist an der Spitze einen verlängerten Fortsatz auf. Diese Art ist nur in südlichen Ländern verbreitet. In manchen Gebieten Sloweniens und Kroatiens findet man ***I. pseudocyperus*** Schur., die der beschriebenen Art ebenfalls ähnelt, aber großwüchsiger ist.

Visitenkarte

Deutscher Name
Grasblättrige Schwertlilie, Grasschwertlilie

Wuchsform
krautig, aufrecht

Höhe
40 bis 60 cm

Blüten
blauviolett, einzeln

Blütezeit
Mai und Juni

Habitat
Waldränder, Lichtungen, Hochstaudenfluren

Crocus albiflorus

Visitenkarte

Deutscher Name
Weißer Safran, Frühlingskrokus

Wuchsform
krautig, aufrecht

Höhe
10 bis 15 cm

Blüten
weiß oder violett, einzeln

Blütezeit
April bis Juni

Habitat
Wiesen und Weiden

Morphologie: Kleine, ausdauernde, 10 bis 15 cm hohe Pflanze mit flach kugeliger, netzfaseriger Knolle. Die untersten Blätter sind als pergamentartige Scheide ausgebildet. Die Laubblätter erscheinen zur Blütezeit und sind schmal linealisch, dunkelgrün mit weißem Mittelstreifen und etwa so lang wie die Blütenknospe. Die Blüten stehen meist einzeln, die 6 spatelförmigen 1,5 bis 2,5 cm langen weißen, seltener blassvioletten Tepalen sind an der Basis zu einer Röhre verwachsen. Der Stempel ist kürzer als die Staubgefäße. Blütezeit: April bis Juni.
Habitat: Wiesen und feuchte Weiden von 600 bis 2500 m Seehöhe.
Ursprung und Verbreitung: Bergregionen Ost- und Südeuropas, im Alpenbogen weit verbreitet.
Synonym: *Crocus vernus* (L.) Wulf.
Ähnliche Arten: *Crocus albiflorus* kann mit ***Crocus napolitanus*** Mord. & Loisel. verwechselt werden, der jedoch nur in den Südalpen vorkommt und größere Blüten aufweist.

Das Foto rechts zeigt zwei unterschiedlich gefärbte Blüten der Spezies Crocus albiflorus. *Violette Exemplare sind viel seltener anzutreffen als weiß blühende.*

Arum maculatum

Morphologie: Diese krautige, ausdauernde, 15 bis 40 cm hohe Pflanze mit knolligem, dickem Rhizom entwickelt im Frühling einen 10 bis 15 cm langen Blütenschaft und lang gestielte Blätter, deren 10 bis 20 cm lange Spreite pfeilförmig und bisweilen dunkel bis schwärzlich gefleckt sind. Die eingeschlechtigen Blüten sitzen an einem 4 bis 6 cm langen Kolben (Spadix), der von einem gelbgrünen Tragblatt, der sogenannten Spatha, umgeben ist. Im unteren Teil des Blütenstandes sitzen die weiblichen Blüten, darüber die sterilen und am Ende die männlichen Blüten. Der Blütenkolben endet in Form einer gestielten Keule, die weiß oder violett gefärbt ist. Der ganze Blütenstand samt Spatha ist eine raffinierte Fliegenfalle, die diese Insekten zur Bestäubung für einige Zeit einschließt. Die Früchte sind fleischige, zur Reifezeit hellrote Beeren. Die gesamte Pflanze ist giftig. Blütezeit: April bis Juni.

Habitat: Laubmischwälder, Auwälder, Gebüsche, Hecken; bevorzugt auf nährstoffreichen Böden; bis 1600 m Seehöhe.

Ursprung und Verbreitung: Der Gefleckte Aronstab ist in Mittel- und Südeuropa recht häufig anzutreffen.

Visitenkarte

Deutscher Name
Gefleckter Aronstab

Wuchsform
krautig, aufrecht

Höhe
15 bis 40 cm

Blüten
violett, in Kolben

Blütezeit
April bis Juni

Habitat
Laubmischwälder, Auwälder, Gebüsche, Hecken

Der Blütenstand des Aronstabs (links) mit dem weiten, gewölbten Tragblatt der sogenannten Spatha. Oben: Der Fruchtstand mit reifen, fleischigen roten und unreifen grünen Beeren.

Orchis morio

Visitenkarte

Deutscher Name
Kleines Knabenkraut

Wuchsform
aufrecht, krautig

Höhe
8 bis 30 cm

Blüten
rosa bis purpurrot, in Ähren

Blütezeit
April bis Juni

Habitat
Wälder, Wiesen

Das Kleine Knabenkraut ist eine der verbreitetsten Orchideenarten. Die Färbung der Blüten kann, wie an den Bildern deutlich zu sehen ist, stark variieren.

Morphologie: Ausdauernde Pflanze mit 2 runden, unterirdischen Knollen und aufrechtem, kantigem, 8 bis 30 cm hohem Stängel. Die Basalblätter sind linealisch lanzettlich und 5 bis 12 cm lang, die Stängelblätter aufrecht, stängelumfassend und nach oben hin immer kleiner werdend. Der kurze Blütenstand trägt 5 bis 25 Blüten mit variabler Färbung von Weiß bis Purpur- oder auch Grünlich Rosa. Die purpurfarbenen Tepalen sind der Länge nach grün gestreift und vereinen sich zu einer Art Helm. Die seitlichen inneren Hüllblätter sind etwas kürzer und schmäler als die äußeren. Die Lippe ist dreilappig, wobei die seitlichen Lappen etwas größer als der mittlere und bisweilen etwas eingerollt sind. Sie ist purpurviolett gefärbt mit einem weißen, violett gesprenkelten Fleck an der Basis. Der Sporn ist zylindrisch und nach oben gebogen. Blütezeit: April bis Juni.
Die Blütenfarbe von *Orchis morio* kann sehr unterschiedlich sein, gelegentlich kommt es auch zur natürlichen Hybridisierung mit ***Orchis papilionacea*** L.
Habitat: Magerrasen, Gebüsche, Wälder und trockene Wiesen; bis 1300 m Seehöhe.
Ursprung und Verbreitung: In großen Teilen Europas zerstreut bis selten. In den Alpen häufig.

Epipactis helleborine

Morphologie: Diese krautige, ausdauernde, 25 bis 60 cm hohe, sehr formenreiche Pflanze mit kurzem Rhizom entwickelt einen aufrechten, rundlichen Stängel, der an der Basis meist kahl, im Oberteil jedoch behaart ist. Die 5 bis 15 Stängelblätter sind oval elliptisch geformt, 2 bis 8 cm breit und stängelumfassend, wobei die unteren 5 bis 6 cm lang sind, die mittleren etwas kleiner und schmäler, und die oberen fast wie Tragblättchen aussehen. Der bis zu 40 cm lange Blütenstand ist fast einseitswendig und trägt zahlreiche, in einer lockeren Traube stehende, schwach duftende Blüten. Die inneren und äußeren Tepalen sehen ähnlich aus; sie sind eiförmig, ca. 9 mm lang, blassgrün gefärbt und violett überlaufen, während die Lippe oft rosapurpurn getönt ist. Blütezeit: Juni bis August.

Habitat: Laub- und Nadelmischwälder; bevorzugt lockere Lehmböden; bis auf 1700 m Seehöhe.

Ursprung und Verbreitung: Die Breitblättrige Ständelwurz ist im eurasischen Raum sowie in Nordafrika an geeigneten Standorten regelmäßig anzutreffen.

Synonym: *Epipactis latifolia* All.

Visitenkarte

Deutscher Name
Breitblättrige Ständelwurz, Breitblättrige Sitter

Wuchsform
krautig, aufrecht

Höhe
25 bis 60 cm

Blüten
blassgrün bis blassrosa, in Trauben

Blütezeit
Juni bis August

Habitat
Laub- und Nadelmischwälder

Orchis purpurea

Morphologie: Ausdauernde Pflanze mit 2 unterirdischen, eiförmigen oder kugelförmigen Knollen und aufrechtem, kräftigem, 30 bis 80 cm hohem Stängel. Die 5 bis 15 cm langen, glänzenden und stumpf abgerundeten Blätter bilden eine Grundrosette. Die Blattspreite ist sehr groß und von länglicher Form. Die aufrechten, stängelumfassenden Blätter werden nach oben hin allmählich immer kleiner. Der bis zu 20 cm lange Blütenstand ist dicht und besteht aus zahlreichen Einzelblüten, die größer sind als bei jeder anderen Spezies der Gattung *Orchis*. Die äußeren und die beiden inneren seitlichen Tepalen bilden zusammen eine Art Helm und zeigen einen schönen Purpurton. Die seitlichen äußeren Tepalen sind etwas länger und schmäler als die inneren. Die Lippe ist dreilappig, sehr groß und variabel, weiß bis zartrosa gefärbt und weist eine purpurrote Sprenkelung auf. Der zylindrische Sporn ist nach unten gekrümmt. Blütezeit: April bis Juni.

Habitat: Gebüsch, Wälder und trockene Wiesen; bis 1300 m Seehöhe.

Ursprung und Verbreitung: In großen Teilen Eurasiens verbreitet, in den Alpen häufig. In Gebieten, wo sich die Habitate von *Orchis purpurea* H. und *Orchis militaris* L. überschneiden, finden sich auch natürliche Hybriden beider Arten.

Synonym: *Orchis fusca* Jacq.

Visitenkarte

Deutscher Name
Purpurknabenkraut

Wuchsform
aufrecht, krautig

Höhe
30 bis 80 cm

Blüten
rosa bis purpurn, in Ähren

Blütezeit
April bis Juni

Habitat
Wälder, Gebüsch

Orchis simia

Visitenkarte

Deutscher Name
Affenknabenkraut

Wuchsform
aufrecht, krautig

Höhe
20 bis 40 cm

Blüten
rosa bis purpur, in Ähren

Blütezeit
April bis Juni

Habitat
trockene Wiesen, Lichtungen

Morphologie: Ausdauernde Pflanze mit 2 unterirdischen, eiförmigen Knollen und aufrechtem, 20 bis 40 cm langem Stängel. Die linealisch verkehrt lanzettförmigen Basalblätter sind 5 bis 12 cm lang, die stängelumfassenden Stängelblätter werden nach oben hin nach und nach immer kleiner. Der dichte, zylindrische Blütenstand ist bis 8 cm lang und trägt zahlreiche variabel hellrosa bis purpurfarbene Blüten. Die seitlichen äußeren Tepalen sind oval lanzettförmig, zugespitzt und etwa 1 cm lang. Das mittlere und die inneren Hüllblätter bilden gemeinsam eine Art Helm. Die dreilappige Lippe zeigt 2 schmale, lang gestreckte seitliche Lappen, der mittlere Lappen ist selbst noch einmal in 2 lange, schmale, leicht nach oben gebogene Lappen sowie in einen zarten kurzen Mittellappen unterteilt. Die Umrisse der gesamten Lippe erinnern etwas an die Körperform eines Äffchens, daher der Name dieser Art. Der weißliche Sporn ist nach unten gekrümmt. Blütezeit: April bis Juni.

Habitat: Waldlichtungen, Gebüsch, Hochstaudenfluren und trockene Wiesen, vorzugsweise auf mäßig kalkhältigen Böden; bis 1200 m Seehöhe.
Ursprung und Verbreitung: Fast in allen europäischen Regionen verbreitet. Selten.
Synonym: *Orchis tephrosanthos* Vill.

Orchis mascula

Visitenkarte

Deutscher Name
Stattliches Knabenkraut, Männliches Knabenkraut

Wuchsform
aufrecht, krautig

Höhe
20 bis 60 cm

Blüten
violettpurpurrot, in Ähren

Blütezeit
Mai bis Juli

Habitat
Wälder, Strauchfluren, Magerwiesen

Morphologie: Ausdauernde Pflanze mit 2 eiförmigen, unterirdischen Knollen und aufrechten, kräftigen, 20 bis 60 cm langen Stängeln. Die grundständigen Blätter sind oval spatelförmig und 5 bis 10 cm lang, die Stängelblätter linealisch lanzettlich und werden nach oben hin allmählich kleiner. Alle Blätter sind auf der Oberseite mehr oder weniger purpurfarben gefleckt. Der 5 bis 15 cm lange Blütenstand ist in der Jugend konisch, dann zylindrisch und trägt zahlreiche, variabel weiß bis purpurrot gefärbte Blüten mit violetten Flecken und Streifen. Die äußeren seitlichen Tepalen sind abgespreizt oder nach hinten umgebogen, die Lippe ist dreilappig, der mittlere Lappen ist länger und schmäler als die seitlichen. Der Sporn ist nach unten gebogen. Blütezeit: Mai bis Juli
Habitat: Strauchfluren, Wälder und Magerwiesen, vorzugsweise auf kalkigen Böden; bis 2500 m Seehöhe.
Ursprung und Verbreitung: In großen Teilen Europas und im Kaukasus verbreitet.
Ähnliche Arten: Das Fuchsknabenkraut ***(Orchis fuchsii)*** weist eine gleichmäßig dreigelappte Lippe und stumpf zulaufende Blätter auf.

Gymnadenia conopsea

Morphologie: Ausdauernde Pflanze mit zweiteiliger unterirdischer Knolle, ein Teil hell mit vegetativer Funktion, der andere dunkel und schlaff als Reserveorgan für das folgende Jahr. Der aufrechte, robuste, zart gestreifte, bis zu 60 cm hohe Stängel trägt 3 bis 7 graugrüne, linealisch lanzettförmige, 10 bis 25 cm lange, nach oben hin allmählich kürzer werdende Blätter. Die rosa- bis purpurfarbenen, seltener weißen, fast geruchlosen Blüten stehen in einer dichten, zylindrischen, 5 bis 25 cm langen Ähre. Die zahlreichen Blüten selbst weisen 2 seitlich gespreizte und 3 gegeneinander geneigte Hüllblätter auf. Die Lippe ist sehr breit und dreilappig, der lange Sporn ist dünn und reich an Nektar. Blütezeit: Mai bis August.
Habitat: Wälder, Wiesen und Weiden bis 2500 m Seehöhe.

Ursprung und Verbreitung: Gemäßigte Klimazonen Eurasiens, Alpen, Voralpen.
Synonyme: *Gymnadenia conopsea* Auct.
Ähnliche Arten: ***Gymnadenia odoratissima*** (Nath.) L. C. Rich. (Kleine Händelwurz, Wohlriechende H.) hat eine kleinere Lippe, einen kürzeren Sporn und duftet zart nach Vanille.

Visitenkarte

Deutscher Name
Große Händelwurz, Mückenhändelwurz

Wuchsform
aufrecht, krautig

Höhe
40 bis 60 cm

Blüten
purpurrosa bis lila, in Ähren

Blütezeit
Mai bis August

Habitat
Wälder und Wiesen

Listera ovata

Morphologie: Ausdauernde Pflanze mit horizontalem Rhizom und aufrechtem, bis 60 cm langem, glattem oder kurz behaartem Stängel. Am ersten Drittel der Stammhöhe setzen beinahe gegenständig 2 rundlich ovale, 5 bis 12 cm lange, 3 bis 10 cm breite, derbe glänzende Blätter mit auf der Oberseite deutlich hervortretender Nervatur an. Die zahlreichen grünlichen, geruchlosen Blüten stehen an einer bis zu 35 cm langen, schmalen, dichten Ähre. Die äußeren und die beiden seitlichen inneren Blütenblätter sind helmartig gegeneinander geneigt. Die herabhängende, tief zweigelappte Lippe ist meist von einer Nektarschicht bedeckt und glänzend. Ein Sporn ist nicht vorhanden. Blütezeit: Mai bis August
Habitat: Feuchte Laubwälder bis 1700 m Seehöhe.
Ursprung und Verbreitung: Bergregionen in Eurasien. Im gesamten Alpenbogen verbreitet.

Visitenkarte

Deutscher Name
Großes Zweiblatt, Eiförmiges Zweiblatt

Wuchsform
aufrecht, krautig

Höhe
40 bis 60 cm

Blüten
grünlich, in Ähren

Blütezeit
Mai bis August

Habitat
feuchte Laubwälder

Neottia nidus-avis

Visitenkarte

Deutscher Name
Nestwurz, Vogelnestwurz, Bräunliche Nestwurz, Vogelnestorchidee

Wuchsform
aufrecht, krautig

Höhe
15 bis 35 cm

Blüten
gelbbraun, in Ähren

Blütezeit
Mai bis Juli

Habitat
Laub- und Mischwälder

Morphologie: Ausdauernder, blattloser Saprophyt (Fäulnisbewohner) ohne Blattgrün und daher ockerfarben. Das Rhizom formt ein rundliches Geflecht, das der Spezies den Artnamen (*nidus-avis* = Vogelnest) eingetragen hat. Der aufrechte, robuste Stängel ist 15 bis 35 cm lang und im unteren Teil von scheidenartigen Schuppenblättern besetzt. Die Blütenähre ist im unteren Bereich locker und wird nach oben hin dichter. Sie setzt sich aus 20 bis 30 hellbraunen wachsartigen Blüten mit typischem Honigduft zusammen. Die inneren und äußeren Hüllblätter ähneln einander. Sie sind oval und helmartig gegeneinander geneigt. Die Lippe ist zweilappig, ein Sporn ist jedoch nicht vorhanden. Blütezeit: Mai bis Juli.

Habitat: Schattige Laub- und Mischwälder, häufig unter Buchen, auf frischen, reich mit verrottendem Material bedeckten Böden; bis 1500 m Seehöhe.
Ursprung und Verbreitung: Eurasien, in den Alpen und Voralpen häufig.

Epipactis atropurpurea

Visitenkarte

Deutscher Name
Braunroter Ständel, Braunrote Ständelwurz

Wuchsform
aufrecht, krautig

Höhe
50 bis 60 cm

Blüten
bräunlich purpurn, in Ähren

Blütezeit
Mai bis August

Habitat
lichte Wälder, steinige Hänge, magere Wiesen

Morphologie: Ausdauernde Pflanze mit kurzem, unterirdischem, horizontal verzweigtem Rhizom mit zahlreichen Wurzeln. Der aufrechte Stängel ist gekrümmt, leicht behaart und bis zu 60 cm hoch. Die Blätter, meistens 5 bis 11, sind oval lanzettförmig, reich geädert, 6 bis 9 cm lang und werden nach oben hin immer kürzer. Der lichte, einseitswendige Blütenstand ist 10 bis 20 cm lang und trägt zahlreiche, nickende, zart nach Vanille duftende Blüten. Die inneren und äußeren Hüllblätter sind oval lanzettförmig, 4 bis 5 mm lang und bräunlich purpurn gefärbt. Die Lippe ist meist kürzer als die Hüllblätter und dunkel purpurfarben. Blütezeit: Mai bis August.
Habitat: Mischwälder, steinige Hänge und magere Wiesen, vorzugsweise auf kalkhältigen Böden; bis 2000 m Seehöhe.
Ursprung und Verbreitung: Bergregionen Europas und Kaukasus. In den südlichen Alpen und Voralpen verbreitet.
Synonyme: *Epipactis atrorubens* (Hoffm.) Schult., *Epipactis rubiginosa* (Cr.) Koch, *Epipactis rubiginosa* Gaudin.
Ähnliche Arten: ***Epipactis microphylla*** (Ehrh.) Sw., der Kleinblättrige Ständel, unterscheidet sich durch die kürzeren (maximal 3 cm) und weniger zahlreichen (3 bis 6) Blätter und die gelblich grünen, am Rand rot schattierten Tepalen.

Cephalanthera rubra

Morphologie: Ausdauernde, rhizombildende Pflanze mit 20 bis 70 cm hohem, an der Basis rot schattiertem Stängel. Die Blätter (3 bis 8) sind linealisch lanzettlich, etwa 2 cm breit und 12 bis 14 cm lang. Die rosa oder purpurfarbenen Blüten stehen in lockeren Trauben zu 3 bis 15. Die äußeren Tepalen sind lanzettförmig, an der Basis verbreitert und etwa 2 cm lang, die inneren kürzer und oval lanzettförmig. Die Lippe ist am Ende zugespitzt, an der Basis leicht konkav. Ein Sporn ist nicht ausgebildet. Blütezeit: Mai bis Juli.
Habitat: Lichte Wälder, Strauchfluren und halbschattige Orte; bis 2500 m Seehöhe.
Ursprung und Verbreitung: Gemäßigte Klimazonen Europas und Asiens, südliches Voralpengebiet und Südseite des Alpenhauptkamms.
Ähnliche Arten: ***Cephalanthera longifolia*** (Huds.) Fritsch, das Langblättrige Waldvögelein, hat weiße Blüten.

Visitenkarte

Deutscher Name
Rotes Waldvögelein

Wuchsform
aufrecht, krautig

Höhe
20 bis 70 cm

Blüten
rosa bis purpur, in Trauben

Blütezeit
Mai bis Juli

Habitat
lichte Wälder, Strauchfluren

Spiranthes spiralis

Morphologie: Diese krautige, ausdauernde Pflanze mit 2 unterirdischen Knollen entwickelt einen aufrechten, schlanken, 10 bis 30 cm hohen Stängel, der unbelaubt ist oder nur wenige Schuppenblätter trägt. An der Basis des Stängels befindet sich eine seitenständige Rosette aus 3 bis 6 oval lanzettlichen Blättern, die zur Blütezeit meist bereits verwelkt sind. Der Blütenstand ist eine lange, deutlich schraubig gedrehte, einseitswendige Traube mit zahlreichen grünlich weißen, schwach nach Vanille duftenden Blüten. Die Tepalen sind lanzettlich und stumpf. Die Lippe ist rinnig, ungeteilt und mit krausem Rand. Blütezeit: August und September.
Habitat: Halbtrocken- und Magerrasen, Weiden; bis 1200 m Seehöhe.
Ursprung und Verbreitung: Die im eurasischen Raum heimische Herbstwendelorchis kommt, wenn auch selten, in fast ganz Europa vor.
Synonym: *Spiranthes autumnalis* L.C. Rich.
Ähnliche Arten: ***Spiranthes aestivalis*** (Lam.) L.C. Rich, die Sommerwendelorchis, ist seltener anzutreffen und unterscheidet sich durch ihren belaubten Blütenstand, die weiß und grünlich geaderten Blüten, die länglich ovale, vorne kreisförmig verbreiterte Lippe mit gekerbtem Rand und die Blütezeit, die in den Sommer fällt.

Visitenkarte

Deutscher Name
Herbstwendelorchis, Herbstdrehähre, Schraubenständel

Wuchsform
krautig, aufrecht

Höhe
10 bis 30 cm

Blüten
grünlich weiß, in spiralisierten Trauben

Blütezeit
August und September

Habitat
Wälder, Wiesen Halbtrocken- und Magerrasen, Weiden

Vincetoxicum hirundinaria

Visitenkarte

Deutscher Name
Weiße Schwalbenwurz

Wuchsform
krautig, aufrecht oder aufsteigend

Höhe
30 bis 90 cm

Blüten
weiß, gelblich

Blütezeit
Juni bis August

Habitat
Eichen- und Kiefernwälder, Schutthalden, sonnige Gebüsche

Morphologie: Ausdauernde, krautige, 30 bis 90 cm hohe Pflanze mit robuster, stinkender Wurzel und aufrechten oder aufgerichteten Stängeln, die an der Basis verholzt sind. Die kurz gestielten Blätter sind zumeist gegenständig, seltener auch in Quirlen (Wirteln) angeordnet. Sie sind 5 bis 9 cm lang, länglich herzförmig und ganzrandig. Die Blüten stehen in Trugdolden an 5 bis 6 mm langen Stielen in den Blattachseln. Die bis zu 8 mm breite Krone ist weiß oder gelblich getönt und setzt sich aus 5 eiförmigen, kahlen oder mit gekrümmten Härchen bedeckten Kronblättern zusammen. Die Frucht ist eine 4 bis 5 cm lange Schote mit vielen weißlich schopfig behaarten Flugsamen. Blütezeit: Juni bis August.

Habitat: Trockene Eichen- und Kiefernwälder, sonnige Wegränder, Gebüsche und Schutthalden, auf steinigen, aber nährstoffreichen Böden; bis 1000 m Seehöhe.

Ursprung und Verbreitung: Die Weiße Schwalbenwurz ist in Mittel- und Südeuropa zerstreut anzutreffen.

Synonyme: *Vincetoxicum officinale* Moench, *Asclepias vincetoxicum* L., *Cyanchum vincetoxicum* Pers.

Der lateinische Name Vincetoxicum *weist darauf hin, dass man einst glaubte, mit dieser Pflanze die Wirkung von Giften bekämpfen zu können; tatsächlich sind jedoch alle Teile der Weißen Schwalbenwurz selbst giftig.*

Humulus lupulus

Morphologie: Diese ausdauernde, zweihäusige Pflanze entwickelt einen bis zu 6 m langen, rechtswindenden Stängel, der mit borstigen Klimmhaken versehen ist. Die gegenständigen, gestielten Blätter sind an der Blattnervatur behaart und weisen Stipeln auf. Sie sind bis zu 20 cm breit und in drei ovale, am Rand grob gezähnte, tief eingeschnittene Lappen geteilt. Die gelbgrün gefärbten männlichen Blüten sind eher unscheinbar und stehen in lockeren Rispen, während die weiblichen Blüten paarweise in den Achseln der Tragblätter sitzen und 2 bis 5 cm lang werden. Die hängenden, eiförmigen, zapfenartigen Blütenstände reifen in der Folge zu einem bräunlichen Fruchtzapfen mit häutigen Deckblättern und drüsigen Deckblättchen, welche ein aromatisches gelbliches Drüsensekret, produzieren, heran. Das Sekret ist reich an Hopfenbitterstoffen sowie Hopfenharz und ätherischen Ölen. Blütezeit: Juli und August.
Habitat: Auwälder, Hecken, Zäune, Gebüsche, Waldränder; wärmeliebend; bis 1200 m Seehöhe.
Ursprung und Verbreitung: Der Gemeine Hopfen ist in Europa und dem Kaukasus häufig anzutreffen.
Ähnliche Arten: ***Humulus scandens*** (Lour.) Merill ist eine Spezies, die ursprünglich aus Japan stammt und in Mitteleuropa eingebürgert ist, wo sie jedoch einjährig wächst.

Visitenkarte

Deutscher Name
Hopfen,
Gemeiner Hopfen

Wuchsform
krautig, schlingend

Höhe
2 bis 6 m

Blüten
gelbgrün,
in Rispen

Blütezeit
Juli und August

Habitat
Auwälder, Hecken, Zäune, Gebüsche, Waldränder

Der Hopfen (oben die weiblichen Blüten) wurde schon im 8. Jahrhundert als Bierwürze verwendet und wird heute für diesen Zweck großflächig angebaut. Als Arzneipflanze hat der Hopfen eine nachweislich beruhigende, schlaffördernde Wirkung.

Blüten, die man kaum sieht

Im Hauptteil dieses Buches werden die »Wiesenblumen« vorgestellt, Pflanzen, die Blüten im »klassischen Sinne« entwickeln und durch ihre Größe oder wegen ihrer auffallenden Farben dem Betrachter gleichsam ins Auge springen. Der weitaus größte Teil der wild wachsenden Flora setzt sich jedoch aus Arten zusammen, die weder auffällige, noch bunte Blüten produzieren und daher selten die Aufmerksamkeit des Spaziergängers erregen. Es handelt sich dabei vorwiegend um Spezies aus den Familien der Cyperaceae oder Riedgrasgewächse, der Gramineae oder Süßgräser und der Juncaceae oder Binsengewächse.

Im Anhang wollen wir dem Leser nun einen globalen Überblick über diese meist sehr artenreichen Familien bieten, wobei darauf hinzuweisen ist, dass für eine eventuelle genaue Bestimmung von Gräsern die entsprechende Fachliteratur zu Rate gezogen werden sollte. Die im vorliegenden Werk am Anfang des speziellen Teiles beschriebenen Wollgräser gehören beispielsweise zu den Riedgrasgewächsen und wurden deshalb eigens vorgestellt, weil ihre wolligen Blütenköpfchen in feuchten Gebieten während der Blütezeit sicherlich nicht unbemerkt bleiben. Um unsere Reise in die Welt der wild wachsenden Pflanzen abzurunden, stellen wir noch die wichtigsten Kletterpflanzen, Wasserpflanzen und Sträucher vor.

SÜSSGRÄSER (GRAMINEAE)

Die Familie der Süßgräser, auch Gramineae oder Poaceae genannt, ist eine große Pflanzengruppe, die 400 bis 500 Gattungen mit mindestens 5000 in allen Klimazonen und auf sämtlichen Vegetationsstufen vertretene Spezies umfasst. Sie stellen eine wichtige, ja essenzielle Komponente der Pflanzendecke unseres Planeten dar. Man könnte sie als die Familie der »klassischen Gräser« bezeichnen, und nicht selten wird angenommen, sie besäßen gar keine Blüten. Tatsächlich weisen sie jedoch dieselben Organe auf wie alle anderen Phanerogamen (Blütenpflanzen) auch, nur mit dem Unterschied, dass diese im Gegensatz zur Blüte einer Rose oder Lilie viel weniger auffällig sind und daher oft unbeachtet bleiben.

Fast alle Süßgräser sind ein- oder mehrjährige, rasig wachsende, ein Rhizom bildende Pflanzen mit einem charakteristischen hohlen Stängel, der als Halm bezeichnet wird. Dieser ist durch Verdickungen, sogenannte Knoten oder Nodien, in dazwischenliegende Stängelglieder oder Internodien unterteilt. Die Blätter sind gegenständig und am unteren Teil meist scheidig ausgebildet, die Blattscheide umfasst den Halm dabei mehr oder weniger. Die Blattspreite ist linealisch, seltener lanzettlich, und parallelnervig. Zwischen Blattscheide und -spreite befindet sich ein membranartiger Fortsatz, die sogenannte Ligula oder Blatthäutchen. Die Charakteristika dieser Ligulae sind oft wichtige Kriterien für die Bestimmung der einzelnen Spezies unter den Gräsern.

Die Blüten der Süßgräser besitzen keine Kronblätter, da alle Arten den anemophilen, das heißt durch den Wind bestäubten Spezies angehören. Aus diesem Grund benötigen sie weder auffällige Blüten noch Duftstoffe oder Nektarien, um damit Insekten anzulocken.

Der Blütenstand der Gramineae wird Ährchen genannt. Auf einer Achse oder Rhachis sitzen zwei sterile Blätter, die Hüllspelzen, welche die inneren

GRAMINEAE (Süßgräser)

CYPERACEAE (Riedgrasgewächse) • JUNCACEAE (Binsengewächse)

Teile der Blüten zusammen mit weiter innen liegenden Blättern, den Spelzen, schützend umhüllen. Das obere Blatt wird Lemma, das untere Palea genannt. Die Spelzen können lange, haardünne Fortsätze aufweisen, die man Grannen nennt. Die Frucht der Gräser ist ebenfalls speziell aufgebaut: Die Fruchtwand ist fest mit der Samenschale verwachsen und bildet eine Art Samenfrucht, die sogenannte Karyopse.
In den gemäßigten Klimazonen stellen Gräser die wichtigsten Komponenten der Pflanzendecke von Wiesen und Weiden dar. Speziell im Gebirge, ausgenommen auf Äckern, Feldern und in dichten, lichtlosen Wäldern, sind Gräser dominierender Teil zahlreicher Pflanzengesellschaften.
Betrachtet man die Familie der Gramineae in Bezug auf den Menschen und seine Ernährung, so stellt man alsbald fest, dass es sich für ihn dabei wohl um die wichtigste Familie des Pflanzenreichs handelt, denn zu ihr gehören alle Getreidearten (Weizen, Reis, Mais, Gerste etc.), ebenso wie das in subtropischen Ländern verbreitete Zuckerrohr.

BINSENGEWÄCHSE (JUNCACEAE)
Zur Familie der Binsengwächse zählen 8 Gattungen und etwa 300 Spezies, die vorwiegend in den gemäßigten Klimazonen verbreitet sind. In Europa sind zwei Gattungen, *Juncus*, die Binse, und *Luzula,* die Hainsimse, mit insgesamt rund 60 Spezies vertreten. Es handelt sich dabei um krautige, ein- oder mehrjährige Pflanzen, die nach ihrer äußeren Form den Süßgräsern und Riedgräsern ähneln und wie sie auch keine auffälligen Blüten entwickeln. Ein typisches Merkmal der Binsengewächse ist ihr Blütenstand, die Spirre, eine Art endständige Dolde, bei der die seitlichen Blüten oft an längeren Stielen stehen als die mittleren. Die einzelnen Blüten sind zwittrig und aktinomorph, sie bestehen aus 6 häutigen, meist weißlichen, gelblichen oder schwärzlichen, kelchblattartigen Tepalen. Sie besitzen 6 Staubblätter, der Fruchtknoten ist oberständig, die Griffel sind oft fiedrig. Die Frucht ist eine Kapsel, die bei den Binsen zahlreiche, bei Hainsimsen nur 3 Samen enthält.
Zur Gattung *Juncus* gehören die eigentlichen Binsen mit ihren mehr oder weniger röhrigen bis fadenförmigen Blättern, die man oft kaum von den Halmen der Gräser unterscheiden kann. Die Hainsimse hat gewöhnlich flache, an den Rändern lang behaarte Blätter. Die Binsen lieben sumpfige oder feuchte Böden und wachsen oft im Uferbereich von Gewässern, an der Meeresküste tolerieren sie auch einen gewissen Grad an Salzgehalt, wie etwa die häufig anzutreffende Krötenbinse *(Juncus bufonius)*, die häufig in kleinen, dichten Büscheln wächst und vor allem an Wegen, Ackerrändern, Ufern und in Gräben mit wechselfeuchtem Sand- oder Lehmboden anzutreffen ist. Die Hainsimsen hingegen bevorzugen eher Laub- und Nadelwälder mit sauren Böden, sowie Zwergstrauchgesellschaften bis in subalpine Lagen. Eine Ausnahme bildet hier die Gewöhnliche Hainsimse *(Luzula campestris),* auch Hasenbrot genannt, die auf mageren, sandigen Wiesen und Heiden anzutreffen ist.

RIEDGRASGEWÄCHSE (CYPERACEAE)
Die Pflanzen, welche zu dieser Familie gehören, wirken zur Blütezeit ebenso unspektakulär wie die Süßgräser und Binsengewächse und ähneln diesen auch sehr. Nur allzu oft werden sie daher mit den Süßgräsern verwechselt. Über 3200 Spezies von Cyperaceen sind auf der ganzen Welt verbreitet, in

den arktischen bis gemäßigten Klimazonen sind etwa 188 davon vertreten, die in 17 Gattungen zusammengefasst werden. Man findet sie auf Wiesen, am Wegesrand, auf sumpfigen Böden, in den Wäldern und oft als dichte Teppiche auf alpinen Hängen. Es handelt sich um mehrjährige, den Süßgräsern ähnliche Pflanzen, deren Halme jedoch nicht hohl sind. Die unscheinbaren Blüten stehen in verschiedenartigen Blütenständen zusammen (Ähre, Dolde, Rispe, Spirre) und sind eingeschlechtig und meist einhäusig. Das Perigon fehlt, die einzige Blütenhülle wird von den Spelzen, krautigen, häutigen Blättchen, gebildet. Die Frucht ist eine Nuss, die in einem typischen Fruchtschlauch sitzt.
Der bekannteste Vertreter dieser Familie ist wohl Papyrus (*Cyperus papyrus*), eine bereits seit Jahrtausenden von Menschen genützte Pflanze. Die Menschen der Antike stellten aus dem Mark der Papyruspflanzen das erste Papier her, wobei heute noch der Name »Papier« auf den ursprünglichen Rohstoff Papyrus hinweist. Aus erhalten gebliebenen Papyrusrollen haben wir viel über die Kultur des alten Ägypten und anderer mediterraner Zivilisationen gelernt. Mittlerweile wächst diese Spezies nur noch stellenweise wild, wie etwa in Sizilien, in der Nähe von Syracusa.
Ein in ganz Europa weit verbreiteter Vertreter ist die Waldsimse (*Scirpus sylvaticus*), auch Flechtsimse genannt, die nasse Wiesen, Auwälder und Sümpfe bevorzugt. Dagegen ist die Schwarze Kopfbinse (*Schoenus nigricans*), ein buschig wachsendes Riedgras, in unserer Flora eher selten anzutreffen und zwar vor allem entlang von Ufern und in kalkhältigen Flachmooren. Ebenfalls eher selten sieht man das vor allem in Gräben, Tümpeln und Flachmooren vorkommende Schneidried (*Cladium mariscus*), dessen Blätter am Rand gesägt und scharf schneidend sind. Sein aufrechter, kräftiger Stängel erreicht eine Höhe von bis zu 2 m.

FARNE (FILICALES) UND SCHACHTELHALME

Die Farnpflanzen oder Pteridophyten sind eine große Abteilung des Pflanzenreichs. Ihr Name leitet sich von den griechischen Wörtern *Pteron* (Flügel) und *Fyton* (Pflanze) ab, da das Laub vieler dieser Spezies tatsächlich an die gefiederten Flügel der Vögel erinnert. Die Farnpflanzen entwickeln Wurzeln und Blätter mit einem Leitsystem, produzieren jedoch keine Blüten und Früchte. Die eigentlichen Farne gehören der Ordnung der Filicales an und umfassen etwa 5000 Spezies, die überall auf der Welt, von den gemäßigten bis zu den subtropischen und tropischen Klimazonen beider Hemisphären, verbreitet sind.
Sie gehören zu den Kryptogamen oder Sporenpflanzen, die ihren Namen der besonderen Art ihrer Fortpflanzung verdanken. Bei manchen Farnen kann man zwei verschiedene Arten von Blättern unterscheiden, die oft chlorophyllfreien, bräunlichen, sporentragenden und die sterilen grünen Blätter, die der Ernährung der Pflanze dienen. Bei anderen Spezies erfüllen alle Blätter beide Funktionen, sie tragen die meist bräunlichen Sporen in Gruppen (Sori) auf der Unterseite oder am Blattrand in winzigen Hohlräumen, den Sporangien. Die Vermehrung der Farne wird also durch die Keimfähigkeit der in riesigen Mengen produzierten Sporen gesichert. Doch aus diesen Sporen entwickelt sich nicht etwa sogleich eine neue Farnpflanze mit identischem Aussehen, sondern es vollzieht sich zuvor eine Art Generationswechsel: Aus der Spore entwickelt sich ein flaches, meist herzförmiges, kräftig grünes, mit hauchfeinen Wurzelfäden im Boden ver-

arne und Schachtelhalme

ankertes Blatt, der Vorkeim oder Gametophyt, auf dessen Oberfläche sich die männlichen und weiblichen Organe zur geschlechtlichen Fortpflanzung entwickeln. Erst aus der befruchteten Eizelle geht wieder ein Farnpflänzchen hervor (Sporophyt).
Farne bevorzugen generell schattige, feuchte Standorte, doch es gibt auch speziell an trockene Verhältnisse angepasste Farnarten, wie etwa den Milzfarn (*Ceterach officinarum*), der auf sonnigen Felsen und Mauern bis 2000 m Seehöhe wächst, oder den Pelzfarn (*Cheilanthes marantae*), auch Schuppenfarn genannt, der vor allem im nördlichen Mittelmeerbereich anzutreffen ist.
Einer der am häufigsten in unseren Wäldern vorkommenden Vertreter ist der Adlerfarn (*Pteridium aquilinum)*, der bis zu 2 m hoch werden kann und oft dichte Bestände vor allem in Eichen- und Kiefernwäldern bildet. Von großem Wuchs ist auch der winterfeste Königsfarn (*Osmunda regalis*), auch unter dem Namen Königsrispenfarn bekannt, der vor allem auf feuchten Waldböden anzutreffen ist. In Tropfsteinhöhlen, Brunnen und bei schattigen Quellen findet man gelegentlich den eleganten Schwarzen Streifenfarn (*Adiantum capillus-veneris*) sowie die Gemeine Hirschzunge (*Phyllitis scolopendrium*), die ihren Namen den zungenförmigen, ganzrandigen Blättern verdankt.
Die zweite ebenfalls zu den Pteridophyten oder Farnpflanzen zählende Gruppe ist die der Schachtelhalme. Sie unterscheiden sich von den Farnen vor allem durch den Stängel, der in charakteristische, etwas bauchige bis glockenförmige Scheiden gegliedert ist, an denen haarfeine Zähnchen haften. Man erkennt die Schachtelhalme leicht an den sterilen Sprossen mit den in Quirlen stehenden, feinen Seitenästen, die im oberen Teil aus ineinandergeschachtelten Abschnitten aufgebaut sind, woraus sich ihr Name ableitet. Die Schachtelhalme trifft man am häufigsten auf nassen, kalkarmen Böden, vor allem in Fichten- und Eichenwäldern, wo sie sich dank ihres robusten Rhizoms stark ausbreiten und große Populationen bilden können. Im Frühjahr entwickeln sie fertile, gelblich braune Sprossen, an deren Enden die Sporangien (Organe, in denen die Sporen entstehen) in Form einer keulenförmigen Ähre sitzen. Die sterilen Sprosse sind reich an Kieselsäure und werden gerne in der Phytotherapie (Heilbehandlung mit pflanzlichen Substanzen) eingesetzt, insbesondere gegen Nieren- und Blasenleiden sowie gegen Gicht.

Kletterpflanzen **(Bildtafel S. 210)**

Zu den Kletter-, Ranken- bzw. Schlingpflanzen gehören all jene ein-, zwei- oder mehrjährigen Pflanzen, deren krautiger oder verholzender Stängel zu schwach ist, um sich selbstständig aufzurichten. Um an das lebensnotwendige Licht zu gelangen, benützen diese Gewächse daher entweder eine andere, in der Nähe wachsende Pflanze (vorzugsweise einen Baum oder Strauch) oder einen großen Stein, Felsen oder Ähnliches als Stütze. Fehlt es ihnen an solchen, so breiten sie sich am Boden kriechend aus, bis sie an eine geeignete Stütze gelangen. Obwohl Kletterpflanzen sich anderer Pflanzen zum Emporklettern bedienen, zählen sie nicht zu den Parasiten, da sie ja ihrer »Wirtspflanze« keine Nährstoffe entziehen. Sehr wohl aber besteht ein gewisser Wettkampf um Licht, Wasser und Mineralsalze, und es kommt gelegentlich vor, dass eine Kletterpflanze das Gedeihen ihrer Trägerpflanze erheblich behindert, indem sie sich immer fester um diese schlingt oder dieser zu viel Licht entzieht. Um möglichst erfolgreich emporklimmen zu können, sind Kletterpflanzen mit den unterschiedlichsten Hilfsorganen ausgestattet: Während die einen richtige Klettereinrichtungen aufweisen wie Sprossranke oder haftende Adventivwurzeln, klettern andere durch Winden ihres Stängels um die Stütze empor. Bei Sprossranken handelt es sich um umgewandelte Blattstiele, die in manchen Fällen zusätzlich mit winzigen Haftscheibchen ausgestattet sind, um der Pflanze einen besseren Halt zu gewährleisten, wie dies etwa bei der Jungfernrebe der Fall ist. Ranken vollziehen sogar sichtbare Bewegungen auf der Suche nach einer Stützpflanze und sind in der Lage, sich in weniger als einer Minute mit spiralförmigen Drehungen um diese zu winden. Gelingt es einer Ranke nicht, innerhalb einiger Tage eine Stützpflanze zu finden, so rollt sie sich spiralig ein und verdorrt. Solche nutzlos gewordenen Pflanzenteile kann man des Öfteren an verholzenden Kletterpflanzen, wie etwa an Weinreben, beobachten.

Die wohl bekannteste aller Kletterpflanzen ist der Gemeine Efeu (*Hedera helix*), ein immergrüner Vertreter der Araliengewächse, der vor allem in Laub- und Auwäldern Mittel- und Westeuropas anzutreffen ist. Die verholzenden Stängel des Efeus sind mit robusten Haftwurzeln ausgestattet, die sich an die kleinsten Unebenheiten der Unterlage anpassen und so eine optimale Haftung gewährleisten. Der Efeu kann auf diese Weise rasch in die Höhe wachsen, indem er an alten Baumstämmen hochklettert oder ganze Hausmauern oder Felswände mit seinem grünen Blattwerk bedeckt. Charakteristische Merkmale des Efeus sind die Blätter, welche an blühenden Sprossen anders geformt sind als an Nichtblühenden, sowie die doldigen Blütenstände, welche sich erst im Spätsommer bzw. Herbst entwickeln und oft von unzähligen Bienen und anderen nektarsuchenden Insekten umschwärmt werden.

Verschiedene Spezies der Gattung Hedera (Efeu), vorzugsweise solche mit goldgelben oder gesprenkelten Blättern, werden häufig auch als Zierpflanzen in Gärten und Parks angepflanzt, wo sie Schatten oder Halbschatten bevorzugen. Etwas mehr Licht benötigt das Echte Geißblatt (*Lonicera caprifolium*) sowie die Gewöhnliche Waldrebe (*Clematis vitalba*), die beide sich windende, lianenartige, teilweise verholzende Stängel aufweisen, welche die Krone der Bäume und Sträucher oft gänzlich umhüllen. Auch der Hopfen *(Humulus lupulus)* zählt zu den Kletterpflanzen, ist jedoch nicht win-

Kletterpflanz
Clematis
vitalba
(Gewöhnliche
Waldrebe)
Hedera
helix
(Efeu)
Humulus
lupulus
(Hopfen)
Lonicera
caprifolium
(Echtes
Geißblatt)
Tamus
communis
(Schmerwurz)
Bryonia
dioica (Zwei-
häusige Zaunrübe)
Fallopia convolvulus
(Gem. Winden-
knöterich)
Calystegia sepium
(Zaunwinde)
Convolvulus
arvensis
(Ackerwinde)

terhart und sprießt alljährlich im Frühjahr wieder aus der Erde, weshalb diese Art weit weniger »aggressiv« in ihrem umhüllenden Wuchs ist wie die zuvor erwähnten Kletterpflanzen. Ebenfalls krautige, nicht verholzende Stängel entwickeln Schmerwurz (*Tamnus communis*) und Zweihäusige Zaunrübe (*Bryonia dioica*), wobei Letztere, wie viele andere Kürbisgewächse, typische spiralige Ranken ausbildet.
Auch die auf der Bildtafel auf S. 110 links unten gezeigten Arten sind krautige, ausdauernde Kletterpflanzen. Es handelt sich dabei um die Zaunwinde (*Calystegia sepium*) und die Ackerwinde (*Convolvulus arvensis*), wobei Letztere, zusammen mit dem zu den Knöterichgewächsen zählenden Feldwindenknöterich (*Fallopia convolvulus*), zu den gefürchtetsten und hartnäckigsten Acker- und Gartenunkräutern zählen, weil sie sich nur äußerst schwer bekämpfen lassen.

Wasserpflanzen **(Bildtafel S. 213)**

Alle auf der Bildtafel abgebildeten Wasserpflanzen leben bevorzugt in stehenden oder träge fließenden Gewässern, wie etwa Teichen, Seen, Sümpfen und Mooren. Sie haben sich an diese Lebensbedingungen auf besondere Weise angepasst: Während manche Arten völlig untergetaucht wachsen, sind andere mit ihren Wurzeln fest im schlammigen Boden verankert und ragen nur mit Blättern und Blüten aus dem Wasser. Wieder andere schwimmen frei auf der Wasseroberfläche. Zu Letzteren zählen beispielsweise einige kleine Pteridophyten (Farnpflanzen), wie der Schwimmfarn (*Salvinia natans*), dessen Blätter mit wasserabweisenden Härchen bedeckt sind, sowie die aus Amerika stammenden, seltener vorkommenden Wasserfarne *Azolla filiculoides* und *Azolla caroliniana*. Ebenfalls frei schwimmend sind die Kleine Wasserlinse (*Lemna minor*), die häufig große Populationen bildet, und die winzige *Wolffia arrhiza*, die sich durch ihre besonders kleinen Blätter (0,5 bis 1 mm breit) auszeichnet.
Zu den häufigsten untergetauchten Wasserpflanzen, die vor allem in nicht verunreinigten Gewässern wachsen, zählen verschiedene Arten der Gattung Potamogeton (Laichkräuter), allen voran das Schwimmende Laichkraut (*Potamogeton natans*) und das Glänzende Laichkraut (*P. lucens*), welche bisweilen in Gesellschaft der Wasserfeder (*Hottonia palustris*) auftreten, die zur Familie der Primelgewächse (Primulaceae) gehört.
Zu den Schwimmblattpflanzen zählen auch die weit verbreiteten Seerosengewächse (Nymphaeaceae), wobei die wichtigsten Vertreter dieser Familie die Weiße Seerose (*Nymphaea alba*) und die Gelbe Teichrose (*Nuphar lutea*) sind. Beide entwickeln sehr dicke, tief im Schlammboden wurzelnde Rhizome und sehr dekorative Blätter und Blüten, weshalb sie in vielen gezüchteten Varietäten wie z. B. solchen mit gefüllten Blüten in Tümpeln und Teichen gehalten werden. Etwas seltener sieht man hingegen die schwimmende Blattrosette der Wassernuss, die eigenartige stachelige, essbare Früchte hervorbringt (*Trapa natans*) und deren rautenförmige Blätter im Herbst oberseits grün oder rot und unterseits braun gefärbt sind. Charakteristisch an ihnen sind in den Blattstielen befindliche Luftkammern, mit deren Hilfe die Blattrosetten auf der Wasseroberfläche schwimmen. Eine ebenfalls recht ungewöhnliche Wasserpflanze ist der Gewöhnliche Wasserschlauch

(*Utricularia vulgaris*), der mit winzigen Fangblasen ausgestattet ist, mit denen er zur zusätzlichen Ernährung Planktontierchen (vorwiegend winzige Krebschen) einfängt und verdaut.
An den Ufern stehender oder langsam fließender Gewässer und entlang von Gräben und Kanälen trifft man gelegentlich auf die rötlich weißen Blüten der Schwanenblume (*Butomus umbellatus*), die häufig in Gesellschaft des weniger auffälligen Wasserknöterichs (*Polygonum amphibium*) auftritt. In Sümpfen und im Bereich der Ufer seichter, stehender Gewässer wiederum gedeiht der Gewöhnliche Froschbiss (*Hydrocharis morsus ranae*), der Zungenhahnenfuß (*Ranunculus lingua*) sowie der Gemeine Froschlöffel (*Alisma plantago-aquatica*). Als Einzige von den auf der Tafel abgebildeten Wasserpflanzen, welche bevorzugt in rasch fließenden kalten Gewässern, vorzugsweise in Bächen und Quellen vorkommt, sei hier noch die Echte Brunnenkresse (*Nasturtium officinale*) erwähnt, die gerne als Salat gegessen, aber auch als Heilpflanze verwendet wird.

Obwohl die meisten Arten der Wasserpflanzen heute noch an so manchem Gewässer anzutreffen sind, so muss dennoch darauf hingewiesen werden, dass in den letzten Jahrzehnten durch zunehmende Wasserverschmutzung, Eutrophierung (unerwünschte Zunahme eines Gewässers an Nährstoffen und damit verbundenes starkes Wachstum einiger weniger Arten), Trockenlegung und Zuschüttung viele Lebensräume der Wasserpflanzen verloren gegangen oder stark beeinträchtigt worden sind. Um diese dezimierte und für manche empfindliche Arten sogar vom Aussterben bedrohte einzigartige Flora für die Nachwelt zu erhalten, ist man in letzter Zeit bestrebt, die wenigen noch verbliebenen natürlichen aquatischen Lebensräume in den Rang von Naturschutzgebieten zu erheben, um damit diese einzigartigen Lebensgemeinschaften auch in aller Zukunft erhalten zu können.

Wasserpflanzen

Sträucher

Berberis vulgaris
(Berberitze, Sauerdorn)

Amelanchier ovalis (Gemeine Felsenbirne)

Colutea arborescens
(Blasenstrauch)

Sambucus nigra
(Schwarzer Holunder)

Euonymus europaeus
(Gewöhnliches Pfaffenhütchen)

Crataegus oxycantha
(Zweigriffiger Weißdorn)

Sträucher (Bildtafeln S. 214 und 217)

In diesem Buch werden fast ausschließlich krautige, ein-, zwei-, oder mehrjährige Pflanzen und Halbsträucher beschrieben, die den Betrachter durch große, auffallende, schöne Blüten beeindrucken. In diesem kurzen Teil werden Sträucher beschrieben, das sind ausdauernde, verholzte Pflanzen, die aber im Unterschied zu den Bäumen keinen dicken, hohen Stamm entwickeln, sondern nur Stämmchen, die sich schon an der Basis mehr oder weniger weit verzweigen. Die Grenze zwischen Baum und Strauch ist dabei nicht immer leicht zu ziehen. Dass die Grenze zwischen »Baum« und »Strauch« »fließend« ist, zeigt vor allem auch das Einwirken von Mensch (Rückschnitt) und Tier (Verbiss) auf die verschiedenen Gewächse. Auf den Seiten 214 und 217 wird eine Auswahl der häufigsten oder auffälligsten Sträucher unserer natürlichen Flora vorgestellt, die aufgrund ihrer Blüten oder ihrer Früchte die Neugier des Betrachters wecken.

In ganz Mitteleuropa stark verbreitet ist der Schwarze Holunder (*Sambucus nigra*), der zur Familie der Geißblattgewächse (Caprifoliaceae) zählt und vor allem in Hecken, Gebüschen und in schattigen Wäldern vorkommt. Man erkennt diese Art leicht am unangenehmen Geruch der Blätter sowie an den üppigen schirmförmigen Blütenständen, die sich aus unzähligen cremeweißen Blüten zusammensetzen und im Mai/Juni zu sehen sind. Auch die daraus entstehenden Früchte, glänzend schwarze Beeren, die eine leicht abführende Wirkung haben, sind meist kaum zu übersehen. Zur selben Familie gehört der Gewöhnliche Schneeball (*Viburnum opulus*), der seinen Namen seinen schneeweißen, in der Wildform schirmförmigen, in der Zuchtform fast kugeligen Blütenständen zu verdanken hat. Man findet diese Art vor allem in feuchten Laub- und Mischwäldern sowie im Ufergebüsch, kommt jedoch nicht so häufig vor wie der Schwarze Holunder. Zur Familie der Geißblattgewächse gehört auch die Gattung Lonicera, zu der auch Kletterpflanzen und Sträucher zählen, welche in unseren Breiten häufig anzutreffen sind. Ein typischer Vertreter ist die Blaue Heckenkirsche (*Lonicera coerulea*), eine Spezies, die saure Böden bevorzugt und häufig an Waldrändern und in subalpinen Heiden anzutreffen ist, wo sie in Gesellschaft von anderen Zwergsträuchern gedeiht und im Herbst schwarze, bereifte Beeren ausbildet.

Die Gemeine Felsenbirne (*Amelanchier ovalis*), auch Felsenmispel genannt, bevorzugt trockene, steinige und kalkhaltige Böden. Diese Pflanze aus der Familie der Rosengewächse ist vor allem in den Gebirgen Mittel- und Südeuropas zerstreut anzutreffen, wo sie sonnige, steinige und lichte Wälder, Gebüsche und Felsspalten bevorzugt. Aus ihren in Trauben stehenden Blüten entwickeln sich blauschwarze Früchte, die in ihrer Form einer Birne ähneln. Ein weiterer sehr häufiger Vertreter der Rosengewächse ist der Zweigriffelige Weißdorn (*Crataegus oxyacantha*), ein widerstandsfähiger, dorniger, baumartiger Strauch, der vor allem in Wäldern und Gebüschen mit steinigem Boden anzutreffen ist. In den Monaten Mai und Juni entwickelt er seine in Dolden stehenden weißen Blüten, die auch in der Phytotherapie wegen ihrer herzstärkenden und beruhigenden Wirkung sehr beliebt sind. Im Herbst reifen seine roten Früchte heran, die für manche Vogelarten im Winter eine wertvolle Nahrung darstellen. Ein weiterer dorniger Strauch, aus derselben Familie, ist der Schwarzdorn (*Prunus spinosa*), auch als Schlehe bekannt. Schlehen sind sehr häufig an sonnigen Wald- und Wegrändern, in Gebü-

schen und auf Heiden anzutreffen, wo sie gelegentlich dichte, undurchdringliche Gestrüppe bilden. Der Schlehdorn bildet kugelige, schwarze, blau bereifte Steinfrüchte, die einen starken herb-säuerlichen Geschmack aufweisen. Die Hundsrose, ebenfalls mit »Dornen« (Stacheln) ausgestattet, gilt als die häufigste wild wachsende Rose und ist vor allem in lichten Laubwäldern, Hecken und in Gebüschen anzutreffen. Ihr Name (*Rosa canina*) leitet sich von dem alten Volksglauben ab, demzufolge ein Stoff in ihren Wurzeln gegen Tollwut helfen könne. Die Frucht der Hundsrose, die Hagebutte, hat einen sehr hohen Gehalt an Vitamin C, Zitronen- und Apfelsäure und wurde in früherer Zeit häufig zur Heilung von Skorbut (Vitamin C-Mangel) eingesetzt. Heute wird die Hagebutte vor allem zur Stärkung der natürlichen Abwehrkräfte in Form von Tee, Saft oder Konfitüre verwendet. *Rosa canina* ist heute ein Sammelbegriff für eine ganze Artengruppe, die eine ganze Reihe von Varietäten umfasst, welche wegen der großen Ähnlichkeit ihrer Merkmale nur schwer zu bestimmen sind. Ein ähnliches Problem stellt sich bei der Klassifizierung der Arten aus der Gattung *Rubus*, bei denen es oft nahezu unmöglich ist, die verschiedenen Straucharten sicher zu klassifizieren. Eine davon ist die Himbeere (*Rubus idaeus*), ein sehr robuster, feinstacheliger Strauch, der häufig auf Lichtungen, Rodungen, in Schluchten und Auwäldern, aber auch am Wegesrand anzutreffen ist. Die Himbeere ist wegen ihrer süßen roten Früchte sehr beliebt und wird als Zuchtform häufig auch im Garten angepflanzt.
Auch einige Arten der Gattung Ribes, welche zur Familie der Stachelbeergewächse (Grossulariaceae) zählt, sind wegen ihrer Früchte, die sich besonders zur Herstellung von Konfitüren und Säften eignen, überaus beliebt. Die bekanntesten Vertreter sind die Stachelbeere (*Ribes uva-crispa*) und die Schwarze Johannisbeere (*Ribes nigrum*), die in Auwäldern, Gebüschen und an Waldrändern anzutreffen sind.
Einen niederen, reich verzweigten, dornigen Strauch bildet die Berberitze (*Berberis vulgaris*), auch unter dem Namen Sauerdorn bekannt. Diese Art zählt zur Familie der Berberitzen- oder Sauerdorngewächse (Berberidaceae) und bevorzugt vor allem trockene Böden in sonnigen Wäldern und Gebüschen. In der Nähe von Äckern wachsend, fungiert diese Art als Zwischenwirt für den Schwarzrost, eine gefürchtete Pilzkrankheit auf Wintergetreide, weshalb sie dort vehement bekämpft wird. Aus den kleinen, in Trauben stehenden gelben Blüten entwickeln sich längliche scharlachrote Beeren, deren Fruchtfleisch einen säuerlichen, zusammenziehenden Geschmack besitzt. Einige ursprünglich aus Asien und Amerika stammende Berberitzenarten werden heute wegen ihres dekorativen Aussehens gerne als Ziersträucher in Gärten und Parks gehalten.
Das Gewöhnliche oder Europäische Pfaffenhütchen (*Euonymus europaeus*) (Bildtafel S. 214, links unten) ist ein sehr häufiger, fast baumartiger großer Strauch, der bis zu 5 m hoch werden kann und in Laubwäldern, Hecken und Auen in ganz Europa auftritt. Seinen Namen erhielt er wegen seiner typisch geformten, vierkantigen Kapselfrucht, die purpurrot gefärbt ist, zur Reifezeit aufspringt und dann die weißen, von einem orangegelben Fleischmantel umhüllten Samen freigibt. Abschließend sei noch der sogenannte Blasenstrauch (*Colutea arborescens*) erwähnt, ein 2 bis 5 m hoher Strauch, der zu den Schmetterlingsblütlern zählt und in unseren Breiten vor allem an sonnigen Waldrändern und Gebüschen auftritt. Seine gelben Schmetterlingsblüten sind jenen der Gattung Coronilla sehr ähnlich, man erkennt diese Art leicht an seinen bauchig aufgeblasenen Hülsen.

Sträucher
Lonicera coerulea
(Blaue Heckenkirsche)
Viburnum opulus
(Gemeiner
Schneeball)
Rosa canina
(Hundsrose,
Heckenrose)
Prunus
spinosa
(Schlehdorn,
Schwarzdorn)
Ribes nigrum
(Schwarze
Johannisbeere)
Rubus idaeus
(Himbeere)
Rubus ulmifolius
(Ulmenblättrige Brombeere)

Glossar

Dieses Glossar liefert eine detaillierte Erläuterung der verschiedenen, bei der Beschreibung der einzelnen Blumenarten verwendeten botanischen Fachausdrücke. Begriffe, die bereits in der Einführung ausreichend erklärt wurden, scheinen hier nicht mehr auf.

Achäne. Nussförmige, einsamige Schließfrucht mit verholzter Fruchtwand.

Achsel (Blattachsel). Ansatzstelle zwischen dem Blatt und dem Stiel bzw. Stängel.

Aktinomorph (radialsymmetrisch). Strahlig angeordnete Blütenkrone, durch deren Zentrum mehr als eine Symmetrieebene verläuft, welche die Blüte in gleiche Teile unterteilt.

Ausdauernd (mehrjährig, perennierend). Pflanzen, die über mehrere Jahre hinweg Blüten und Samen hervorbringen.

Ausläufer. Meist mit schuppigen Nebenblättern ausgestatteter, ober- oder unterirdisch kriechender Seitenspross, der aus der Stängelbasis oder dem Wurzelhals entspringt und zur vegetativen Vermehrung beiträgt.

Blütenhülle (Perianth). Blütenblätter des Kelches und der Krone, welche die Fortpflanzungsorgane umhüllen. Die meist grünen Kelchblätter, die frei, abstehend, zurückgeschlagen oder zu einer Röhre verwachsenen sein können, schützen die inneren Blütenteile, während die freien oder verwachsenen Kronblätter mit ihrer auffälligen Farbe bzw. ihrem Duft bestäubende Insekten anlocken.

Blütenscheibe. Innerer Teil der Blüte bei Korbblütlern, meist aus Röhrenblüten bestehend, die von strahlenförmig angeordneten Zungenblüten umgeben sind.

Blütenstand (Infloreszenz). Ganz anders als bei der Einzelblüte entspringen beim Blütenstand mehrere Blüten in bestimmter Anordnung an verzweigten oder unverzweigten Blütensprossen. Es gibt verschiedene Ausformungen wie Ähre, Traube, Dolde, Rispe etc.

Buschig (in Büscheln). Pflanze, die zahlreiche Stängel aus der Wurzel entwickelt.

Diözisch (zweihäusig). Männliche und weibliche Blüten sitzen auf verschiedenen Pflanzen.

Drüsig. Oberfläche, die mit Drüsen besetzt ist, d. h. mit Zellen, die ätherische Öle anhäufen oder ausscheiden.

Endemisch. Pflanze, die auf ein relativ eng begrenztes Verbreitungsgebiet beschränkt ist.

Einjährig (annuell). Pflanze, die während einer einzigen Vegetationsperiode auskeimt, blüht, Früchte trägt und danach abstirbt.

Fruchtknoten. Weibliches Fortpflanzungsorgan, bestehend aus verwachsenen Fruchtblättern, die die Samenanlage enthalten und aus dem sich die Frucht entwickelt. Der Fruchtknoten kann je nach seiner Lage bezüglich des Ansatzpunktes von Kelch und Krone ober-, mittel- oder unterständig sein.

Gefiedert. Blätter, die in mehrere Segmente (Fiederblättchen) geteilt sind (paarig oder unpaarig gefiedert).

Griffel. Meist stielartige Verlängerung des Fruchtknotens, an dessen Ende sich die Narbe befindet.

Halbstrauch. Mehrjährige Pflanze, die bis zu 1 m hoch wird und schon an der verholzten Basis verzweigt ist.

Hochblätter (Stängelblätter). Am Stängel sitzende oder gestielte Blätter im Bereich des Blütenstandes, die häufig kleiner als die Grundblätter sind.

Hüllblätter (Brakteen). Meist rosettig angeordnete, sehr kleine Tragblätter, die die Blüte oder den Blütenstand umgeben.

Kelchzähne. Spitz zulaufende Enden eines verwachsenen Kelches.

Kronröhre. Zu einer Röhre verwachsene Kronblätter (z. B. bei Lippenblütlern).

Lippenblüten. Blütenform der Lippenblütler, die entweder einlippig (nur mit Unterlippe) oder zweilippig (auch mit Oberlippe) ist.

Magerrasen. Nährstoffarme, meist kalkhaltige Wiese.

Monözisch (einhäusig). Männliche und weibliche Blüten sitzen auf derselben Pflanze.

Nagel. Besondere Form der Kronblätter; schmale Abschnitte, die sich wechselweise zwischen den verbreiterten Abschnitten, den sogenannten Platten, befinden.

Nervatur. Anordnung der Leitbündel eines Blattes; diese kann parallelnervig, fiedernervig oder netznervig sein.

Oberständig. Fruchtknoten, der oberhalb des Ansatzpunktes von Kelch und Krone steht.

Öhrchen. Am Grund eines Blattes befindliche, symmetrische, ohrenförmige Ausbuchtungen.

Pappus. Zu haarartigen Fortsätzen zurückgebildete Kelchblätter, die die Form eines Haarkranzes haben und auf Früchten und Samen wachsen, womit die Samenverbreitung begünstigt wird (z. B. Löwenzahn).

Perigon (Perigonium). Blütenhülle, bei der Kelch- und Kronblätter nicht unterscheidbar sind (siehe Tepalen).

Petalen (Kronblätter). Blütenhüllblätter, die eine Lockfunktion für bestäubende Insekten ausüben. Zahl, Form und Anordnung sind ein wichtiges Merkmal zur Bestimmung der Pflanze.

Quirl (Wirtel). Drei oder mehr Blätter oder Blüten, die an einem Knoten entspringen und ringförmig angeordnet sind.

Rhizom (Wurzelstock). Unterirdisch wachsender Spross, der oft verdickt ist und als Speicherorgan dient. Das Rhizom trägt manchmal Blätter oder Schuppen.

Rosette. Büschelige, annähernd kreisrund angeordnete Grundblätter vieler krautiger Pflanzen, die dicht am Boden zusammenstehen.

Ruderalpflanze. Pflanze, die auf vom Menschen verändertem Gelände, wie z. B. auf Schuttplätzen, Müllhalden, Brachland, Kiesgruben etc., wächst.

Scheide. Membran am Grund des Blattes, die den Stängel röhrig umschließt.

Schlund. Öffnung der Kron- bzw. Kelchröhre, Übergang zwischen Röhre und Kronsaum. Der Schlund kann manchmal anders als die Krone gefärbt sowie behaart oder schuppig sein.

Schmetterlingsblüte. Blütenform der Schmetterlingsblütler, bestehend aus 5 Kronblättern: dem oberen, welches größer als alle anderen ist (Fahne), zwei seitlichen (Flügel) und zwei miteinander verwachsenen unteren Kronblättern, die das so genannte Schiffchen bilden.

Schnabel. Schnabelartiger Fortsatz des Griffels (z. B. bei Doldengewächsen).

Schuppenblätter. Kleine Blättchen an Blattstielen und Ausläufern, z. B. als Hüllblätter zum Schutz der Blüte.

Sepalen. Kelchblätter.

Spatha (Hochblattscheide). Großes, manchmal lederiges Tragblatt, das den Blütenstand umhüllt; z. B. bei Aaronstabgewächsen.

Sporn. Umgewandeltes Kronblatt, das meist Nektar enthält, um bestäubende Insekten anzulocken.

Spreite (Blattspreite). Der meist flächig ausgebreitete Teil des Blattes.

Stipeln. Kleine, an der Stielbasis des Blattes befindliche Nebenblättchen (bei den Rosengewächsen, Schmetterlingsblütlern und Veilchen besonders auffällig).

Sukkulenten. Pflanzen mit Wasserspeichergewebe, welches in den Stämmchen, Blättern und Wurzeln auftreten kann.

Tepalen. Blütenhüllblätter des Perigons.

Tragblatt (Braktee). Hochblatt von Blüten oder Blütenständen, das oft auffällig gefärbt ist, um potenzielle bestäubende Insekten anzulocken.

Wirtel. Siehe Quirl.

Wurzelknolle. Verdickter Sprossteil, der zur Speicherung von Reservestoffen dient.

Xerophil. An trockene Standorte angepasste Pflanzen.

Zipfel. Tief eingeschnittener, meist unregelmäßiger, spitzer Lappen bei Blättern oder Kronblättern.

Zungenblüten. Zungenförmige Randblüten der Korbblütler, welche die Röhrenblüten strahlig umgeben (z. B. Margerite).

Zweijährig. Pflanzen, die erst im zweiten Jahr Blüten und Samen ausbilden.

Zwittrig. Sowohl mit männlichen als auch weiblichen Organen ausgestattete Pflanze oder Blüte.

Zygomorph. Kelch oder Krone mit einer einzigen Symmetrieebene, entlang welcher sich die Blüte dann in zwei spiegelbildliche Hälften zerlegen lässt.

Wissenschaftliches Artenverzeichnis

Achillea millefolium 166
Adiantum capillus-veneris 207
Agrimonia eupatoria 75
Agrostemma githago 43
Aira cespitosa 203
Ajuga reptans 131
Alisma plantago-acquatica 213
Allium ursinum 185
Althaea officinalis 103
Amarantaceae 25
Amaryllidaceae 33, 187-190
Amelanchier ovalis 214
Anagallis arvensis 119
Anchusa italica 129
Anchusa officinalis 129
Anemone nemorosa 51
Angelica sylvestris 111
Anthericum liliago 182
Anthoxanthum odoratum 203
Anthriscus sylvestris 109
Anthyllis vulneraria 91
Apiaceae 29
Apocynaceae 30, 121
Aquilegia vulgaris 56
Araceae 34, 193
Arctium lappa 172
Aristolochia clematis 39
Aristolochiaceae 24, 39
Artemisia absinthium 168
Artemisia vulgaris 168
Arthyrium filix-foemina 207
Arum maculatum 193
Aruncus dioicus 71
Asclepiadaceae 30, 200
Asplenium adiatum-nigrum 207
Asplenium ruta-muraria 207
Aster amellus 163
Astragalus glycyphyllos 82
Atropa belladonna 141
Avena fatura 203
Azolla filiculoides 213

Ballota nigra 132
Balsaminaceae 28, 101, 102
Bellis perennis 33, 164
Berberis vulgaris 214
Boraginaceae 31, 126-130
Borago officinalis 128
Briza media 203
Bryonia dioica 210
Buphthalmum salicifolium 165

Caltha palustris 51
Caluna vulgaris 114
Calystegia sepium 30, 125, 210
Campanula glomerata 159
Campanula latifolia 159
Campanula persicifolia 157
Campanula rapuncoloides 160
Campanula rapunculus 158
Campanula rotundifolia 32, 161
Campanula trachelium 160
Campanulaceae 32, 157-161
Cannabaceae 24, 201
Caprifoliaceae 32, 154
Capsella bursa-pastoris 64
Cardamine amara 62
Carduus defloratus 171
Carex distans 204
Carex pendula 204
Carex riparia 204
Carlina vulgaris 176
Caryophyllaceae 25, 42-48
Centaurea cyanus 175
Cephalanthera rubra 199
Cerastium arvense 42
Ceterach officinarum 207
Cheilantes marantae 207
Chelidonium majus 58
Chenopodiaceae 25
Cichorium intybus 177
Cirsium acaule 174
Cirsium arvense 174
Cirsium eriophorum 173
Cistaceae 28, 106
Cladium mariscus 204
Clematis vitalba 210
Colchicum autumnale 182
Colutea arborescens 214
Compositae 33, 162-181

Convallaria majalis 185
Convolvulaceae 30, 124, 125
Convolvulus arvensis 125, 210
Coronilla emerus 93
Coronilla varia 91
Corydalis cava 60
Crassulaceae 26, 67-69
Crataegus oxycantha 214
Crocus albiflorus 192
Cruciferae 26, 61-65
Cucurbitaceae 28
Cuscuta epithymum 124
Cyclamen purpurascens 117
Cymbalaria muralis 146
Cynoglossum officinale 128
Cynosurus cristatus 203
Cyperaceae 204, 205
Cyperus longus 204
Cytisus scoparius 80

Dactylis glomerata 203
Datura stramonium 143
Daucus carota 29, 112
Dianthus carthusianorum 48
Dianthus seguieri 47
Dictamnus albus 100
Digitalis grandiflora 147
Dipsacaceae 32, 156
Drosera rotundifolia 66
Droseraceae 26, 66

Echinops sphaerocephalus 177
Echium vulgare 126
Epilobium angustifolium 29
Epipactis atropurpurea 198
Epipactis helleborine 195
Equisetum arvense 207
Equisetum maximum 207
Erica carnea 29, 114
Ericaceae 29, 114
Erigeron annuus 164
Erodium cicutarium 97
Eryngium campestre 109
Erythronium dens-canis 183
Euonymus europaeus 214
Eupatorium cannabinum 162
Euphorbia cyparissias 99
Euphorbia dulcis 98
Euphorbia helioscopia 99
Euphorbiaceae 28, 98, 99
Euphrasia salisburgensis 151

Fabaceae 79-94
Fabaceae Lindl. 27
Fallopia convolvulus 210
Filicales 206, 207
Filipendula ulmaria 72
Filipendula vulgaris 71
Fragaria vesca 76
Fumaria officinalis 60

Galanthus nivalis 188
Galega officinalis 82
Galium aparine 123
Galium mollugo 123
Galium odoratum 122
Galium verum 122
Genista germanica 79
Genista tinctoria 81
Gentiana cruciata 30, 120
Gentiana pneumonanthe 120
Gentianaceae 30, 120
Geraniaceae 27, 95-97
Geranium robertianum 96
Geranium rotundifolium 96
Geranium sylvaticum 95
Geum rivale 77
Globularia cordifolia 152
Globulariaceae 32, 152
Gramineae 202, 203
Gymnadenia conopsea 197

Hedera helix 210
Helianthemum nummularium 106
Helleborus niger 49
Hepatica nobilis 52
Heracleum sphondylium 113
Hieracium pilosella 181
Hordeum murinum 203
Hottonia palustris 213
Humulus lupulus 201, 210
Hydrocharis morsus ranae 213
Hyoscamus niger 140
Hyperiaceae 25, 57
Hypericum perforatum 57
Hypochoeris maculata 179
Hypochoeris radicata 179
Hyssopus officinalis 135

Impatiens glandulifera 101
Impatiens noli-tangere 102
Inula salicina 165
Iridaceae 34, 190-192
Iris graminea 191
Iris pseudacorus 34, 190
Iris sibirica 191

Juncaceae 204, 205
Juncus bufonius 204
Juncus effusus 204

Knautia arvensis 156